역사가 보이는
조선 왕릉 기행

역사가 보이는
조선 왕릉 기행

글 황인희 | 사진 윤상구

21세기북스

차례

제1일 서오릉

명릉 明陵 ···················· 023

익릉 翼陵 ···················· 037

경릉 敬陵 ···················· 045

홍릉 弘陵 ···················· 055

창릉 昌陵 ···················· 063

제2일 서삼릉·온릉

예릉 睿陵 ···················· 073

희릉 禧陵 ···················· 083

효릉 孝陵 ···················· 089

온릉 溫陵 ···················· 101

제3일 파주삼릉·장릉

공릉 恭陵 ···················· 111

순릉 順陵 ···················· 119

영릉 永陵 ···················· 123

장릉 長陵 ···················· 129

제4일 태강릉·정릉·연산군묘

태릉 泰陵 ···················· 141

강릉 康陵 ···················· 147

정릉 貞陵 ···················· 155

연산군묘 ···················· 165

제5일 광릉·의릉

광릉 光陵 ···················· 177

의릉 懿陵 ···················· 185

제6일 동구릉

수릉 綏陵 ·············· 197

현릉 顯陵 ·············· 203

건원릉 健元陵 ·············· 213

목릉 穆陵 ·············· 223

휘릉 徽陵 ·············· 235

원릉 元陵 ·············· 243

경릉 景陵 ·············· 253

혜릉 惠陵 ·············· 261

숭릉 崇陵 ·············· 265

제7일 홍유릉·사릉·광해군묘

홍릉 洪陵 ·············· 275

유릉 裕陵 ·············· 287

사릉 思陵 ·············· 295

광해군묘 ·············· 301

제8일 선정릉·헌인릉

선릉 宣陵 ·············· 317

정릉 靖陵 ·············· 327

헌릉 獻陵 ·············· 337

인릉 仁陵 ·············· 349

제9일 융건릉·장릉 김포

융릉 隆陵 ·············· 359

건릉 健陵 ·············· 371

장릉 章陵 ·············· 379

제10일 영녕릉·장릉 영월

영릉 英陵 ·············· 387

영릉 寧陵 ·············· 397

장릉 莊陵 ·············· 403

책을 내면서

2009년 6월 27일, 건원릉에서 열린 조선 태조(이성계)의 제향(제사)에 모인 사람들은 그 어느 해보다 훨씬 벅찬 감동을 얻을 수 있었습니다. 바로 그날 새벽, 남한에 있는 조선 왕릉 40기가 모두 유네스코 세계문화유산으로 등재되었다는 소식이 전해져왔기 때문입니다. 마침 취재를 위해 그 자리에 있던 저희 두 사람도 환호가 절로 나올 정도로 기쁨을 감출 수가 없었습니다.

'왕릉'이라 하면 학창 시절 소풍 가던 곳으로만 기억하는 분이 많습니다. 그땐 정말 아무 생각 없이 봉분을 밟고 서서 손가락으로 V 자를 그리며 사진도 찍곤 했지요. 그러나 이제는 이 왕릉들을 세계문화유산의 하나로 소중하게 여기며 새로운 시각으로 보아야겠지요?

왕릉에 가면 무덤 외에 무엇이 있느냐고요? 왕릉에 가면 도심 가까운 곳에서 찾아보기 어려운 맑은 공기가 있습니다. 또 풍수지리적으로 좋은 자리를 고르고 골라 조성한 곳이기 때문에 자연의 정기를 함빡 받을 수 있고요. 이런 걸 믿지 않는 사람도 삼림욕을 할 수 있을 정도의 푸른 숲과 가슴이 탁 트이게 해주는 넓은 잔디밭을 만날 수 있답니다. 영화에서나 볼 수 있는 너른 초원과

구릉도 좋지만 무엇보다 왕릉에서는 우리 민족의 역사와 만날 수 있지요. 그래서 왕릉은 자녀들과 함께 할 수 있는 최상의 소풍 장소입니다.

왕릉이 다 그게 그거지 40군데를 각각 다니며 볼 게 뭐 있느냐고요? 대부분 이렇게들 알고 있지만 40기 왕릉은 모두 다른 모습을 지니고 있습니다. 시대에 따라서 그 모습이 다르고 왕이나 왕비의 살아 있을 때 혹은 세상을 떠났을 때 나라의 상황에 따라, 권력의 정도에 따라, 능의 지형에 따라, 심지어는 아들의 권력의 정도에 따라 각기 다른 모습을 지니고 있습니다. 그래서 왕릉에 대해 알고 갈수록 왕릉 나들이가 흥미로워진답니다.

'핑계 없는 무덤은 없다'라고 하지요? 답사를 다녀보니 정말 사연 없는 왕릉은 하나도 없었습니다. 왕릉의 사연은 곧 우리의 역사이지요. 그 왕릉들에 누가 묻혀 있고 어떤 사연들이 담겨 있는지 하나하나 생각하다 보면 어느새 우리 역사에 대해 훤히 알게 됩니다. 그래서 저희는 이 책을 가족이 함께 왕릉 기행을 하며 역사 공부를 할 수 있도록 쉽고 친절한 안내서로 만들고자 했습니다. 저희가 지난 1년 동안 왕릉을 답사하며 얻었던 즐거움과 행복감을 여러분과 나누고 싶은 마음도 이 책을 내게 된 이유 중 하나이고요.

이 책은 왕의 재위 순이 아니라 답사를 위한 동선을 고려한 순서로 이루어져 있습니다. 즉 발걸음 닿는 순서에 따라 구성하였고, 답사 계획을 세우기 편하도록 하루에 다닐 수 있는 서로 가까운 능들을 모아 날짜별로 묶어놓았습니다. 또 세계문화유산으로 등재된 후의 최신 정보와 직접 다니며 새로 찍은 생생한 사진을 수록하여 왕릉 기행에 도움이 되도록 하였습니다. 왕릉 40기 외에도 도중에 쫓겨난 왕 연산군, 광해군의 묘도 함께 실었고, 지금은 들어갈 수 없는 비공개 능도 자유롭게 참배할 수 있을 때를 대비하여 소개해놓았습니다. 왕릉과 관련된 용어들이 아직 통일이 안 되어 있어, 이 책에서는 문화재청이 발간한《조선 왕릉 답사 수첩》에서 쓰인 용어를 사용했습니다.

끝으로 저희의 부족한 원고를 조선일보 논픽션대상 우수상으로 뽑아주신 조선일보와 심사위원 여러분께 진심으로 감사의 말씀을 드립니다. 또 정성껏 책으로 만들어 내주신 21세기북스 관계자분들과 바쁘신 가운데도 취재에 적극 협조해주신 각 왕릉 관리소 분들께도 깊은 감사의 인사를 드립니다.

2010년 10월 윤상구·황인희

왕릉 기행을 시작하기 전에

조선 왕릉 40기가 세계문화유산으로 등재되었습니다. 한 나라의 왕릉이 이렇게 고스란히 보존된 경우가 흔치 않아서 세계문화유산으로서의 가치가 크다고 하는군요.

능(陵)은 왕과 왕비의 무덤을 말합니다. 왕실의 묘 중에 능 말고 원(園)이라는 것도 있는데 이는 왕세자와 왕세자비, 왕의 사친(私親:임금이 아니었던, 임금의 생가 어버이, 또는 빈嬪으로서 임금을 낳아준 어머니)의 무덤입니다. 묘(墓)라는 무덤도 있는데 왕비의 자식인 대군과 공주, 후궁의 자식인 군과 옹주, 후궁 등의 무덤을 말합니다.

조선 왕릉은 모두 42기인데 그중 제1대 태조의 원비(첫째 부인)인 신의고황후의 제릉(齊陵)과 제2대 정종과 그 부인 정안왕후의 능인 후릉(厚陵)은 북한의 개성에 있어서 현재 가볼 수가 없습니다.

우선 왕릉에 들어가기 전에 그 기본 구조를 살펴볼까요? 조선의 모든 왕릉이 이 구조들을 다 갖춘 것은 아니지만 이 기본 구조를 알고 있으면 각 능이 어떻게 다른지 쉽게 이해할 수 있답니다. 또 기본 구성물들이 어떤 역할을 하고 어떤 의미가 있는지 알고 나서 능을 관람한다면 훨씬 더 이야깃거리가 풍부해지겠지요?

왕릉이 자리 잡은 자리, 즉 택지로서 가장 좋은 지형은 배산임수(背山臨水)의 지형입니다. 다시 말해 산을 등지고 앞쪽에 물이 흐르는 지형이라는 뜻이지요. 왕릉의 조건 중 풍수지리상 명당 외에 또 하나 빼놓을 수 없는 것은 왕이 있는 도성에서 멀지 않은 곳이어야 한다는 점입니다. 후손인 왕들이 능에 참배를 해야 하는데 그 행차가 복잡해 너무 멀리는 갈 수 없었고 무슨 변고라도 생기면 빨리 돌아와야 했기 때문이지요. 자, 어떤 지형에 조성이 되는지 알았으면 이제 그 지형들을 둘러보며 왕릉에 들어가 볼까요?

　　왕릉 입구에는 '재실(齋室)'이라는 한옥 건물이 있습니다. 이 건물은 왕릉 관리를 담당하던 능참봉이 살던 곳입니다. 나라에서 지내는 제사 혹은 제사의 높임말인 제향을 주관하는 제관들이 휴식을 취한 곳이기도 하고 제향에 쓰일 기물들을 간수하며 왕릉에서 제향을 맡아보는 관리인 수복(守僕)이 거처한 곳이기도 합니다. 원래 이런 쓰임새였으니 요즘 관리사무소로 쓰고 있는 것도 나름대로 재실의 제기능을 하고 있는 것이지요.

　　재실을 지나면 울창한 숲을 만나게 됩니다. 몇백 년은 넘었음직한 아름드리 소나무도 흔하게 볼 수 있지요. 마치 오솔길에서 삼림욕을 하는 것과 같은 느낌으로 조금 걷다보면 작은 돌다리가 보입니다. 능 앞에는 항상 물이 흐르므로 그 물을 건너려면 다리가 있어야겠지요. 그 다리의 이름은 금천교(禁川橋)입니다. 금천교의 금(禁)자는 뭔가 부

정한 것을 들어오지 못하게 삼가야 한다는 의미가 있는 글자입니다. 이 다리를 건너면 왕의 혼령이 머무는 신성한 지역이라는 뜻이니 여기서부터 옷매무새를 고치고 왕릉에 들어가야 되겠지요.

금천교를 건너면 홍살문(紅−門)이라는 커다란 문이 보입니다. 홍살문은 붉은 화살 모양으로 된 문이라는 뜻입니다. 두 개의 기둥 사이에 세워놓은 화살 같은 막대가 여러 개 보이지요? 이 이름 가운데 살 자를 한자로 쓰지 않은 이유는, 여기의 살 자가 화살을 나타내는 우리말이기 때문입니다. 홍살문을 한자로 '紅箭門'이라고도 쓰는데 여기 쓰인 箭 자는 화살을 나타내는 한자로 우리말로는 '전'이라 읽습니다. 그래서 한자로 표기할 때는 어쩔 수 없이 '홍전문' 또는 그 글자를 빼고 '홍문'이라고 하지요.

홍살문의 오른쪽 땅을 보세요. 돌들이 가로 세로 3미터 정도 되는 정사각형 모양으로 마치 장기판처럼 박혀 있지요? 이 돌판은 배위(拜位)입니다. 판위(板位:판으로 된 자리), 어배석(御拜石), 망릉위(望陵位)라고도 하는데 이런 이름에서 눈치챌 수 있듯이 이곳은 제향을 지내러 온 왕이 가마에서 내려서 능을 바라보며(망릉위) 절을 했던 자리(어배석)입니다.

왕이 가마에서 내렸으니 거기부터는 걸어서 봉분까지 가야겠지요(왕이나 왕비의 봉분은 능의 잠자리라는 뜻의 능침陵寢 이라 하니 이제부터는 능침이라는 말을 사용합니다). 그런데

아무 길로나 가는 것이 아니라 정해진 길로 가야했습니다. 그 길을 참도(參道)라고 합니다. 홍살문을 지나면 길게 이어져 있는 돌길이지요. 참도는 두 개의 길로 이뤄져 있습니다. 왕이 다니는 어도(御道)와 왕릉의 주인인 혼령이 다니는 신도(神道)로 나눠볼 수 있는데 왼쪽의 조금 높은 길은 신도이고, 오른쪽의 낮은 길은 어도입니다. 아무리 왕이지만 조상님보다는 낮은 데서 걸어야 했겠지요? 왕릉의 참도는 표면을 일부러 울퉁불퉁하게 해놓았다고 합니다. 참도에서 넘어지지 않고 걸으려면 자연스레 고개를 숙이게 되고 그러면 누구나 능침에 대한 존경을 표시하게 되기 때문이지요. 참도가 끝나는 곳에 건물이 한 채 서 있는데 이 건물은 제향을 지내는 정자각(丁字閣)입니다. 땅에 있는 것을 긁어모으는 데 쓰는 고무래라는 농기구 비슷하게 생겼다 하여 고무래 정 자 하는 한자, 丁 자 모양으로 생긴 건물이라는 뜻입니다. 그래서 이 이름을 부를 때는 '정자각'이라고 부드럽게가 아니라 '정짜각'이라고 읽어야 합니다.

　　참도가 정자각으로 이어지는 곳을 눈여겨보세요. 들어가면서 볼 때 오른쪽에 있는 계단으로 길이 이어지지요. 그런데 돌계단이 두 개가 나란히 있습니다. 정자각의 왼쪽에는 계단이 하나밖에 없는데 말이죠. 또 두 개의 계단 중 하나는 호화롭게 무늬를 넣어서 만들었고 다른 하나는 그냥 장식 없는 돌로 만든 계단입니다. 왜일까요?

마석
무석인

왼쪽의 호화로운 계단은 신도와 이어져 있어서 혼령이 올라가는 계단입니다. 오른쪽 계단은 어도와 이어진, 왕이 올라가는 계단이고요. 이곳은 왕릉이니 혼령을 우대해야 하지 않습니까? 그러면 왜 왼쪽에는 계단이 하나일까요? 왕은 제향을 지내고 궁궐로 돌아가기 위해 다시 참도를 밟게 되겠지만 혼령은 능침으로 올라가 조용히 잠이 들어야지요. 그래서 혼령이 내려오는 계단은 없답니다. 그러면 애당초 정자각에 들어갈 때도 능침에서 바로 내려왔어야 하지 않냐고요? 아무리 조상이라도 한 나라의 왕이 왔는데, 또 반가운 자식이, 손자가 왔는데 문 앞까지는 마중을 나왔겠지요. 그래서 함께 나란히 걸어 제향을 받으러 정자각에 들어갔겠지요(이건 순전히 제 생각입니다).

정자각은 왕의 무덤에만 세울 수 있는 건물입니다. 돈이 있다고 조상 무덤 앞에 정자각을 세웠다가는 당장 역적으로 잡혀 죽임을 당했겠지요? 참도와 연결되어 있으니 정자각에 들어가는 방향이 당연히 정해져 있었는데, 동쪽으로 들어가서 서쪽으로 나왔습니다. 동쪽은 해가 뜨는 방향이니 대개 시작, 탄생, 봄 등을 상징하고 서쪽은 죽음, 소멸을 상징하지요.

정자각으로 가기 전 오른쪽에도 작은 건물이 하나 있는데 이는 능을 관리하는 사람인 수복이 지내던 수복방(守僕房)입니다. 왼쪽에도 건물이 있는데 이것은 제사 음식과 제

물을 준비하는 수라간입니다. 동쪽의 수복방보다 좀더 안쪽에 더 작은 건물이 있는데 이
것은 비각(碑閣)입니다. 그 안에는 이 능이 누구의 능인지 적힌 비석이나 능 주인의 업적
을 기록해둔 신도비(神道碑)가 서 있습니다. 남한에 있는 조선 왕릉 중 신도비가 있는 능은
동구릉 안에 있는 태조의 건원릉과 헌인릉 안에 있는 태종의 헌릉뿐입니다. 그러니 이 두
능에 가면 신도비 보는 걸 잊지 말아야겠지요?

정자각 뒤 왼쪽(서쪽)에 돌로 둘레지은 작은 공간, 혹은 그냥 넓적한 돌이 있는데 그
것은 예감(瘞坎)으로 제향 후 축문을 태우거나 묻었던 곳입니다. 한자가 어렵지요? 묻는
웅덩이란 뜻을 가진 한자랍니다.

정자각 뒤로 보이는 작은 동산은 사초지(莎草地)라고 하는데 조선 왕릉에만 있는 형
식입니다. 여기 사초지를 올라가면 진짜 능원(陵園)이 펼쳐집니다. 많은 왕릉에서 사초지
위로는 못 올라가게 하지만 능침 앞까지 갈 수 있도록 개방해놓은 능도 제법 있으니 우리
도 함께 올라가 봅시다. 사초지에 오르면 장대석이라는 돌로 다시 단계를 나눠놓았습니다.
가장 윗부분은 위에, 처음에 있는 단계이니 상계(上階) 혹은 초계(初階)라 하고 그 다음 단
계는 중계(中階), 그 아랫단은 하계(下階)라 부릅니다. 능의 여러 시설이 이 중 어느 단계에
세워질 것인가에 대해 엄격한 규칙이 정해져 있습니다.

아래쪽부터 살펴볼까요? 하계에는 무석인(武石人)과 그가 탔을 법한 말 모양의 마석(馬石)이 서 있습니다. 무인은 군인이지요. 대개 칼을 찬 늠름한 장군 모습을 하고 있습니다. 중계에는 문석인(文石人)과 역시 마석이 서 있습니다. 문인은 관리로서 대개는 학자들이지요. 펜이 칼보다 강하다는 서양 속담이 있지요? 조선 시대에도 무(武)보다 문(文)을 중시했음을 알 수 있는 배치입니다. 문석인의 경우 복두공복 또는 금관조복을 입고 있습니다. 복두공복은 관리의 평상복이고, 금관조복은 특별한 날에만 입는 옷으로, 패옥과 같은 장신구를 착용한, 화려하고 격식을 갖춘 복장입니다. 조선 왕릉의 문석인은 대부분 복두공복을 입고 있는데 18세기 후반부터의 문석인은 금관조복을 입고 있습니다. 대부분의 왕릉 문석인이 복두공복을 입은 이유는, 왕의 생전 문관들이 일상적으로 왕을 알현했을 때의 행위가 사후에도 계속된다는 것을 보여주는 것입니다. 무석인은 갑옷을 입고 있는데 그 모양도 시대에 따라 변화가 있습니다. 이들 문무석인은 선왕을 모셨던 신하들의 표상으로, 선왕의 사후 세계를 보좌하는 역할로 만들어놓은 것입니다.

능과 원·묘를 구분하는 가장 큰 차이는 무석인이 있느냐 하는 것입니다. 무석인은 왕릉에만 세울 수 있고 원·묘나 민간의 묘에 세우는 것은 역적 행위로 간주되었습니다. 조선 시대에는 개인이 병사를 기르는 것을 엄격하게 금지했기 때문에 사후 공간에서도

무장한 인물상을 설치하는 것을 금했습니다. 또 국가의 병권은 임금만이 쥘 수 있는 것이었으니까요.

상계의 가장 중요한 부분은 당연히 능침입니다. 이 능침을 삼면으로 둘러싸고 있는 담을 곡장(曲墻)이라고 합니다. 곡장은 담 위에 기와를 올린 형태이고 담에는 일월성신(日月星辰)을 표현한 동그란 돌을 끼워 넣었습니다. 이 모습은 대궐의 주요 건물의 뒷벽과 비슷한데, 이렇게 만든 이유는, 능을 왕이 생전에 생활했던 대궐의 축소판이라 여겼기 때문입니다. 곡장 앞에는 양 모양의 양석(羊石)과 호랑이 모양의 호석(虎石)이 있습니다. 양석은 죽은 이의 명복을 빌며 사악한 것을 물리친다는 의미가 있고 호석은 능침의 수호신 역할을 합니다. 바깥에서 들어오는 나쁜 기운과 싸워야 하는 이 두 가지 석물(石物)은 그래서 바깥쪽인 담쪽을 향해 서 있습니다. 능침의 정면에 있는 제단 같은 돌은 혼유석(魂遊石)이라 합니다. 한자를 그대로 풀면 '혼이 노는 돌'이라는 뜻이지요. 일반 묘에서는 상석이라 하여 제물을 차려놓는 곳이지만 왕릉에서는 정자각에 제물을 차려놓고 제향을 지내므로 혼유석은 단지 영혼이 나와 노는 공간입니다. 혼유석을 받치고 있는 돌은 마치 북처럼 생겼다 하여 북 고(鼓)자를 넣어 고석(鼓石)이라고 합니다. 고석에는 사악한 것을 경계한다는 의미에서 귀면(鬼面:귀신 혹은 도깨비의 얼굴)을 새겨두었지요.

혼유석 양옆에 돌 기둥이 하나씩 서 있는데 이는 망주석(望柱石)입니다. 망주석의 역할에 대해서는 몇 가지 설이 있습니다. 육신에서 분리된 혼령이 능침을 찾아오기 쉽게 만든 표시라는 설, 음양의 조화를 위해 만들었다는 설, 왕릉의 기를 흩어지지 않게 잡아준다는 설, 이승과 저승의 경계를 지키는 기둥이라는 설 등입니다. 망주석 기둥에 돋을새김된 것을 세호라고 하는데 초기에는 구멍 뚫린 귀 모양이었다가 중기 이후에는 짐승 모양을 갖추게 됩니다. 세호라고는 하지만 호랑이 같지는 않고 어떤 것은 도마뱀 같아 보이기도 합니다. 혼유석 앞에는 장명등석이 있는데 장명등석은 죽은 사람의 명복을 빌기 위해 무덤에 세워진 구조물입니다. 능침을 병풍처럼 둘러싼 돌은 병풍석이고, 그 주위에 울타리처럼 둘러놓은 것은 난간석입니다.

왕릉이 있는 언덕은 강(岡)이라고 합니다. 강의 의미는 두 가지인데, 하나는 땅 속에 흐르는 생기의 저장 탱크입니다. 생기의 저장고 위에 올라앉아 있는 왕릉은 땅의 생기를 충분히 받을 수 있겠지요? 두 번째 의미는 일반 무덤과 달리 높은 강을 권좌 삼아 왕의 위엄을 보여주는, 왕권의 시각적 과시를 위한 장치입니다. 원래는 홍살문에서 정자각까지 일직선으로 이어지고, 정자각 뒤에는 영혼이 건너가는 신도교가 설치되며, 강에 이르기까지 신도가 이어져서 이 구조물들이 일직선상에 있어야 합니다. 그런데 지형 등 여러 문제

병풍석

난간석

로 이 원칙이 지켜지지 않은 능들도 눈에 띕니다.

조선 시대 초기의 왕릉은 고려의 능제를 따랐고 조선의 능제가 확립된 것은 《국조오례의》가 만들어지면서부터입니다. 《국조오례의》에 의해 만들어진 첫 왕릉은 문종의 현릉입니다. 그러나 그 뒤로도 능제는 계속 바뀌어왔기 때문에 오늘날 다양한 왕릉의 모습을 볼 수 있습니다. 왕릉의 규모는 조선 초기보다 후기로 갈수록 점점 작아집니다. 왕권이 미약해지는 것도 있지만 후기로 갈수록 왕들도 합리적 사고를 했기 때문으로 보입니다. 조선 초기에 왕릉 조성할 때 징발한 인력은 5천 명에 이르렀고, 왕릉 공사는 5개월 이상 계속되었습니다. 동원된 일꾼들은 자기가 먹을 양식까지 짊어지고 와서 일을 했고, 특히 왕릉이 많은 경기도의 경우 백성들의 고통이 가장 컸다고 합니다. 당시에는 왕릉 조성이 이렇게 백성들을 괴롭히는 일이었지만, 그래도 그들의 노력과 인내가 있었기에 오늘날 우리가 세계문화유산을 간직하게 된 것임을 잊지 말아야겠지요.

왕릉 기행을 시작하면서 한 가지 당부의 말씀을 드리고 싶습니다. 왕릉은 유원지가 아니라 우리 조상, 왕의 무덤이니 능역에 들어서서는 경건한 마음을 갖자는 것입니다. 능침 앞에서는 가벼운 목례라도 하면 좋겠지요.

자, 그럼 이제 역사를 들여다보며 조선 왕릉 기행을 떠나볼까요?

서오릉

숙종을 둘러싼 많은 이야깃거리를 만날 수 있는 가족 묘역

서오릉은 능 다섯 기와 원 두 기, 묘 한 기가 모여 있는, 동구릉 다음으로 거대한 가족 묘군입니다. 서오릉에 가면 역사극에 자주 등장하는 주인공을 많이 만날 수 있습니다. 왕비 자리에서 쫓겨났다가 다시 돌아온 인현왕후와 그의 연적 장희빈, 그들의 지아비 숙종과, 뒤주에서 비참하게 죽은 사도세자 어머니 영빈 이씨, 손자 연산군에게 폭행을 당했던 성종의 어머니 인수대비도 이곳 서오릉과 그 주변에 묻혀 있습니다. 특히 서오릉은 숙종의 가족묘역이라 해도 과언이 아닙니다. 숙종은 물론 장희빈을 포함하여 네 명의 숙종의 왕비의 능묘가 모두 서오릉에 있기 때문입니다. 아무튼 서오릉에 오면 적지 않은 이야깃거리를 만날 수 있습니다.

위치 경기도 고양시 덕양구 용두동

지정 번호 사적 제198호

조성 시기 1701년(숙종 27)

명릉 明陵

명릉은 서오릉에서 가장 규모가 큰 능입니다. 이곳은 조선 제 19대 숙종(肅宗 : 1661~1720)과 그의 제1계비 인현왕후(仁顯王后 : 1667~1700), 제2계비 인원왕후(仁元王后 : 1687~1757)의 능입니다.

숙종은 조선 500여 년 역사상 흔치 않은 강력한 왕권을 행사한 왕이었습니다. 숙종 때는 당쟁이 심한 시기였는데 숙종은 신하들의 등쌀에 휘둘리지 않고 오히려 그들을 쥐락펴락, 이리저리 휘두르며 신하들이 충성할 수밖에 없도록 만들었습니다. 이름 하여 '환국정치(換局政治)'를 하였는데 '환국'이란 국정의 주도 세력을 바꾸는 상황을 말합니다. 숙종 때는 환국이 세 차례나 있었는데 이를 통해 숙종은 강력한 왕권을 행사할 수 있었습니다.

숙종은 현종과 명성왕후 김씨의 외동아들로 태어났습니다. 조선 시대 역대 왕 계승 때마다 왕실과 대신들이 적장자 계승을 무척이나 간절히 주장하였지만 실제로 적장자로서 왕위를 계승한 경우는 스물일곱 명 왕 중 3분의 1밖에 안 되는 아홉 명(문종, 단종, 연산군, 인종, 현종, 숙종, 경종, 헌종, 순종)뿐이었습니다. 그중에 숙종이 당당하게 포함되어 있습니다. 일단 왕위 계승 때 여러 잡음에 의한 혼란은 피한 셈이지요. 7세에 세자에 책봉되었고 14세 되던 해 부

🔼 뒤쪽에 있는 인원왕후의 능에서 보면 숙종과 인현왕후의 능침이 더욱 다정해 보인다.

왕 현종을 이어 왕위에 올랐습니다. 미성년자이었으니 수렴청정을 받아야 했지만 숙종은 곧바로 친정을 시작했습니다. 즉위 때부터 총명함과 힘을 과시했던 것이지요.

숙종은 즉위하자마자 바로 당쟁에 휘말리게 되었습니다. 선왕인 현종 때부터 시작된 예송논쟁이 다시 고개를 들고 일어난 것이지요. 효종비 인선왕후가 세상을 뜨자 그 시어머니인 인조비 장렬왕후가 얼마 동안 상복을 입어야 하는가로 떠들썩했던 것이 현종 때 있었던 제2차 예송논쟁이었습니다. 현종이 9개월이 아니라 1년 동안 상복을 입어야 한다는 남인 쪽의 의견을 들어주어 이 일은 일단락되었습니다. 그런데 현종이 죽은 후에도 인선왕후의 상이 끝나지 않자 서인들이 다시 이 문제를 들고 일어선 것입니다.

서인의 영수는 송시열이었습니다. 송시열은 왕들을 제외하고 《조선 왕조실록》에 그 이름이 가장 많이 나오는 사람이라지요. 이 사실만으로도 당시의 논쟁이 얼마나 치열했는가를 알 수 있을 것 같습니다. 어쨌든 송시열을 앞장 세운 서인이 다시 복상 문제를 들고 나오자 전국은 다시 예송논쟁에 휩쓸리고 말았습니다. 이때 숙종은 주저함 없이 부왕의 의견을 따라 남인의 1년 기년설을 지지하며 시비를 건 송시열을 유배시켜버렸습니다. 이로써 정국은 남인의 주도로 돌아가게 되었지요. 그런데 숙종은 남인이 득세하도록 보고만 있지는 않았습니다. 모후 명성왕후의 사촌 동생인 김석주를 기용해 남인 세력을 견제하기 시작했지요. 서인 세력의 발언권이 완전히 조정에서 사라지게 되었을 무렵 숙종은 김석주와 나머지 서인 세력의 힘을 모아 남인들을 모두 몰아내었습니다. 이것이 바로 '경신환국'이지요.

다시 정국은 서인 손에 들어가게 되었습니다. 그즈음 숙종의 총애를 받던 후궁 장옥정이 왕자를 낳았습니다. 숙종은 그 소생을 바로 원자로 정하려 하였습니다. 서인 측은 중전 인현왕후가 아직 젊으니 적자가 태어날 때까지 기다리자며 원자 확정을 반대하였지요. 그런데 숙종은 서인들의 반대에도 불구하고 장옥정의 소생 윤을 원자로 정해버렸습니다. 그리고 보란 듯이 소의였던 장옥정을 희빈으로 승격했습니다.

송시열을 비롯한 서인의 노론계 대신들은 원자 확정을 그렇게 급히 서둘지 말라는 상소를 올렸습니다. 그러자 숙종은 "왕자가 이미 세워져서 군신의 분수에 맞는 도리가 완전히 정해졌는데 송시열이 여전히 불만의 뜻을 가지고 있다"라며 불쾌함을 드러냈습니다. 이 일로 수많은 노론계 대신이 유배를 가게 되었고 원로 대신 송시열은 사약을 받았습니다. 이때 인현왕후가 폐위되고 희빈 장씨가 중전이 된 것입니다. 원자 윤은 세자로 책봉되었고요. 이런 일들로 서인이 정국에서 물러나고 다시 남인이 득세를 하였는데 이 일을 '기사환국'이라 합니다.

🔵 명릉은 세 사람의 능이지만 정자각은 숙종과 인현왕후만을 위해 만들어진 것이다.

기사환국으로부터 5년 후 서인 세력이 폐비 복위 운동을 펴다가 민암 등 남인들에게 잡혀 옥에 갇히게 되었습니다. 남인들은 이 사건으로 서인 세력을 완전히 없애버리려고 했지요. 그런데 숙종은 오히려 민암을 비롯한 남인들을 쫓아내 버렸습니다. 그때 숙종은 장옥정에게 염증을 느끼고 있었기 때문입니다. 이 사건을 계기로 오히려 남인들이 밀려나 버렸습니다. 숙종은 서인의 노론계 송시열 등의 명예를 회복해주고 소론계를 등용하여 정국의 변화를 꾀했는데 이것이 갑술환국입니다. 이때 장옥정은 다시 희빈으로 강등되고 폐비였던 인현왕후는 대궐로 돌아오게 되었지요.

장희빈은 다시 중전으로 돌아가기 위해 안간힘을 썼습니다. 오라비 장희재와 함께 별의별 궁리를 다 하다 번번이 발각되어 위기에 처해도 세자의 생모라는 이유로 겨우 그 위기를 모면하곤 했습니다. 그러다가 인현왕후가 죽은 후 장희빈의 거처인 취선당 부근에서 신당이 발견되는 사건이 벌어졌습니다. 장희빈이 인현왕후를 죽게 하려고 무당을 데려와 굿을 하며 인현왕후를 저주했다는 것입니다. 숙종이 크게 화를 내며 스스로 목숨을 끊으라고 명령했지만 장희빈은 듣지 않았습니다. 끝내 장희빈에게 사약이 내려졌지요.

이때 소론의 여러 대신이 세자를 위해 장희빈을 용서해줄 것을 간하다가 귀양을 가게 되었습니다. 그리하여 조정에서 소론 세력이 힘을 잃고 노론이 득세하게 되는데 이 사건이 '무고의 옥'입니다. 무당을 불러들인 일에서 비롯된 옥사라는 뜻이지요. 장희빈은 사약도 받지 않겠다고 포악을 떨다가 왕이 직접 나서서 입을 벌리게 하고 약을 들이부었다는 얘기가 전해지기도 합니다. 또 마지막으로 세자를 보게 해달라고 하고 세자에게 위해를 입혀 훗날 경종이 후사를 잇지 못했다는 얘기도 있습니다. 실제로 장희빈은 금쪽같은 아들을 때리며 자주 화풀이를 했고 아들과 함께 죽어버리겠다는 말을 입에 달고 살아서 숙종을 더욱더 질리게 했답니다.

숙종은 왕실의 권위를 되살리기 위해 신하들을 쥐고 흔들었습니다. 어질고 착한 인현왕후가 포악하고 욕심 많은 장희빈에 의해 쫓겨났다가 다시 왕비 자리를 되찾은 사건이나 장희빈 일당이 비참한 최후를 맞이한 사건도 신하 길들이기를 위해 숙종이 고의적으로 만들어낸 환국정치의 한 장면이었을 뿐이라지요. 숙종은 이렇게 정국을 움직이는 데 아내들마저 희생시킨, 몰인정하리만치 강한 왕이었습니다.

숙종은 장희빈에게 얼마나 질렸는지 이후로 후궁을 왕비로 승격하지 못하도록 법으로 정해버렸습니다. 또 은밀하게 세자를 교체할 생각을 했지요. 숙종은 폐세자 문제를 노론 대신들과 상의했습니다. 그리고는 세자가 병이 많고 자식이 없음을 들어 숙빈 최씨의 아들 연잉군을 후사로 정하기로 하고 세자에게 대리청정을 명했습니다. 소론은 폐세자를 위해 일부러 세자의 흠을 잡으려 하는 처사라고 극력 반대했습니다. 이런 혼란한 상황을 마무리도 짓기 전에 숙종은 세상을 떠났고 경종이 그 뒤를 이어 왕이 되었습니다.

숙종은 재위 46년 동안 그 강력한 왕권으로 정말 많은 일을 처리했습니다. 임진왜란으로 무너진 사회 전반의 문제를 거의 다 복구했다 할 정도로 수많은 업적을 남겼습니다. 우선 화폐를 본격적으로 만들어내는 등 상업 지원 정책을 통해 조선 후기 상업 발달과 경제 발전에 많은 영향을 끼쳤습니다. 또 국방에도 많은 힘을 기울였지요. 국경 지역에는 적의 침입에 대비하여 성을 쌓았고 서울 방어를 위해 도성 수리 공사를 하였습니다. 또한 군사 제도를 효율적으로 개편하고 청나라와 국경 분쟁이 일어나자 청나라와 협상을 통해 압록강 연변에 정계비를 세워 국경을 확정 지었습니다.

이외에도 숙종은 노산군을 복위시켜 단종이라는 묘호를 정해 종묘에 모셨고 성삼문 등 사육신을 복관했습니다. 또 폐서인이 되었던 소현세자의 빈 강씨를 민회빈으로 복위시키는 등 과거사 정리를 가장 많이 한 왕이기도 합니다. 일본에 통신사를 파견하여 당시 일본의 실권을 쥐고 있던 바쿠후 정권을 상대로 왜인들의 울릉도 출입 금지를 보장받기도 했습니다.

이렇듯 정열적으로 왕권의 칼을 휘두르며 수많은 치적을 남긴 숙종은 1720년 46년간의 통치를 끝내고 60세로 세상을 떠났습니다. 아홉 명의 아내에게서 여덟 명의 자녀를 얻었고 그중 두 명(경종, 영조)은 왕위에 올랐지요. 이 삼부자가 통치한 기간이 통틀어 102년으로, 조선 왕조 500여 년 중 5분의 1을 통치한 셈입니다.

숙종과 함께 나란히 묻혀 있는 사람은 파란만장한 삶을 살았던 인현왕후입니다. 인현왕후는 여양부원군 민유중의 딸로서 1681년 가례를 올리고 숙종의 계비가 되었습니다. 그런데 불행히도 왕위를 이을 아들을 낳지 못했지요. 그래서 인현왕후는 "내 덕이 없어 생산의 길을 열지 못하니 이는 종사에 큰 염

明陵

려가 아니리오?" 하며 숙종에게 후궁 들이기를 간했답니다.

그런데 인현왕후는 새로 태어난 왕자를 독살하려 한다느니, 자신을 저주한다느니 하는 장희빈의 모함으로 폐위되어 대궐에서 쫓겨나야 했습니다. 인현왕후가 쫓겨난 후 장희빈은 중전이 되었고 오라비 장희재를 비롯하여 이제껏 그녀를 후원해주었던 주변의 모든 인물이 부귀영화를 누리게 되었습니다. 백성들은 그들의 횡포에 시달릴수록 더욱 인현왕후를 그리워하게 되었습니다. 하여 이런 동요가 유행하기도 했다지요.

미나리는 사철이요
장다리(배추꽃줄기)는 한 철일세
철을 잊은 호랑나비
오락가락 노닐으니
제철 가면 어이 놀까
제철 가면 어이 놀까

이 동요에서 미나리는 인현왕후 민씨를, 장다리는 장희빈을, 호랑나비는 숙종을 비유했다고 합니다. 이 동요 때문에 장희빈 일파는 더욱더 포악을 부리게 되었고 숙종의 마음은 장희빈에게서 점점 멀어지게 되었습니다.

갑술환국 때 인현왕후는 복위되어 대궐로 돌아와 7년을 더 살고 35세에 세상을 떠났습니다. 인현왕후의 사인은 원인 모를 병이었다고 하지만, 장희빈은 신당을 차려 인현왕후를 저주한 탓에 그 죽음의 책임을 뒤집어쓰고 말았습니다. 장희빈은 인현왕후의 성씨와 생월생시를 써서 걸어놓고 궁녀에게 화살을 주어 하루 세 번씩 쏘아 종이가 헤지면 비단으로 염습하여 중전의 신체라 하고 연못가에 묻기를 3년 동안이나 계속하였답니다. 이렇게 하여 인현왕후가 죽으면 자신이 다시 중전이 될 수 있을 것이라 기대한 것이지요. 이미 숙종의 마음이 자신을 떠난 것은 생각지 못한 장희빈의 처사가 참으로 어리석게만 여겨집니다.

인현왕후가 세상을 뜨자 숙종은 무척이나 슬퍼하였던 모양입니다. 《인현왕후전》에는 '상께서 과도히 슬퍼하사 손으로 난간을 두드리시며 하늘을 우러러 방성통곡하시니 용안에 두 줄기 눈물이 비오 듯하사 용포가 마치 물을 부은 것같이 젖었으니, 궁중이 차마 우러러 뵈옵지 못하였더라'라고 숙종의 슬픔을 기록했습니다. 숙종은 인현왕후를 내쳤던 것이 후회되었는지 대대적으로 능을 꾸몄고 인현왕후가 묻힌 오른쪽에 자신이 묻힐 자리도 마련해 두었습니다. 인현왕후 발인 때 숙종은 자신의 심경을 다음과 같이 제문에 담아 올렸습니다.

> (……) 과인은 길고 긴 세상의 전과를 뉘우치고 남은 한이 매우 깊으니 이 아픔을 어찌 견디리오. 이 세상에서의 산과 바다 같은 은의(恩義 : 은혜와 의리)를 느끼어 영결하매 능의 오른편을 비워놓고 훗날 함께 묻히기를 꾀하오니, 천추만세에 체백(體魄 : 땅 속에 묻힌 시신)을 한 가지로 누리리로다.

이렇게 숙종과 인현왕후는 한 언덕에 나란히 묻혔습니다. 그런데 쌍릉으로 조성된 그들의 능 왼쪽에 마치 금실 좋은 부부의 모습을 어깨너머로 건너다보듯이 만들어진 능이 하나 더 있습니다. 바로 숙종의 제2계비인 인원왕후의 능입니다. 16세의 인원왕후는 41세의 숙종과 가례를 올렸습니다. 숙종이 세상을 뜬 후 인원왕후는 34세로 대비가 되었습니다.

강력한 왕권을 행사하던 숙종에 비해 아들 경종은 병약하고 권위 없는 왕이었습니다. 경종이 왕위에 오른 직후부터, 경종의 계비 선의왕후 어씨 친

◆ 명릉은 숙종의 명에 따라 간소하게 만들어졌고, 석인들의 키도 실제 사람과 비슷하다.

정을 중심으로 한 소론과 경종의 이복동생 연잉군 편이었던 노론 측이 다시
치열하게 대립했습니다. 경종의 후사가 없을 것을 염려한 노론 측은 연잉군을
세제로 세우자고 상소를 올렸습니다. 이에 맞서서 소론 측은 양자를 들여 세
자로 책봉하려 했습니다. 그 소문을 들은 대비 인원왕후는 노발대발하여 "주
상(경종)의 춘추가 아직 젊거늘 어이 양자를 논한단 말인가? 또 무슨 변고가
있다 하더라도 선왕(숙종)의 혈통이 두 분이나 있어 혈통이 끊이지 않을 터인
데 누가 망령된 짓으로 선왕의 혈통을 막으려 한단 말인가?" 하며 대신들을
엄히 꾸짖었습니다. 이런 상황에서 더 이상 양자를 논한다면 선왕에 대한 역
적 행위가 될 판이었습니다.

　이리하여 일단 연잉군이 세제로 책봉은 되었지만 소론은 연잉군을 없애
려 별의별 방법을 다 동원하였습니다. 독살을 꾀하기도 했고 연잉군을 동궁

에 가두기도 했습니다. 이때 연잉군은 스스로 목숨을 끊으려고 하다가 밤에 몰래 동궁의 담장을 넘어 인원왕후의 처소로 갔습니다. 연잉군보다 일곱 살 위였던 인원왕후는 연잉군을 보호해주고 그를 내놓으라고 요구하는 소론 대신들에게 호통을 쳤습니다.

이런 혼란 중에 경종이 세상을 떠났지만 아직 세제 연잉군의 왕위 등극이 결정된 상황이 아니었습니다. 이때 대신들이 새 왕의 즉위를 명하도록 주청하자 인원왕후는 연잉군에게 왕위를 잇게 하였지요. 소론 대신들이 강력히 반대하였지만 인원왕후는 곧 언문 교지를 내려 세제가 왕위에 오르도록 하였습니다. 새로 왕위에 오른 연잉군이 바로 조선 제21대 임금 영조입니다. 이렇게 영조는 인원왕후 덕분에 목숨을 건지고 왕위에까지 오를 수 있었던 것입니다. 대왕대비가 된 인원왕후는 1757년 71세로 세상을 떠났습니다.

명릉은 인현왕후가 세상을 떠났을 때 숙종이 직접 정한 자리라고 합니다. 이에 관해 한 가지 재미있는 일화가 전합니다. 숙종이 민심을 살피기 위해 대궐을 벗어나 어느 냇가를 지나게 되었습니다. 그때 냇가에서 한 젊은이가 울고 있었다지요. 우는 이유를 물으니, 갈처사라는 유명한 지관이 이곳에 무덤을 쓰면 좋다고 해서 땅을 파는데, 아무리 파도 물이 고이니 어쩔 줄을 모르겠어서 울고 있었다는 겁니다. 숙종은 젊은이가 불쌍해 관청에 가서 쌀 300석을 받을 수 있도록 편지를 한 장 써서 보냈습니다. 그리고는 지관을 혼내줄 셈으로 그의 집으로 찾아갔지요. 그 청년의 일을 따지자 지관은 "저 땅은 무덤을 쓰기도 전에 쌀 300석을 받을 수 있게 해주니 최고의 명당이 아니겠소?"라고 하더랍니다. 이 말을 듣고 그를 신통하게 여긴 숙종은 자신이 묻힐 묏자리를 골라달라고 부탁하였답니다. 그 신통한 갈처사가 고른 자리가 바로 명릉이랍니다.

명릉에 들어서면 숙종과 인현왕후의 능이 쌍릉으로 나란히 조성되고, 인

🔵 명릉의 수복방 주춧돌. 수복방은 능을 지키고 관리하는 수복들이 묵는 장소였다.

원왕후의 능은 왼편 언덕에 단릉으로 모셔져 얼핏 보면 동원이강릉(東原異岡陵：왕릉과 왕비릉이 서로 다른 언덕에 조성된 능)으로 보입니다. 예법대로라면 혼령의 입장에서 우상좌하이기 때문에 우리가 보기에 왼쪽부터 숙종, 인현왕후, 인원왕후의 순으로 능이 조성되었어야 옳지요. 그런데 서열이 가장 낮은 인원왕후의 능이 가장 상석에 있다는 것은 무언가가 잘못되었음을 말해주고 있습니다.

　　원래 인원왕후는 명릉에서 400보 떨어진 곳에 별도의 능 자리를 정해놓았습니다. 그런데 1757년 며느리인 정성왕후가 세상을 떠났습니다. 정성왕후의 국장이 진행되고 그녀의 능인 홍릉 산역 공사가 시작되었습니다. 이 홍릉은 영조가 자신의 신후지지(身後之地：살아 있을 때 미리 잡아두는 묏자리)로 만들라 명했기 때문에 정성왕후의 능이라기보다 영조의 능으로 조성되느라 대대적인 공사를 벌이게 된 것이지요. 그 무렵 인원왕후가 별세한 것입니다. 며느리와 시어머니의 초상을 함께 치러야 할 판이었습니다. 그런데 시어머니는 대비이고 며느리는 왕비였고, 현재 왕이 자신이 묻힐 자리를 왕비 곁에 만들고 있는 중이었습니다. 한꺼번에 대역사를 두 군데에서 벌이기에는 국고 손실을 감당하기 어려웠기에 대비였던 인원왕후는 우선순위에서 밀릴 수밖에 없었습니다.

즉, 인원왕후의 능은 명릉의 동원이강 형식의 능이 아니라 명릉 가까이 조성된 별도의 능입니다. 단, 앞의 이유로 정자각도, 참도도, 능호조차도 별도로 갖지 못하고 아직도 미완성으로 남아 있는 능인 셈입니다. 계모이지만 목숨을 살려주고 왕위에 무사히 오를 수 있도록 전적으로 후원해준 사람인데 법도대로 장례를 치러주지 않은 것 같아서 영조의 처사가 조금은 못마땅하게 보입니다. 하지만 국고 손실을 줄여야 한다는 커다란 명분은 무시할 수가 없었겠지요. 이런저런 이유로 인원왕후는 자신이 미리 정해놓은 자리에 안장되지 못하고, 격식에도 맞지 않은 어정쩡한 모습으로 명릉 한쪽에 잠들어 있습니다.

숙종은 자신의 능을 간소하게 할 것을 명했습니다. 능역에 드는 인력과 경비를 절감하여 부장품을 줄이고 석물 치수도 실물 크기로 줄이는 등 제도를 새로 만든 것입니다. 그래서 명릉의 쌍릉은 능침도 작고 문석인과 무석인, 마석 등 모든 석물이 이전의 다른 능에 비해 아주 작습니다. 장명등석의 옥개석도 팔각에서 사각으로 바뀌었고 능침에는 병풍석 없이 난간석만 둘렀는데, 이것이 이후 조선 능제의 기준이 되었습니다. ❀

02 ⊛ 익릉

위치 경기도 고양시 덕양구 용두동

지정 번호 사적 제198호

조성 시기 1680년(숙종6)

익릉 翼陵

명릉을 나와 익릉으로 가기 전에 작은 무덤이 하나 있는데 이는 수경원입니다. 수경원은 제21대 임금 영조의 후궁인 영빈 이씨의 무덤입니다. 영빈 이씨는 비운의 왕자 사도세자의 생모이지요.

익릉의 홍살문에서 정자각으로 오르는 참도는 여느 능처럼 평지에 있지 않고 몇 개의 긴 계단으로 이루어진 오르막길로 만들어졌습니다. 그래서 능을 향해 가는 길이 마치 '저 높은 곳을 향한' 길 같습니다. 그곳에 오르면 인경왕후(仁敬王后 : 1661~1680) 김씨의 능침에 다다르게 됩니다. 인경왕후는 제19대 임금 숙종의 원비입니다. 그녀는 광성부원군 김만기의 딸로 태어나 10세 때에 세자빈으로 간택되어 어의동 별궁에 들어갔고, 이듬해 가례를 올리고 세자빈이 되었습니다. 그리고 숙종이 즉위하자 왕비가 되었습니다.

인경왕후도 숙종의 왕비로서 장희빈에 의해 피해를 입은 사람 중 하나입니다. 장희빈은 왕의 여자가 되었으되, 대갓집 딸들과는 달리 평민 출신인 자신을 지켜줄 사람은 오로지 자신뿐이라고 생각했던 것 같습니다. 수단과 방법을 가리지 않고 숙종의 사랑을 독차지하려 덤볐지요. 소년 왕 숙종보다 나이도 두 살 위이니 어린 왕비들보다 원숙하기도 했겠지만 그녀는 왕의 총애 외

● 혼유석을 받치는 돌인 고석에는 사악한 것을 경계한다는 의미로 귀면(鬼面)을 새겼다.

에는 잃을 것도 얻을 것도 없는 사람이었습니다. 서인이니, 남인이니 가문과 파벌을 대표해야 하는 다른 왕비들보다는 훨씬 단순하게 생각하고 행동할 수 있었을 것입니다. 숙종이 장희빈에 홀려 정신을 못 차려도 점잖은 집안에서 잘 배우고 간택되어 온 왕비들은 투기는커녕 장희빈의 격을 올려줄 것을 대비에게 주청하곤 했습니다. 그러나 장희빈에게는 그녀들처럼 여유를 부릴 틈이 없었습니다. 장희빈은 틈만 나면 인경왕후를 무고하여 숙종과 인경왕후 사이를 이간질하였습니다. 이 사실이 대왕대비인 장렬왕후에게 발각되어 대궐 밖으로 쫓겨나기도 했습니다. 그런 장희빈을 다시 들어오도록 한 사람은 인현왕후입니다. 그녀 역시도 투기하지 말고 남편의 여자들을 잘 이끌어야 한다는 생각을 지닌, '제대로 배운' 여자였으니 말입니다.

인경왕후는 두 명의 공주를 낳았고 사망할 때 임신한 상태였습니다. 그

◐ 정자각은 원래 옆에서 봤을 때 세 칸짜리 건물인데, 익릉에는 다섯 칸짜리 중국풍 정자각이
세워져 있다.

런데 1680년 인경왕후는 천연두에 걸려 발병 8일 만에 만삭의 몸으로 세상을
뜨고 말았습니다. 그때 그녀의 나이 19세였습니다. 숙종은 이때 천연두를 앓
지 않은 상태라 창덕궁으로 옮겨갔고 인경왕후는 경희궁에서 쓸쓸히 세상을
떠났습니다. 조선 시대만 해도 천연두는 극복할 수 없는 아주 무서운 병이었
습니다. 치사율도 30%나 되고 완치된다 해도 얼굴에 열꽃이 피었던 흉터가 남
아 평생 '곰보'로 살아야 했습니다. 물론 곰보인 게 문제가 아니었지요. 목숨을
구하기만 한다면 말이지요. 숙종의 제2계비인 인원왕후도 23세 때 천연두를
앓았습니다. 목숨은 건졌지만 얼굴이 곰보가 되는 것은 피할 수 없었겠지요.

《구운몽》을 지은 서포 김만중은 인경왕후의 작은아버지입니다. 김만중
은 당대의 유명한 학자였는데 한글로 소설을 여러 편 써서 당시 천대받던 한
글과 소설의 위상을 높이는 데 공헌한 사람입니다. 그중 대표적인 작품이

🔼 익릉의 능침에는 병풍석 없이 난간석만 둘렀고 그 앞에 꽃무늬가 새겨진 장명등석이 서 있다.

《사씨남정기》입니다. 김만중은 인현왕후가 폐출되는 것에 반대하다가 남해로 귀양 갔고 귀양지에서 세상을 떠났습니다. 귀양지에서 쓴 《사씨남정기》는 교씨라는 못된 첩이 사씨라는 현숙한 부인을 내쫓는다는 내용으로, 장희빈에 의해 쫓겨난 인현왕후의 상황을 빗댄 풍자 소설입니다. 한 가지 놀라운 점은 김만중은 인현왕후가 내쫓기는 것만 보고 이 소설을 지었는데 그 결말을 정확하게 예측했다는 것입니다. 훗날 숙종이 이 소설을 읽고 자신의 행동을 뉘우치게 되었다고 합니다.

김만중은 대단한 효자여서 유배 생활 중에 《윤부인 행장》이라는 어머니 윤씨 부인의 일대기를 썼는데 이 글에 인경왕후의 어린 시절 이야기가 실려 있습니다. 어린 시절 인경왕후를 친할머니 윤씨 부인이 길렀는데, 반듯하게 가르친 덕에 세자빈에 간택되었을 때 의젓하게 행동했다고 기록되어 있습니다.

翼陵

인경왕후 능의 정자각은 위치뿐만 아니라 모양도 여느 능과 조금 다릅니다. 일반적인 조선 왕릉의 정자각은 정면에서 볼 때 세 칸, 옆면에서 볼 때 두 칸짜리 건물인데 익릉의 정자각은 건물의 사방에 익랑(翼廊)이라는 것이 더 붙어 있습니다. '날개처럼 붙은 복도'라는 뜻인데요, 이 익랑 때문에 정면이 다섯 칸, 옆면이 다섯 칸으로 커다란 건물이 되었습니다. 이렇게 익랑이 있는 건물 구조는 중국식입니다. 지붕은 맞배지붕이고 정면 처마에 치마처럼 방풍판이 달려 있는데 이는 우리 고유의 양식입니다. 바로 윗대 현종의 숭릉(동구릉 소재) 정자각이 중국식의 팔작지붕에 방풍판이 없는 형태였던 걸 생각하면 다시 우리식으로 돌아온 것 같아 그나마 위안이 됩니다.

여기서 중국풍이란 것은 청나라가 아닌 명나라의 풍이었습니다. 당시 사람들은 병자호란의 치욕을 겪은 지 얼마 되지 않았고, 오랑캐 청나라의 문화

를 마음속으로나마 받아들일 수 없었기 때문에 더욱 열렬하게 명나라 문화에
매달렸던 것입니다. 그래서 그 즈음 조성된 인조의 계비이며 예송논쟁의 주인
공인 장렬왕후의 휘릉, 현종 내외의 숭릉, 숙종비 인경왕후의 익릉에는 다섯
칸짜리 중국풍 정자각이 세워져 있습니다.

훗날 숙종은 재위하는 동안 왕릉의 능제를 단순화하고 석물을 간소하게
만들도록 법을 정했습니다. 정자각도 원래의 세 칸짜리, 우리 식의 모습을 되
찾았지요. 그러나 인경왕후의 익릉은 그 명령 이전에 조영된 능이므로 석물
들의 규모가 장대합니다. 능침에는 병풍석 없이 난간석을 둘렀고 난간석에는
방위 표시를 위해 십이지를 문자로 새겨 넣었습니다. 장명등석과 망주석의 대
석(臺石)에는 꽃무늬를 새겼고 망주석에는 세호가 위로 오르는 모양으로 새겨
져 있습니다. 이는 임진왜란 이후 정착된 조선 왕릉 양식입니다. ✿

03 ⌘
경릉

위치 경기도 고양시 덕양구 용두동

지정 번호 사적 제198호

조성 시기 1457년(세조3)

경릉 敬陵

익릉에서 나와 왼쪽으로 이동하면 순창원이 보입니다. 순창원은 제13대 임금인 명종의 큰아들 순회세자와 그 부인 공회빈의 묘입니다. 순회세자는 7세 때 세자에 책봉되었고 13세에 가례를 올렸는데 그로부터 얼마 지나지 않아 13세의 나이로 세상을 떠났습니다.

순창원 왼쪽에 있는 능이 경릉입니다. 서오릉 가운데 가장 먼저 조성된 경릉은 덕종(德宗 : 1438~1457)과 그의 부인 소혜왕후(昭惠王后 : 1437~1504) 한씨의 능입니다. 덕종은 자신은 왕위에 오르지 못했지만 아들(성종)이 왕이 된 덕분에 죽은 후 왕으로 추존되었습니다. 덕종은 세조의 맏아들로, 세상을 떠날 당시에는 의경세자였습니다. 경릉은 의경세자가 20세의 나이로 세상을 떠나자 아버지 세조가 직접 나서서 고른 명당 중의 명당이랍니다.

경릉은 동원이강릉입니다. 쌍릉이든 동원이강릉이든 먼저 세상을 떠났든 나중에 세상을 떠났든 상관없이 생전의 서열에 따라 묏자리에는 정해진 순서가 있습니다. 우상좌하(右上左下), 망자의 입장에서 봤을 때 오른쪽, 즉 우리가 봤을 때 왼쪽이 가장 높은 자리이지요. 가장 왼쪽에 왕이 묻히고 그 옆에 왕비들이 순서대로 묻히게 되어 있는 것입니다. 그런데 경릉에는 홍살문을

🔆 경릉의 왕비릉은 세자였던 남편의 능보다 화려하고 더 높은 자리를 차지하고 있다.

들어서서 왼쪽에 소혜왕후의 능이, 오른쪽에 덕종의 능이 조성되어 있습니다. 더구나 소혜왕후의 능은 혼유석과 장명등석은 물론 왕릉에만 있다는 무석인에 난간석, 양석과 호석도 각각 두 쌍씩, 망주석 등을 갖춘, 제대로 된 왕릉의 모습을 하고 있는데 덕종의 능에는 달랑 문석인과 혼유석, 장명등석, 석수(石獸) 한 쌍뿐입니다. 이유인즉 덕종은 세자의 신분으로 세상을 떠났기 때문에 대군묘의 제도를 따랐던 것이고 소혜왕후는 대비로서 세상을 떠났기 때문에 왕릉제에 따라 능을 조성했기 때문입니다.

　덕종은 태조 이성계의 조상들(목조, 익조, 탁조, 환조)을 제외하고는 조선 최초의 추존 왕이지요. 세자의 신분으로 죽은 것도 조선 개국 이래 의경세자가 처음이었습니다. 세조가 대신들과 능제를 의논한 결과, 왕릉에서 무석인이 서 있는 3단계 장대석을 생략하고 문석인만 세우게 되었습니다. 이후 덕종의 능은 추존왕릉의 표본이 되었습니다.

덕종은 수양대군의 맏아들로 태어났습니다. 수양대군이 왕위에 오르자 세자로 책봉되었고 서원부원군 한확의 딸을 아내로 맞았습니다. 덕종은 어린 시절 예절도 바르고 공부도 열심히 한, 장래가 촉망되는 세자였습니다. 몸은 약했어도 스무 살까지 살았으니 어려운 고비는 넘겼고 무난히 왕위를 계승하리라고 그의 부모는 생각했겠지요. 그런데 세조에게는 늘 마음에 걸리는 일이 있었습니다. 조카 단종을 죽인 일이지요. 그 때문에 세조의 꿈에 단종의 어머니인 현덕왕후가 자주 나타났고 세조는 그 꿈과 의경세자의 병과 관련이 있다고 생각했습니다. 억불숭유 정책도 밀어놓은 채 승려 스물한 명을 경회루에 불러 세자의 완쾌를 비는 재를 올리기도 하였지만 의경세자는 성종을 낳은 지 한 달 만에 20세의 젊은 나이로 세상을 등졌습니다. 다 큰 아들을 잃은 세조는 이성도 함께 잃고 말았습니다. 선왕의 정비이며 자신의 형수인 현덕왕후의 능을 파헤쳐 바닷가에 흩어버리라고 하였답니다.

그렇게 의경세자는 가고 그 동생 해양대군이 왕위를 이었습니다. 그가 바로 제8대 임금 예종입니다. 의경세자의 아내 소혜왕후는 졸지에 과부가 되고 왕비 자리에서도 쫓겨나 버린 셈입니다. 실망은 컸겠지만 소혜왕후는 아버지 잃은 아들들을 반듯이 키우는 데 온 정성을 쏟았습니다. 그 결과 훗날 남편 없이도 왕비가 되고 대비가 되어 권력을 휘두를 수 있었습니다. 물론 더 훗날 손자에게 못 볼 꼴을 겪고 어처구니없이 세상을 떠나지만 말이죠. 그럼 여기서 조선 왕릉 중 유일하게 여성 상위의 자리를 차지한 소혜왕후에 대해 더 자세히 알아보겠습니다.

소혜왕후의 아버지 한확은, 그의 누이가 명나라 태종의 후궁이었고 명나라 인종이 부마로 삼으려고 할 정도로 뛰어난 외교관이었습니다. 세조가 단종으로부터 왕위를 빼앗고 왕이 되었을 때 명나라로부터 왕위 책봉을 인정받아온 사람이 바로 한확이었습니다. 소혜왕후는 세자빈으로 책봉된 후 2년 만에 남편 의경세자가 세상을 떠나자, 아들들을 엄하게 교육시켰으며 자신도 학문을 익히는 데 게을리하지 않았습니다.

이렇게 철저히 준비를 하는 동안 드디어 기회가 찾아왔습니다. 시동생 예종이 재위 14개월 만에 세상을 떠났으니 말입니다. 당시 다음 왕위 계승자를 정하는 권한은 세조의 왕비 정희왕후에게 있었습니다. 당시 세 살이었던 예종의 아들 제안대군은 나이가 어리다는 이유로 후보에서 제외되었습니다. 예종은 적장자가 아닌 차남이었으니 다시 적장자 계승의 원칙을 내세울 수 있게 되었습니다. 세조의 맏아들이었던 의경세자와 소혜왕후 사이에서 태어난 두 아들 중 장자인 열여섯 살의 월산군도 후보에서 밀려나고 열세 살의 자을산군이 왕으로 지명되었습니다. 자을산군이 바로 제9대 임금 성종입니다. 이미 두 아들이 20세 전후에 요절했기 때문에 왕위 계승자를 고를 때 어린 제안대군이나 몸이 약한 월산군을 두고 건강한 자을산군을 택했다고 하지만 정희왕후가 자을산군을 선택한 데는 정치적인 이유가 있었습니다. 자을산군의 장인이 바로 당대 최고의 권력을 누리던 한명회였기 때문입니다.

어쨌든 아들 자을산군이 즉위함으로써 소혜왕후는 인수대비가 되고 남편 의경세자는 덕종으로 추존되었습니다. 인수대비는 남편이 없는 가운데 스스로를 엄격하게 대하여 깔끔한 수절 생활과 성공적인 자식 교육을 이뤄낸 사람입니다. 그러니 당당하게 다른 여자들에게도 자신처럼 살 것을 이야기하고 싶었겠지요. 그래서 만든 책이 바로 《내훈》입니다. 《내훈》은 여성들을 가르치는 책으로 언행, 효도, 혼사의 예절, 부부, 어머니로서의 행실, 친척과의 화목, 청렴과 검소 등 총 7장 3권으로 구성되어 있습니다.

인수대비는 표면적으로는 유교의 가르침에 충실해야 한다고 늘 주장했지만 자신은 불교에 심취해 있었습니다. 자신은 평등과 자비의 종교 불교의 교

○ 세자 시절에 세상을 떠난 추존왕 덕종의 능에는 왕권의 상징인 무석인이 없다.

리 속에 살고 다른 여자들은 삼종지도(三從之道 : 어려서는 아버지를, 결혼해서는 남편을, 남편이 죽으면 아들을 따라야 한다는 가르침)에 허덕이게 했던 인수대비는 주변 사람들에게도 그다지 너그러운 사람은 되지 못했습니다.

　성종의 원비 공혜왕후가 세상을 떠난 후 숙의 윤씨가 왕비가 되었습니다. 바로 훗날 폐비 윤씨가 되는 제헌왕후입니다. 왕비가 되고 아들까지 낳았지만 제헌왕후의 자리는 굳건하지 못했습니다. 배경이 되어줄 친정이 힘없는 집안이었기 때문입니다. 거기에 언제라도 왕비의 자리를 빼앗을 수 있다고 기대하는 소용 정씨와 숙의 엄씨가 시어머니 인수대비와 한편이 되어 제헌왕후는 하루도 마음 편히 살 수가 없었습니다. 시어머니가 만들어낸 《내훈》에는 질투가 칠거지악(七去之惡 : 아내를 쫓아낼 수 있는 일곱 가지의 악행) 중 하나라고 쓰여 있었지만 제헌왕후는 성종의 총애를 다른 후궁들에게 빼앗기지 않으려 괴이한 짓을 벌이기 시작했습니다. 정소용과 엄숙의가 자신과 원자를 죽이려 한다는 거짓 투서를 보내고 다른 후궁들을 죽이는 민간 비방을 쓰기도 했습니다. 급기야 성종과의 부부 싸움 끝에 제헌왕후는 성종의 얼굴에 손톱자국을 내고 말았습니다. 용안이라 불리던 왕의 얼굴은 물론, 왕의 신체에 상처를 내는 것은 역적 행위로 사형에 처해지는 죄였습니다. 제헌왕후는 원자의 생모이며 왕비였기 때문에 그나마 목숨은 건지고 폐비가 되어 대궐에서 쫓겨나는 것으로 그칠 수 있었습니다. 이때 폐비 결정을 가장 강경하게 요구한 사람이 시어머니 인수대비였답니다. 겉으로는 질투 때문에 남편에게 위해를 가한 며느리는 용서할 수 없다는 점을 내세웠지만 내심 자신과 코드가 맞는 정소용을 왕비로 삼고 싶었기 때문이었지요.

폐비 윤씨는 대궐에서 쫓겨나 어머니 신씨와 함께 궁핍하게 살아갈 수밖에 없었습니다. 윤씨의 아들 연산군의 세자 책봉이 거론되며 폐비 동정론이 일었을 때도 인수대비가 앞장서서 반대를 했지요. 그 무렵 성종이 내시 안중경을 시켜 폐비가 어떻게 사는지 보고 오게 했습니다. 만일 성종이 폐비를 복위시켜 윤씨가 대궐 안으로 들어와 살다가 아들 연산군이 왕위에 오르게 되면 인수대비에게 화가 미칠 것은 뻔한 일이었지요. 그래서 인수대비는 안중경을 은밀히 불러 거짓 보고를 하도록 사주하였습니다. 폐비 윤씨가 눈물과 회한으로 근신하고 있음을 보고 왔지만 안중경은 성종에게 폐비가 조금도 뉘우치는 빛이 없더라며 거짓 보고를 하였습니다. 이 말에 성종은 폐비 윤씨에게 사약을 내리게 되었습니다.

성종이 세상을 떠나고 연산군이 왕위에 오르자 인수대비는 대왕대비가 되었습니다. 성종은 폐비의 일을 절대 비밀에 부치라고 했지만 세상에 '절대 비밀'이란 게 어디 있겠습니까? 딸의 비참한 죽음을 지켜본 폐비 윤씨의 친정 어머니 신씨 부인이 피 묻은 한삼을 들고 나타난 것이지요. 이를 정치적으로

敬陵

🔵 조선 왕조 개국 후 최초의 추존왕인 덕종의 경릉은 이후 추존왕릉의 표본이 되었다.

이용하려는 사람들의 힘을 입어 신씨 부인은 외손자 연산군에게 폐비 윤씨가 얼마나 비참하고 억울하게 죽어갔는지 모두 다 알릴 수 있었습니다.

　　외할머니로부터 어머니의 죽음에 대해 이야기를 들은 연산군은 거의 돌아버릴 지경이었습니다. 그 얘길 듣고 바로 아버지의 후궁이었던 정소용과 엄숙의에게 쫓아가 직접 쇠망치로 때려 죽였습니다. 그리고 이를 말리는 친할머니 인수대비를 머리로 들이받아 쓰러뜨렸습니다. 이후 인수대비는 자리에서 일어나지 못하고 한 달 만에 숨을 거두었습니다. 결국 손자의 손에 죽임을 당한 셈입니다.

　　당시 연산군의 서슬을 미뤄 짐작했을 때 그나마 격식에 맞게 능을 꾸며 준 것만 해도 고맙고 다행한 일이 아닐 수 없습니다. 하긴 능만 번지르르하게 꾸몄을 뿐이지 장례 절차는 마구잡이, 엉망이었습니다. 하루를 한 달로 계산

하는 '역월지제(易月之制)'라는 복상 제도를 만들어냈기 때문입니다. 대비의 상이니 3년복을 입어야 하는데 25일 만에 복을 벗어버리는 정말 어처구니없는 장례였으니 연산군의 할머니에 대한 감정을 짐작할 만합니다.

경릉에서 내려와 왼쪽으로 가면 조그마한 묘가 하나 있습니다. 이는 장희빈의 대빈묘입니다. 장희빈은 제19대 임금 숙종의 부인이었습니다. 한때 중전의 자리에 오르기도 했고 아들이 왕위에 올라 4년여간 재위했는데도 대빈묘는 민간인의 묘처럼 초라합니다. 자그마한 봉분에 장명등석, 망주석, 한 쌍의 문석인이 서 있을 뿐이지요.

왕릉 답사를 하는 가운데 생긴 여러 가지 궁금증 중의 하나가 장희빈의 아들 경종의 처사에 대한 것입니다. 아무리 병약한 왕이었다지만 4년 넘게 왕위에 있었으면서 어머니 묘를 최소한 원으로나마 승격시킬 수도 없었을까요? 어머니에 대한 효성은 신하들의 반대를 이겨낼 만큼의 충분한 명분이 되었을 텐데 말입니다. 후궁이었더라도 왕위에 오른 아들을 가진 사람들은 거의 원에 묻혀 있습니다. 물론 능에 묻히거나 원에 묻히거나 죽은 사람에게 무슨 차이가 있겠습니까? 그러나 그렇게 떨쳐버리기에는 왕의 어머니 장희빈의 묘가 너무도 초라해 보였습니다. ❀

04 홍릉

위치 경기도 고양시 덕양구 용두동

지정 번호 사적 제198호

조성 시기 1757년(영조33)

홍릉 弘陵

대빈묘를 거쳐 다시 왼쪽으로 거슬러 올라가면 홍릉이 있습니다. 홍릉은 제21대 임금 영조의 원비 정성왕후(貞聖王后 : 1692~1757) 서씨의 능입니다. 정성왕후는 달성부원군 서종제의 딸로 1704년 11세였던 연잉군과 가례를 올렸습니다. 그 후 세제가 되었던 연잉군을 따라 세제빈이 되었다가 영조가 왕위에 오르자 왕비가 되었습니다. 정성왕후는 남편 연잉군이 완전한 권력을 확보하지 못했을 때 함께 위기를 겪고 노심초사하고 남편을 보호하려고 애를 쓴, 영조 등극의 공로자 중의 한 사람입니다.

세제빈이었던 서씨는 연잉군을 죽이려는 소론 김일경 일당의 흉계를 눈치채고 가만히 앉아 있을 수만은 없었습니다. 경종의 계비 선의왕후의 심복 궁녀인 옥님이를 포섭하여 경종을 독살했다는 설이 전해질 정도로 남편 연잉군 살리기에 적극적으로 나섰습니다. 경종이 세상을 떠나고, 연잉군을 무시하며 권력 유지에만 혈안이 되어 있던 소론 일당을 모두 처형한 후에야 연잉군과 세제빈 서씨는 생명의 위협에서 벗어날 수 있었습니다.

천신만고 끝에 남편 연잉군이 왕위에 올랐을 때 영조는 32세, 정성왕후는 34세였습니다. 그런데 그때까지 정성왕후는 자식을 낳지 못했습니다. 당파를 둘러싼 신하들의 극성스러운 행태를 온몸으로 겪은 영조는 강력한 왕권이 무엇보다 중요함을 뼈저리게 느끼게 되었습니다. 강력한 왕권 유지는 역시 탄탄한 후계자 확보에서 비롯되지요. 그래서 그들에게는 건강한 아들의 탄생이 무척 기다려지는 상황이었습니다.

다행히 후궁 정빈 이씨에게서 얻은 왕자 경의군이 있어 조금은 위안을 삼을 수 있었습니다. 그런데 일곱 살 때 세자로 책봉된 경의군은 열 살 때 안타깝게도 세상을 떠나고 말았습니다. 그가 바로 효장세자이지요. 효장세자가 세상을 떠나자 그를 친자식 이상으로 아끼고 사랑했던 정성왕후는 큰 충격을 받았습니다. 정성왕후는 효장세자의 죽음의 원인을 조사하다가 그가 경종의 계비인 선의왕후의 나인에 의해 독살되었다는 사실을 알아내게 되었습니다. 제수가 시숙의 독살을 사주했다는 설이나 큰어머니가 조카의 독살을 사주했다는 설이나 정말 불행한 역사가 아닐 수 없습니다.

그로부터 7년이 흐른 후인 영조 11년에야 후궁인 영빈 이씨가 아들을 낳았습니다. 이미 40대 중반이었던 영조는 더 이상 기다릴 겨를이 없었습니다. 아들이 갓 돌을 지났을 무렵 세자로 책봉했습니다. 이 아이가 바로 사도세자입니다. 본래 사도세자는 영특하고 총명한 아이였습니다. 그런데 숨이 턱에까지 찰 정도로 조급했던 아버지 영조의 채근을 이겨낼 정도는 아니었던 모양입니다. 게다가 신하들을 존중하는 겸손함을 채 배우지 못한 아기 시절부터 다음 왕위 계승자로 떠받들어진 사도세자는 맹랑하고 당돌한 소년으로 성장했습니다. 군왕으로서 겸손함을 갖추기 원했던 영조는 열 살의 사도세자를 꾸짖으며 근신하기를 명했습니다. 이렇게 아버지와 아들 사이가 크게 벌어지자 조정은 다시 소론과 노론의 각축장으로 변하게 되었습니다. 세자가 아버지와 노론을 싫어한다는 것은 안 소론은 노론을 몰아붙이기 위해 세자에게 접근하였습니다.

🔼 정자각을 중심으로 왼쪽의 빈자리는 원래 영조가 미리 정해놓은 자신의 능 자리였다.

이 어지러운 상황에서도 끝까지 남편 영조를 위로하고 아들 사도세자를 사랑으로 감싼 사람은 바로 정성왕후였습니다. 급기야 사도세자는 정신 이상 증세를 보였고, 옷을 갈기갈기 찢어버리고 이를 만류하는 궁녀를 세 명이나 무참하게 죽이는 사건이 일어났습니다. 그 소식을 듣고 길길이 뛰는 영조를 위로하던 정성왕후는 눈물을 흘리며 사도세자의 처소를 찾았습니다. 사도세자는 정성왕후를 보자 울면서 속마음을 털어놓았습니다. 정성왕후는 당장 죽고 싶다는 세자를 어루만지며 아버지 영조의 마음을 돌려보겠다고 약속하고 자신의 처소로 돌아왔습니다. 비극을 예고라도 하듯 궂은비가 내리는 겨울 밤이었습니다. 오며 가며 찬비를 맞은 예순여섯 살의 정성왕후는 그대로 병석에 누워버렸습니다. 그리고 아버지의 마음을 돌려보겠다던 아들과의 약속도 지키지 못한 채 정성왕후는 세상을 떠나고 말았습니다. 그나마 정성왕후

🔼 정성왕후는 영조와 43년을 함께 산 조강지처이며 왕위에 오를 수 있게 한 공로자이다.

의 병과 별세 때문에 사도세자를 잡아들이라는 어명이 무마되었고 사도세자
는 몇 년 더 목숨을 부지할 수 있었습니다. 정성왕후는 영조와 사도세자에게
화목하게 지내라는 유언을 남겼지만 부자의 갈등의 골은 이미 걷잡을 수 없
이 깊어진 후였습니다. 정성왕후와 43년을 함께 살았던 영조는 정성왕후의 행
장에 이렇게 적었습니다.

> 왕궁 생활 43년 동안 항상 웃는 얼굴로 맞아주고, 양전(兩殿 : 대비와 대왕대비)
> 을 극진히 모시고, 게으른 빛이 없었으며, 내 어머니의 신주를 모신 육상궁
> 제전에 기울였던 정성을 고맙게 여겨 기록한다.

영조는 자신의 어머니 숙빈 최씨가 천한 무수리 출신이었음에도 정성왕

후가 어머니를 극진히 모셔준 것에 대해 특히 고마운 마음을 갖고 있었던 듯합니다.

조선 왕릉의 건립 목적 중 가장 중요한 것은, 왕이 자신이 묻힐 수릉을 직접 지정하면서 죽은 후 영원한 세계를 보장받기 위함입니다. 또 선왕의 능을 정성껏 건설하여 자신이 효자임을 나타내고, 동시에 왕위 계승의 정통성을 확보하려는 이유도 있었지요. 일찍 별세한 왕비의 능을 정성껏 치장한 이유는 부부 간의 예를 보여주는 일입니다. 홍릉은 위의 이유 중 첫 번째, 세 번째의 두 가지 이유로 무척 정성들여 조성된 능입니다.

그런데 정성왕후의 홍릉에 가보면 특이한 장면을 목격할 수 있습니다. 능침이 곡장 안 중심에 있는 것이 아니라 한쪽으로 쏠려 있고, 혼령의 위치에서 볼 때 오른쪽이 빈 공간으로 남아 있는 것입니다. 그렇게 한쪽이 비어 있는 이유는 무엇일까요? 정성왕후가 세상을 떠나자 영조는 훗날 자신도 조강지처인 그녀 곁에 묻힐 것이라 생각하고 자신의 자리도 미리 만들어놓을 것을 명했습니다. 왕릉을 조성하는 기관인 산릉도감에 명해서 홍릉의 오른쪽 비어 있는 곳에 십(+)자가 새겨진 돌을 묻어 정혈을 표시하게 한 것입니다. 이렇게 왕이 왕비를 먼저 보내고 자신의 능 자리를 미리 잡아놓는 것을 신후지지라고 합니다. 또 오른쪽을 비워둔다 하여 이런 제도를 우허제(右虛制)라고 하지요.

그런데 영조는 자신이 정한 자리에 묻히지 못했습니다. 자리를 정해둘 수는 있지만 그 자리에 묻히느냐 마느냐는 전적으로 후손들의 결정에 달려 있기 때문입니다. 영조의 장사를 지낸 왕은 사도세자의 아들 정조였습니다. 영조가 세상을 떠난 1776년에 정조는 할아버지의 능지로 풍수상의 길지를 살펴보도록 명령했습니다. 이에 황해도사 이현모가 "홍릉 위쪽의 비워놓은 자리는 곧 영조께서 유언하신 곳으로서, 선왕께서 오늘날의 처지를 미리 염려하여 평소에 처리해놓으신 것인데, 어찌 이를 버리고 다른 곳에서 구할 수 있겠

습니까? 풍수의 논리는 땅속의 일이라 아득하여 알기 어려운 것이니, 선왕의 유언을 따르는 것이 좋을 것입니다"라고 상소했습니다. 그런데 정조는 "중요한 관계가 있는 일에 있어서는 진실로 마땅히 신중하게 살펴서 해야 하는 것이다" 하고 이현모를 삭탈관직해버렸습니다. 결국 영조의 왕릉은 현재의 위치인 동구릉 내 원릉으로 결정되었고, 홍릉의 오른쪽은 썰렁하게 텅 비어 있는 상태로 남게 되었습니다.

그런데 정조의 처사에 한 가지 납득이 잘 안 되는 부분이 있습니다. 선왕이 미리 마련해놓은 자리에 장사 지내지 않고 굳이 더 좋은 자리라고 새로 고른 원릉 터는 103년 전에 효종이 묻혔다가 천장한 파묘한 자리였습니다. 한번 파헤쳐졌던 곳이라 왕릉 터를 잡는데 무엇보다 중요한 기와 혈이 이미 날아간

터입니다. 정조는 할아버지가 원하던 곳에 매장하지 않고 흉당에 모심으로써 아버지를 죽인 할아버지에 대한 복수를 했던 것입니다.

홍릉은 왕비릉만 한쪽에 치우쳐 있지만 쌍릉이 될 것을 예상하고 만든 능입니다. 그래서 곡장은 물론 석물들도 쌍릉의 형식으로 서 있습니다. 능침에는 난간석만 둘러져 있고 그 앞에는 장명등석과 각 한 쌍의 무석인·문석인·망주석이 서 있고, 그리고 능침을 보호하는 양석, 호석, 마석이 역시 한 쌍씩 서 있습니다. 살아서는 남편과 아들 사이에서 그들의 갈등 때문에 심하게 맘 고생했던 정성왕후, 죽어서는 남편과 손자 사이의 메워지지 않은 골 때문에 오른쪽 옆구리를 텅 비운 채 남편과 멀리 떨어져 홀로 쓸쓸히 잠들어 있게 되었습니다. ❀

05 🏵
창릉

위치 경기도 고양시 덕양구 용두동

지정 번호 사적 제198호

조성 시기 1469년(성종1)

창릉 昌陵

홍릉을 지나 왼쪽으로 더 들어가면 서오릉의 가장 안쪽에 있는 창릉에 다다르게 됩니다. 창릉은 조선 제8대 임금 예종(睿宗:1450~1469)과 그 부인인 안순왕후(安順王后:?~1498) 한씨의 능입니다. 예종은 세조와 정희왕후와 사이에서 둘째 아들로 태어났습니다. 본래 세조의 맏아들은 의경세자였는데 그는 20세에 요절하였습니다. 대개 세자 책봉까지 마친 사람이 사망을 한 경우 다음 왕위 계승 서열 1위는 죽은 세자의 장자가 되는 것이 원칙입니다. 의경세자는 세상을 떠날 때 이미 월산대군과 자을산대군 두 아들을 두고 있었습니다. 원손 월산대군은 4세의 어린 아이였으므로 11세였던 세조의 차남 해양대군이 세자로 책봉되었습니다.

그해 세자 해양대군은 한명회의 딸 한씨(훗날 장순왕후)를 세자빈으로 맞아들였지만 한씨는 이듬해 인성대군을 낳고 세상을 떠났습니다. 예종은 1468년 세조가 세상을 떠나기 하루 전에 선위를 받아 19세의 나이에 왕위에 올랐습니다. 세상을 떠나기 전 병석에 누워 있던 세조는 세자에게 정사를 대리하게 하여 왕으로서의 교육을 시켰지만, 예종은 즉위 직후 건강이 좋지 않고 성년이 되지 않았다는 이유로 모후 정희왕후의 수렴청정을 받아야 했습니다. 이것

063

이 조선 최초의 수렴청정이었습니다. 이때 수렴청정과 함께 원상 제도라는 것도 겸했는데, 이는 세조가 유약한 예종을 위해 생전에 마련해놓은 제도로서 신하들에 의한 섭정 제도였습니다. 신숙주, 한명회, 구치관 등 중신을 원상으로 지명하고 이들이 날마다 번갈아 가며 승정원에 나와 정사를 의결하고 왕은 형식적인 결재만 하는 제도였습니다.

그러나 병약했던 예종은 이나마 오래 유지하지 못하고 재위 1년 2개월 만에 20세의 나이로 요절하고 말았습니다. 청년 예종이 요절한 이유 중 하나로 그의 지극한 효성을 드는 기록도 있습니다. 예종이 세자일 때 세조가 병석에 누우니 여러 달 동안 수라상을 보살피고 약을 먼저 맛보며 밤낮으로 곁을 지켜 한잠도 못 자는 날이 숱했답니다. 급기야 세조가 세상을 떠나니 슬픔이 지나쳐서 한 모금의 물도 마시지 않았고 마침내 건강을 해치게 되어 이해 겨울에 세상을 떠나게 되었다는 것이지요.

예종의 짧은 재위 기간에도 커다란 사건이 있었습니다. 바로 남이·강순의 역모 사건이었습니다. 사건의 중심 인물인 남이는 태종의 넷째 딸 정선공주의 아들로 태어나 어린 나이에 무과에 급제한 장래가 촉망되는 청년 장수였습니다. 남이 장군은 이시애의 난을 평정하고 일등 공신에 올랐고 야인을 토벌한 공으로 공조판서가 되기도 했습니다. 그뿐만 아니라 스물여섯의 어린 나이로 병조판서에까지 오르게 되었습니다. 세조는 이런 씩씩하고 건강한 남이를 평소 무척 총애했답니다. 반면 병약하여 늘 부왕의 걱정을 샀던 예종에게는 남이가 불편한 친척이었던 모양입니다. 예종과 남이 사이의 불편한 감정을 눈치 챈 훈구대신들이 병권까지 쥐고 있는 신진 세력을 그대로 성장하게 놔둘 리가 없었겠지요.

1468년 남이의 강력한 지원군이었던 세조가 세상을 떠나자 훈구대신들은 기다리고 있었다는 듯 신진 세력에 대한 숙청에 돌입했습니다. 우선 그들

◯ 재위 기간이 짧고, 별다른 업적도 남기지 못한 왕의 능이기 때문인지 창릉의 분위기는 쓸쓸하고 고즈넉하다.

은 아저씨뻘이 되는 남이를 탐탁잖게 생각하는 예종의 도움으로 그를 병조판서에서 겸사복장으로 좌천시켰지요. 남이의 불만은 이루 말할 수 없이 커졌고 한창 혈기 왕성하던 그는 이 불만을 감출 수가 없었습니다. 그 무렵 하늘에 혜성이 나타났고 사람들은 뭔가 불길한 일이 일어날 것이라는 불안감에 떨게 되었습니다. 그때 그 불길한 징조가 실제로 나타난 것이 바로 남이의 역모였다는 것입니다.

남이가 역모를 꾀했다고 고변을 한 사람은 훈구대신인 유자광입니다. 유자광은 예종에게 "남이가 제 집으로 와서 '혜성이 아직도 사라지지 않았는데 그 빛이 희면 장군이 반역하고 두 해에 큰 병란이 있다'고 말했습니다. 그러면서 마침내 주상이 창덕궁에서 경복궁으로 옮기는 때를 기다려 거사하겠다고 하였습니다"라고 말했습니다. 남이에 대해 좋지 않은 감정을 가지고 있던 예종은 당장 체포할 것을 명했습니다. 작정을 하고 만들어낸 직접적인 고변도 문제였지만 당시 남이가 지은 유명한 한시도 그의 역심을 말해주는 증거로 작용했습니다. 바로 이런 내용입니다.

백두산 돌은 칼을 갈아 다 없애고(白頭山石磨刀盡)
두만강 물은 말을 먹여 다 말랐네(豆滿江波飮馬無)
사나이 스무 살에 나라를 평정하지 못하면(男兒二十未平國)
후세에 누가 대장부라고 이르리오(後世誰稱大丈夫)

사심 없이 보면 무인의 기개를 나타내는 멋진 시이지만 '사나이 스무 살에 나라를 평정하지 못하면'이라는 대목이 강력한 역심의 표현으로 간주되었던 것입니다. 물론 남이는 역모를 꾀하지 않았다고 버텼습니다. 하지만 모진 고문과 노회한 훈구대신들의 획책으로 남이와 그 관련 인물들은 죄를 자백하고 말았습니다. 남이가 국문을 받을 때에 영의정 강순이 그 자리에 있었는데 그는 자신의 결백함을 증언해달라는 남이의 간절한 청을 외면했답니다. 그래서 남이는 강순도 역모에 가담하였다고 끌어들였지요. 예종은 강순도 국문하라고 명하였고 80세의 강순은 고문을 견디지 못하고 자복하여 남이와 같이 참형을 받게 되었습니다.

이 사건으로 남이를 비롯하여 장래가 촉망되는 30여 명의 무인, 관료가 목숨을 잃었고 그들의 가족들은 노비로 전락했습니다. 주요 인물은 저자에서 능지처참을 당했고 공주였던 남이의 어머니까지 역적 아들과 성관계를 가졌다는 치욕적인 죄를 뒤집어쓰고 몸이 찢기고 그 목은 높이 걸리게 되었습니다. 남이의 집은 고변자 유자광에게 내려주었는데 그는 연산군 시절에 있었던 4대 사화의 하나인 무오사화를 일으킨 장본인이기도 합니다. 훗날 임진왜

昌陵

🔼 세조의 능인 광릉 능제를 따라 창릉에는 병풍석을 세우지 않고 봉분 주위에 난간석만 둘렀다.

란 후 남이의 역모는 유자광에 의해 조작된 사건이라고 인정받게 되었습니다.

예종은 1469년 20세의 나이로 세상을 떠났고, 형 의경세자의 곁에 묻혔습니다. 안순왕후는 예종의 계비로 청천부원군 한백륜의 딸입니다. 예종의 첫째 부인 장순왕후가 세자빈의 신분으로 일찍 세상을 떠나자 1462년 가례를 올렸고, 예종의 즉위와 동시에 왕비가 되었습니다. 안순왕후는 1498년 세상을 떠나 이듬해 2월에 창릉에 안장되었습니다. 창릉은 세조의 광릉 능제에 따라 만들어졌습니다. 그래서 병풍석은 세우지 않고 봉분 주위에 난간석만 둘렀습니다. 또 광릉에 이어 두 번째로 만들어진 동원이강릉입니다.

예종이 재위 기간도 짧고 별다른 업적도 남기지 못해서인지 창릉의 분위기도 무척 쓸쓸하고 고즈넉하게 느껴집니다. 양쪽 능침 아래 참도의 오른쪽으로 수복방이 남아 있고, 왕릉, 왕비릉 모두 석물 배치는 여느 왕릉과 같습니다.

🔼 창릉의 왕릉에서 본 왕비릉. 창릉은 광릉에 이어 두 번째로 만들어진 동원이강릉이다.

그래서 혼유석, 장명등석, 한 쌍의 망주석, 각 한 쌍 문석인·무석인이 서 있고 그 외에 마석, 양석, 호석이 각 두 쌍씩 서 있습니다. 혼유석의 다리 격인 고석에는 대개 도깨비 문양이 새겨져 있는데 이곳에는 문고리 같은 문양이 새겨져 있어 마치 저승문을 여는 손잡이와 같은 느낌을 줍니다.

창릉에는 인조와 고종 재위 시절에 화재가 세 번이나 났다는 기록이 있습니다. 왕릉에 불이 나면 국가의 커다란 변고로 여기게 됩니다. 왕은 하던 일을 멈추고 사흘간 소복을 입고 조상께 잘못을 빌어야 할 정도였지요. 또 능을 지키는 수복도 참수를 당하거나 옥에 갇히게 됩니다. 그런 큰일을 세 번이나 겪은 창릉이지만 지금은 무척 소박해 보이고 그래서 편안해 보입니다. 예종이나 안순왕후가 별 욕심 없이 일생을 살았던 덕택이 아닌가 생각됩니다. ✿

서삼릉·온릉

식민지 시대와 산업화가 만들어낸 왕실의 공동묘지

서삼릉은 도성 서쪽에 있는 세 기의 능이라 하여 붙여진 이름이지만 실제로는 그보다 훨씬 더 복잡한 구성을 담고 있습니다. 예릉과 희릉, 효릉의 세 능과 효창원, 의령원, 소경원의 세 원이 있고, 폐비윤씨의 회묘, 후궁·왕자·공주묘 46기에 왕족들의 태실까지 있어 서삼릉은 마치 공원묘지와도 같은 느낌을 줍니다. 그런데 이곳이 처음부터 이렇게 복잡한 곳은 아니었습니다. 후궁이나 공주 왕자묘도 전국에 흩어져 있던 것을 일제강점기와 해방 후에 이곳으로 모아온 것이랍니다. 원래 공주 왕자묘는 왕릉의 능역에 쓰지 못하도록 되어 있지만 일본제국주의자들과 개발에 몰두한 우리 정부가 그 원칙을 무시하고 서삼릉에 집장하였습니다. 그런 면에서 보면 서삼릉은 식민지 시대와 산업화가 만들어낸 왕실의 공동묘지인 셈입니다.

06 ✿ 예릉

위치 경기도 고양시 덕양구 원당동

지정 번호 사적 제200호

조성 시기 1863년(고종1)

예릉 睿陵

서삼릉 근처에는 목장도 있고 드넓은 초원도 있어서 입구에 들어서면 자못 영화 속 한 장면 같은 이국적인 풍경이 펼쳐집니다. 능으로 들어가는 언덕길 양쪽으로는 쭉쭉 뻗은 포플러나무가 펼쳐져 있는데 이곳의 풍경이 멋스러워서 실제 드라마의 촬영 장소로도 많이 이용된다고 합니다.

　　서삼릉으로 들어가다 보면 왼편에 재실이 있는데 재실 뒤편으로 두 기의 무덤이 보입니다. 앞쪽은 효창원으로, 제22대 정조의 맏아들 문효세자의 무덤입니다. 원래 서울 용산구 청파동에 있었는데 일제강점기에 이곳으로 이장되었습니다. 효창원의 뒤는 의령원으로, 제21대 임금 영조의 세손이며 사도세자와 혜경궁 홍씨의 장남인 의소세손의 무덤입니다. 의소세손은 태어난 다음 해 세손으로 책봉되었지만 그 이듬해 3세의 나이로 세상을 떠났습니다.

　　재실을 지나면 왼쪽에 예릉의 홍살문이 보입니다. 예릉은 제25대 임금 철종(哲宗:1831~1863)과 그 부인인 철인왕후(哲仁王后:1837~1878) 김씨의 능입니다. 철종은 사도세자의 손자인 전계대원군의 아들로 태어났습니다. 그는 강화도령으로도 알려져 있는데 강화도에서 농사를 짓다가 갑자기 대궐로 불려와 왕이 되었기에 붙은 별명입니다.

철종의 할아버지이며 사도세자의 아들인 은언군 집안 사람들은 참으로 복잡다단한 삶을 살았습니다. 은언군은 상인들에게 진 빚이 많다는 죄로 영조에 의해 제주도로 귀양을 갔습니다. 정조 때는 은언군의 큰아들 상계군이 역모죄로 몰려 강화도에 유배되었다가 자살하였고, 그의 아내와 며느리는 천주교 신자여서 신유박해 때 사사되었습니다. 이때 은언군도 사사되었지요. 또 은언군의 손자로서 전계대원군의 맏아들인 원경은 역적들의 입에 오르내렸다 하여 처형되었고 여기서 전계대원군의 둘째 아들 경응과 셋째 아들 원범만 살아남아 강화도에 유배되었습니다. 이들 형제는 강화도에서 농사를 지으며 살게 되었는데, 전계대원군은 아들들에게 글을 배우지 말라고 하였습니다. 그것이 목숨을 보존하는 길이라 믿었던 것이지요. 그들 중 원범이 훗날 철종이 됩니다.

철종은 헌종의 7촌 아저씨입니다. 헌종이 세상을 뜨자 순조비인 순원왕후는 왕위를 이을 왕족을 찾기 시작했습니다. 그러나 헌종의 6촌 이내의 왕족은 없었기에 7촌 아저씨를 찾아온 것입니다. 본래 항렬로 따져 동생이나 조카뻘 되는 사람으로 후대 왕을 세우는 법입니다. 그래야 종묘에서 선왕에게 제사를 지낼 때 항렬 낮은 사람이 항렬 높은 사람에게 머리 숙여 절을 하게 되지요. 그런데 당시 조정을 장악하고 있던 안동 김씨 집안의 사람들은 이렇게 아주 간단하고도 기본적인 원칙을 무시하고 헌종의 아저씨 철종을 다음 왕으로 선정한 것입니다. 그 이유는 자신들의 권력을 유지해나가는 데 철종 같은 사람이 왕이 되는 게 유리하다고 생각했기 때문입니다.

강화도령 이원범은 자신도 모르는 새에 순원왕후의 양자가 되었습니다. 그래서 철종은 헌종의 뒤를 잇는 것이 아니라 순조의 아들로서 순조의 뒤를 잇는 형식을 갖추게 되었습니다. "원범으로 하여금 순조의 대통을 잇게 한다"

라는 순원왕후의 한글 교지가 내려지고 왕을 맞으러 문무백관이 강화도 이원범의 집으로 갔을 때 이원범이 놀라 숨었다는 뒷얘기가 있습니다. 집안이 계속 역모 사건에 연루되어 고초를 겪었고 친형이 죽는 것까지 봤던 이원범은 늘 불안해하며 살고 있었기 때문입니다.

1849년 철종이 왕위에 올랐을 때 그의 나이는 19세였습니다. 《철종실록》에는 대왕대비(순원왕후)가 새로 즉위한 철종에게 당부하는 말이 다음과 같이 기록되어 있습니다.

> 망극한 일을 당한 속에서도 5백 년 종사를 부탁할 사람을 얻게 되어 다행스럽소. 주상은 영조의 혈손으로서 지난날 어려움도 많았고 오랫동안 시골에서 살아왔으나, 옛날의 제왕 중에도 민간에서 생장한 이가 있었는데, 그는 백성들의 괴로움을 빠짐없이 알고 백성 위주의 정책을 펼쳐 끝내 훌륭한 군주가 되었소. 지금의 주상도 이를 본받아 '애민(愛民)' 두 글자를 잊지 마오. 지난날의 공부가 어떠한지는 알 수 없지만 사람이 배우지 아니하면 옛일에 어둡고 나라를 다스릴 수 없는 것이니, 수시로 유신(儒臣)을 접견하고 경사(經史)를 토론하여 성현의 심법(心法)과 제왕의 치모(治謨)를 점차 익힌 연후에라야 처사가 올바르게 되는 것이오. (……) 임금이 극히 존귀하다고 하나 본래부터 조정 신하를 가벼이 여기는 법은 없으니 대신들을 예로써 대하고, 대신들이 아뢰는 데에는 옳지 않은 말이 없을 터이니 정성을 기울여 잘 듣고 마음속에 새겨두기 바라오.

철종은 공부를 하지 못한 사람이라 갑작스럽게 왕 노릇을 하기도 힘들었겠지만, 안동 김씨 집안도 세력을 유지해나가기 위해서 그를 장악할 필요가 있었습니다. 그래서 안동 김씨였던 순원왕후는 수렴청정을 하면서 대신들의

● 백성에게는 살기 힘든 때였지만 예릉의 정자각은 크고 웅장하며 처마마루의 잡상도 다른 왕릉보다 더 많다.

말에 왕이 귀를 기울이기를 이토록 간곡히 당부하였습니다. 순원왕후는 수렴청정을 하는 2년 동안 역시 안동 김씨 집안의 딸을 며느리로 맞아들였습니다. 이 왕비가 철인왕후인데, 철인왕후의 아버지 김문근은 철종을 보필한다는 핑계로 국사를 장악하고 조정의 주요 관직을 모두 안동 김씨로 채워버렸습니다. 이때가 안동 김씨 세도 정치의 절정기인 셈입니다.

　　당시 사회는 극도로 어지러워져 있었습니다. 견제 세력이 없었던 안동 김씨 가문이 무엇이든 자신들의 이익을 위해 마음껏 휘둘러댔기 때문입니다. 모든 법도도 그들이 해석하는 대로 바뀌고 관직을 사고파는 매관매직도 성행했습니다. 돈으로 관직을 산 탐관오리들은 그 벌충을 위해 농민을 수탈하였습니다. 학문을 논해야 할 서원은 세도 정치의 소굴이 되어버렸고 농민들로부터 불법적으로 세금까지 거둬들이며 백성들을 괴롭혔습니다. 새로운 민중 종교

동학이 창시된 것도 철종 때의 일입니다. 동학이 만들어진 배경에는 극도로 피폐한 삶을 살았던 백성들의 새 세상에 대한 염원이 깃들어 있었던 것입니다.

특히 철종 때는 삼정의 문란이 극에 달해 백성들이 심한 고통을 겪고 있었습니다. 삼정이란 전정, 군정, 환곡을 말하는데 당시 백성들이 내야 할 세금이라 할 수 있습니다. 전정은 토지세로, 전정의 문란은 양반들이 문서를 조작하여 세금을 내지 않고 힘없는 백성들에게만 세금의 부담을 지우는 데에서 시작되었습니다. 군정은 16세부터 60세까지의 장정이 군역을 치르지 않을 때 군포라는 옷감을 대신 내는 제도입니다. 원래 군정은 양반은 물론 아전까지도 면제되어 백성들의 부담이 컸던 데다가 군정이 문란해지면서 젖먹이나 죽은 사람에게까지 군포를 부과하여 이를 관리들이 횡령하는 비리가 자주 발생하면서 백성들을 괴롭히게 되었습니다. 환곡은 봄 춘궁기에 백성들에게 곡식을 꾸어주었다가 추수한 후 이자를 붙여 돌려받는 제도입니다. 본래는 빈민 구제의 좋은 의도로 시작된 제도인데 국가 기강이 문란해지자 이 제도가 고리대금의 형태로 변질되어버렸습니다.

2년의 수렴청정을 마치고 친정을 시작했지만 철종은 여전히 힘없는 허수아비 왕에 불과했습니다. 60년 가까이 이어온 안동 김씨 집안의 세력을 꺾을 수가 없었기 때문입니다. 그러나 철종은 민생을 돌보고 삼정의 문란을 바로잡기 위해 나름대로 많은 애를 썼습니다. 친정을 시작한 다음 해 관서 지방에 흉년이 들었을 때 선혜청의 돈 5만 냥과 사역원의 삼포세 6만 냥을 나누어주게 하였습니다. 또 그해 여름 가뭄이 심하자 재물이 없어 구휼하지 못하는 실정을 안타깝게 여기고 재물 사용의 절약과 탐관오리의 징벌을 엄명하기도 했습니다. 그러나 이런 임시방편적인 조치로는 어지러운 정국을 바로잡을 수 없었습니다. 삼정의 문란과 탐관오리들의 부정부패로 백성들의 생활이 더이상 물러설 곳이 없을 정도로 피폐해지자 곳곳에서 민란이 일어나기 시작했습니다. 그 시작이 1862년에 일어난 진주민란입니다. 경상우도 병마절도사 백낙신의 착취를 견디다 못한 백성들이 시위군을 만들어 진주성을 점령하고 부당한 환곡의 징수를 중지하겠다는 문서를 받아냈습니다. 이후 민란은 전국적으로 퍼져나갔습니다. 철종은 삼정이정청이라는 특별 기구를 설치하여 민란의 원인을 없애고 모든 관리에게 그 대책을 강구하도록 명하는 등 민란 수습에 힘을 다했습니다.

그러나 철종은 삼정의 문란을 끝내 바로잡지 못했습니다. 안동 김씨 세력이 그 뿌리를 단단히 틀어쥐고 있었기 때문입니다. 자칫하다가는 대궐 안에서도 안동 김씨의 첩자에 의해 죽임을 당하게 될지도 모른다고 생각한 철종은 더 이상의 대항을 포기했습니다. 그리고는 국사를 등한히 하고 술과 궁녀들을 벗 삼아 지내기 시작했습니다. 본래 시골에서 튼튼하게 자랐던 철종은 술과 여색에 빠져 급속도로 쇠약해져 1863년 14년의 재위를 마치고 33세에 세상을 떠났습니다.

철인왕후는 영은부원군 김문근의 딸로 태어나 15세 때 왕비에 책봉되었습니다. 그녀는 말수가 적고 슬프고 기쁜 감정을 두드러지게 나타내지 않는 온화하고 부덕한 성품을 갖추었다고 합니다. 하지만 안동 김씨 집안의 딸인 그녀는 왕비 자리를 지키고 있는 것만으로도 세도 정치를 유지하는 데 일익을 담당하는 셈이 되었습니다. 고종이 즉위한 후 왕대비가 되었으며, 42세에 세상을 떠났습니다.

예릉은 조선 왕릉의 상설 제도에 따라 만들어진 마지막 능입니다. 다음 왕인 고종의 능부터는 '황제릉'으로 꾸며졌기 때문입니다. 능침에는 병풍석을 세우지 않고 난간석을 둘렀으며, 왕릉과 왕비릉 사이의 난간석은 서로 통하도록 열려 있습니다. 난간석 기둥에는 동그란 원을 새기고 그 원 무늬 안에 방위를 나타내는 문자인 십이지를 새겨 넣었습니다. 호석과 양석이 각 두 쌍씩

❶ 예릉의 호석과 양석의 눈은 무엇에 크게 놀란 듯 원에 가까운, 휘둥그레진 모습이다.

배치되어 있는데, 호석과 양석, 무석인의 눈이 무엇에 크게 놀란 듯 거의 원에 가까운, 휘둥그레진 모습입니다.

조선의 능침은 초계, 중계, 하계의 3단으로 나누어 중계에 문석인을, 하계에 무석인을 세우는 것이 일반적이었습니다. 그런데 영조의 원릉부터는 중계, 하계의 구분을 두지 않고 문무석인을 같은 단에 배치하였습니다. 또 예릉의 특이한 점은 다른 능에서는 중계에 있던 장명등석이 하계의 끝부분에 서 있다는 점입니다. 이렇게 장명등석이 앞으로 나온 이유는 하계 부분이 앞으로 길게 나와, 전체적으로 봤을 때 장명등석 자리가 사초지의 정중앙이기 때문이라고 합니다. 장명등석은 다리가 길어졌고 지붕 위에는 둥근 물결 무늬가 몇 겹 새겨져 있습니다. 이제까지 조선 왕릉의 장명등석에서는 볼 수 없었던 새로운 형식입니다.

철종은 재위하는 14년 동안 도탄에 빠진 백성들을 위해 별로 한 일도 없고 장성한 자식 하나 남기지 못하고 허깨비처럼 살다가 세상을 떠났습니다. 그런 허망한 삶과는 대조적으로 그의 능에는 숙종의 간소화 정책 이후 자취를 감췄던 거대한 석상이 다시 등장하였습니다. 예릉의 문석인과 무석인은 320㎝가 넘는 거석으로 문정왕후의 태릉에 이어 조선 왕릉 중 두 번째로 큰 규모입니다. 석인상의 이목구비가 크고 분명하며 수염의 결까지 표현한 점이 특이하지만 표정에는 생동감이 없고 인물의 개성도 사라졌습니다.

정자각도 크고 웅장하며 처마마루 위의 잡상도 다른 왕릉보다 두 개 더 많은 다섯 개가 올라앉아 있습니다. 어수선한 나라 분위기에, 백성은 먹고 살기 힘든 상황에도 이렇게 엄청난 규모의 왕릉을 만든 사람은 다음 왕 고종 때 섭정을 한 흥선대원군이었습니다. 오랜 세도 정치를 타파하고 왕권을 강화하려면 왕실의 권위부터 세워야 했기에 왕릉을 최대한 호화롭게 꾸민 것입니다. 그러나 알고 보면 이 석물들은 중종의 정릉, 순조의 인릉이 다른 곳으로 옮겨 가느라 버리고 간 석물들을 재활용한 것입니다. 문무석인과 호석, 마석은 정릉의, 나머지 석물은 인릉의 석물들이었습니다. 정자각까지 뻗어 있는 참도가 이전 능과는 달리 3단인 것도 특이합니다. 중앙이 신도이고 양 옆 길이 어도인데 철종이 황제로 추존되면서 그의 능도 황제릉의 형식을 따른 것입니다.

철종은 한 명의 왕후와 아홉 명의 후궁으로부터 5남 7녀의 자식을 얻었지만 모두 일찍 죽어 후사를 남기지 못했습니다. 옛날 사람들은 집안이 잘 되려면 자식이 번성해야 한다고 생각했는데, 기왕 낳은 자식도 제대로 살아남지 못한 철종의 운명이 조선 왕실의 몰락을 예고하는 징조였을까요? 이들은 1908년에 철종장황제와 철인장황후로까지 추존되었지만 황제의 존호와 호화판 예릉은 왠지 모를 공허함과 서글픔을 더할 뿐입니다. ❀

睿陵

07 ㈜
희릉

위치 경기도 고양시 덕양구 원당동

지정 번호 사적 제200호

조성 시기 1537년(중종3)

희릉 禧陵

예릉의 홍살문을 나와 조금만 내려오면 왼쪽에 희릉으로 가는 오솔길이 나옵니다. 희릉은 제11대 임금 중종의 첫 번째 계비 장경왕후(章敬王后 : 1491~1515) 윤씨의 능입니다. 장경왕후는 영돈령부사 윤여필의 딸로 태어났습니다. 8세에 어머니를 여윈 장경왕후는 고모뻘인 월산대군 부인 박씨 손에서 자라나 16세 때 후궁으로 대궐에 들어왔습니다. 처음에는 숙의에 봉해졌다가 중종비 단경왕후가 폐출되자 왕비에 책봉되었습니다. 장경왕후는 당시 여자로선 드물게 글을 익혀 경서에도 능한 총명하고 현숙한 왕비였습니다.

19세에 반정으로 왕위에 오른 중종은 10년 만에 원자(인종)를 얻고 무척 기뻐했습니다. 그런데 기쁨도 잠시, 장경왕후가 산후병을 얻어 출산 7일 만에 세상을 떠난 것입니다. 장경왕후의 병이 위독하자 중종이 문병 와서 하고 싶은 말이 무엇인가 물었습니다. 장경왕후는 "은혜 입음이 지극히 크니 말씀드릴 것이 없다"라면서 눈물만 흘렸답니다. 그런데 다음 날 병이 더 심해지자 부축을 받아 글을 써서 중종에게 올렸습니다.

지난 여름 임신 중 꿈에 사람이 나타나 '아이를 낳으면 이름을 億命(억명)이라 하라' 하므로 벽에 써서 기록하였고 아무에게도 말하지 않았습니다.

이 글을 보고 중종이 벽을 보니 정말 億命이란 글자가 있었답니다. 그 때 낳은 아들인 인종의 이름을 억명이라 지은 기록은 없습니다. 어머니가 예지몽으로 받아준 이름을 따르지 않은 것이 인종의 단명과 관련이 있는지 알 수 없지만 죽어가는 그 순간에도 갓난 아들의 장수를 바란 모정이 애달프기만 합니다.

25세에 세상을 떠난 장경왕후의 능은 서울 서초구 내곡동 태종의 헌릉 오른쪽에 있었습니다. 그런데 22년 후 중종의 부마였던 김안로가 희릉 밑에 큰 돌이 깔려 있어 불길하고 능침의 돌이 물에 젖어 있는 흉당이라면서 천장

❖ 크고 당당한 희릉의 석인들은 장경왕후를 먼저 보내는 중종의 정성과 애정을 짐작하게 한다.

을 주장했습니다. 김안로가 이런 주장을 한 이유는, 세자(훗날의 인종)를 보호한다는 구실로 정적들을 죽이려는 심산에서였습니다. 왕비를 흉당에 묻은 죄를 물어 국상 당시 총호사였던 정광필과 산릉도감 제조였던 남곤 등을 제거하려고 한 것입니다. 중종은 백성들에게 피해를 준다며 천장을 반대했습니다. 그러나 김안로가 돌산에 장사를 지내면 재앙이 생기고 이미 받고 있는 다른 복도 소멸된다고 끈질기게 졸라 중종의 허락을 받아냈습니다. 중종은 멀쩡한 희릉을 파헤쳐 현재의 서삼릉으로 천장하면서 능을 만드는 데 연루된 사람을 처벌하라고 명했습니다.

그로부터 7년 후 중종이 세상을 떠나고 그의 유지를 따라 중종의 정릉을 희릉 곁에 만들었습니다. 동원이강릉이 된 이 능을 정릉이라 하였습니다. 그 후 인종이 재위 8개월 만에 죽으면서 부모 곁에 묻어달라는 유명을 남겼고,

인종은 소원대로 부모 곁에 잠들었습니다. 그 인종의 능이 지금 서삼릉의 효릉입니다. 이때까지만 해도 서삼릉은 평화롭고 단란한 가족의 묘역이었습니다. 그런데 1562년 문정왕후가 왕릉인 정릉만 파헤쳐 서울 강남구 삼성동의 선릉 곁으로 옮겼습니다. 왕비릉은 그대로 흉당에 두고 왕릉만 옮겼다는 것은 남편이 전처와 나란히 누워 있는 것을 보기 싫어서 한 일이라고밖에 볼 수 없습니다. 더 좋은 명당을 찾아간다는 것이었지만 새로 잡은 정릉 자리도 홍수 때면 물이 차는 흉당이었습니다. 어쨌든 장경 왕후의 능은 다시 단릉이 되었고 원래 이름대로 희릉으로 불리게 되었습니다.

희릉에는 병풍석 없이 열두 칸의 난간석만 둘러져 있습니다. 조용히 살다 간 그의 인생만큼이나 완만한 높이의 사초지도 정결하고 단아한 느낌을 줍니다. 양석과 호석이 두 쌍씩, 망주석과 문무석인이 각 한 쌍씩 서 있는데, 무석인의 눈은 튀어나올 듯 크고 둥그런 모습으로 이국적인 느낌을 줍니다. 당시 능을 만들기 위해 동원된 1천여 명의 백성들은 무척 고된 노동을 했겠지만, 거대하고 당당한 문석인과 무석인은 장경왕후를 먼저 보내는 중종의 정성과 애정을 짐작하게 합니다.

희릉의 정자각은 측면에서 봤을 때 앞부분 회랑이 세 칸입니다. 전통적인 정자각은 정면 세 칸, 측면 두 칸의 회랑으로 되어 있는데 희릉부터 세 칸짜리 익랑이 등장했습니다. 정자각의 왼쪽에 있는 예감에는 다른 능에 없는 뚜껑이 있습니다. ❀

禧陵

08 ㉟
효릉

위치 경기도 고양시 덕양구 원당동

지정 번호 사적 제200호

조성 시기 1541년(명종1)

효릉 孝陵

서삼릉에 가면 예릉과 희릉, 두 기의 능만 볼 수 있습니다.
효릉은 비공개 능이어서 허가를 얻어 안내자의 인솔을 받지 않으면 갈 수 없습니다. 효릉이 비공개인 이유는 축협 소유의 사유지 안에 있기 때문이랍니다. 그 사유지가 소를 먹이는 풀을 가꾸는 초지여서 효릉 가는 길에는 외국 영화에서나 볼 수 있는 넓은 초원이 펼쳐져 있습니다.

그 초원에 눈이 팔려 능에 찾아왔음도 잊을 무렵 초원과 경계를 짓는 철책이 눈에 띕니다. 홍살문까지 바싹 닿게 담이 둘러쳐 있는데 그 담 너머부터가 효릉의 능역입니다. 효릉은 제12대 임금 인종(仁宗 : 1515~1545)과 그 부인인 인성왕후(仁聖王后 : 1514~1577) 박씨의 능입니다. 인종은 중종과 장경왕후의 맏아들로 태어나 6세에 세자로 책봉되었습니다. 생모는 바로 옆 희릉의 주인인 장경왕후인데 생모가 출산 7일 만에 세상을 떠나자 어린 인종은 계모인 문정왕후 손에 자랐습니다.

인종은 어릴 때부터 학문을 사랑하여 3세 때부터 글을 읽었고 8세 때에는 성균관에 들어가 매일 세 차례씩 공부를 할 정도였습니다. 전형적인 선비 기질을 가진 인종은 침착하고 말수가 적었습니다. 그뿐만 아니라 철저하게 겸

🔵 비공개 능인 효릉 가는 길에는 드넓은 초원이 펼쳐져 있다.

소하고 금욕적인 생활을 했던 그가 세자 시절 화려한 옷을 입은 궁녀를 내쫓
았다는 일화도 있습니다. 하지만 인종은 묘호에 어질 인(仁)자가 붙을 정도로
성품이 너그러웠고 효릉이란 능호를 받을 정도로 효자였습니다.

　인종의 효심에 대해서는 여러 가지 이야기가 전해지고 있습니다. 그중 계
모인 문정왕후에 대한 효도는 어처구니없으면서도 가슴을 짠하게 합니다. 인
종이 진심으로 효성을 다하는데도 문정왕후는 인종을 해치려 갖은 계략을 다
꾸몄습니다. 인종의 이복동생 경원대군(훗날의 명종)을 왕으로 세우기 위해서였
지요. 어머니의 뜻을 눈치챈 인종은 어머니를 위해 스스로 죽어줘야 한다는
생각을 하기도 했답니다. 또 문정왕후가 자신을 미워하는 것은 자신의 효심이
부족한 탓이라고 여겼습니다. 심지어는 이런 일도 있었습니다. 1543년 한밤중,

세자였던 인종의 처소인 동궁에서 화재가 났습니다. 동궁을 모두 잿더미로 만들 정도로 큰 불이었는데, 인종은 방화범이 문정왕후의 사주를 받은 사람일 것이라는 생각에 자리를 피하지 않고 그대로 죽으려 했답니다. 후궁에 의해 뒤늦게 탈출을 했지만, 며칠 후 인종은 동궁의 화재가 자신의 잘못이라는 다음과 같은 글을 시강원에 내렸습니다.

내가 박덕한 자질로 동궁에 올랐으니 하늘의 굽어살피심은 매우 밝은지라 진실로 재앙을 부르기에 마땅합니다. 조종조부터 100여 년 동안 전해내려온 집을 하룻밤 사이에 모두 잿더미로 만들었으니, 하늘이 이런 꾸지람을 내리신 것은 내 잘못에서 말미암은 것입니다. 그리하여 위로는 성심을 놀라게 해드렸고, 아래로는 여러 관료에게 황황함을 끼치게 되었으니, 이와 같은 혹독한 재변은 옛날에는 듣지 못했던 것입니다. 자신을 반성하고 가혹한 자책을 조금도 용서 없이 하고 있으나 스스로의 조처를 어떻게 해야 할지 모르겠습니다. 여러 신료들과 스승들께서 자세하고 정확하게 가르쳐주고 인도해주시기 바랍니다.

인종의 효심은 중종이 세상을 떠났을 때 절정에 이릅니다. 중종이 병석에 들자 인종은 약을 반드시 먼저 맛보았으며 옷을 벗은 적이 없을 정도로 손수 부왕을 돌봤습니다. 병환이 더욱 위독해지자 대신들에게 종묘와 산천에 부왕의 쾌유를 빌게 했고 겨울인데도 찬물로 목욕하고 밤새도록 기도를 했습니다. 중종이 세상을 떠나자 엿새 동안 식음을 전폐했고 울음소리가 다섯 달 동안이나 그치지 않았다고 합니다. 인종은 부왕의 죽음을 지나치게 애도하여 건강을 상하게 되었고, 병중에도 제사를 지내려 해서 문정왕후와 대신들이 모두 말리기도 했습니다. 하지만 듣질 않았고 이때부터 병이 더욱 위중하게 되었다고 합니다.

어쨌든 슬픔 중에도 인종은 제12대 임금에 올랐습니다. 그는 재위 9개월 만에 31세의 젊은 나이로 세상을 떠나 조선의 역대 왕 중 가장 짧게 재위한 왕이 되었습니다. 9개월 중 거의 반 이상은 부왕을 잃은 슬픔에 정신을 못 차릴 지경이었지만 그 와중에도 몇 가지 눈에 띄는 치적을 남겼습니다. 기묘사화로 제 기능을 하지 못했던 현량과를 다시 실시하고, 중종 때의 대학자 조광조 등을 신원시켜주었습니다. 부왕이 처벌한 신하를 아들 왕이 신원시킨다는 것은 여간한 용기가 아니면 불가능한 일입니다. 자칫 부왕의 행위를 부정하는 것으로 받아들여질 수 있기 때문입니다. 그러나 인종은 자신의 신념에 따라 행동했습니다.

孝陵

1545년 인종은 동생인 경원대군에게 보위를 넘긴다는 유언을 남기고 세상을 떠났습니다. 그는 자신의 병이 위중해지자 대신들을 불러 "내가 뒤를 이을 자식을 두지 못했고 선부왕의 적자는 나와 경원대군 두 사람뿐이다. 경원대군이 아직 나이는 어리지만 총명하고 숙성하니 후사를 맡길 만하다. 경들은 함께 보좌하여 그를 왕으로 세우도록 하라"라며 왕위를 넘길 뜻을 밝혔습니다. 그리고는 부모의 능 곁에 자신의 능을 만들 것과 백성들이 힘들지 않게 장례를 간소하게 치러줄 것을 당부하였습니다. 그래서 인종은 당시 중종과 장경왕후의 정릉 곁, 오늘날의 효릉에 묻혔습니다.

야사에 의하면 문정왕후가 준 독을 든 떡을 먹고 인종이 목숨을 잃었다고도 하지만 이는 문정왕후와 인종의 불편한 관계 때문에 나온 말이고 확실한 근거는 없는 얘기입니다. 인종의 사후 우의정 이기가 "인종은 해를 넘기지 못한 왕이므로 대왕의 예를 쓸 수 없다"라는 주장을 하기도 했습니다. 인종의 장례를 대충 치름으로써 문정왕후에게 아부하려는 의도에서 한 말이지요. 그만큼 두 모자의 불편한 관계는 노골적으로 드러나 있었습니다.

인성왕후는 금성부원군 박용의 딸로 태어나 11세에 세자빈에 간택되었습니다. 인종 즉위 후 왕비로 책봉되었지만 슬하에 자식을 두지 못했습니다. 인성왕후는 64세로 세상을 뜬 후 효릉의 인종왕릉 곁에 미리 비워둔 자리에 묻혔습니다.

효릉은 왕릉과 왕비릉이 난간석으로 연결된 쌍릉입니다. 왕릉에는 구름 속에 12지신이 새겨진 병풍석을 둘렀지만 왕비릉에는 난간석만 세워져 있어 두 능의 높낮이가 확연히 다릅니다. 원래 왕릉에도 병풍석이 없었지만, 선조는 인성왕후의 능을 조성하면서 인종의 능침에만 새로 병풍석을 두르게 했습니다. 효릉의 정자각도 희릉과 마찬가지로 앞부분 회랑의 기둥이 세 칸입니다. 백성들을 고생스럽게 한 병풍석이나 기준보다 넓어진 정자각은 검소하

↑ 효릉의 호석은 능 주인의 품성을 닮아서인지 사납기보다는 푸근한 느낌을 전해준다.

고 욕심 없는 삶을 살았던 인종과는 왠지 어울리지 않는 사치인 듯합니다. 또 새삼스럽게 왕릉에만 병풍석을 세워 병풍석이 없는 왕비릉과는 무척 부조화스러워 보입니다.

혼유석과 장명등석, 한 쌍씩의 망주석, 문석인, 무석인 등 석물들이 서 있는 것은 다른 능과 거의 다를 바가 없습니다. 그런데 효릉의 정자각 옆에는 태종의 헌릉 이후 왕릉에서 사라졌던 소전대가 있습니다. 소전대는 제향 때 돈을 태워 날리는 공간이고 예감은 축문을 쓴 나무판을 묻는 곳입니다. 제향을 끝내고 전 해에 묻었던 축판을 꺼낸 후 그해 새로 나온 축판을 묻었다고 합니다. 요즘은 제향 때 종이에 축문을 써서 예감에서 태우지요. 소전대가 사라진 후로는 예감이 그 역할을 했다고 알려져 있었습니다. 그러나 효릉에서처럼 소전대와 예감이 한꺼번에 발견됨으로써 그 역할이 달랐다는 것을

⬆ 후궁들의 묘역에는 규격화된 봉분들이 '앞으로 나란히' 하듯 줄지어 늘어서 있다.

알게 되었습니다.

　　그런데 태종의 헌릉 이후 사라진 소전대가 다시 나타난 이유는 무엇일까요? 태우는 것은 불교의 화장 문화이고, 묻는 것은 유교의 매장 문화입니다. 효릉을 조성할 당시 조선의 불교는 최고의 권력자 문정왕후의 지원으로 중흥기를 맞고 있었습니다. 초기 숭유억불 정책에 따라 사라진 소전대가 다시 나타난 것은 이런 사회적 움직임과 관련 있는 것 같습니다.

　　효릉의 사초지 위에 올라 정자각 쪽으로 보면 정면에 골프장 클럽하우스가 보입니다. 풍수지리상 능 앞산은 기능과 의미가 따로 정해져 있는데 그 산을 깎아 골프장을 만든 것도 모자라 정면에 클럽하우스를 지은 것은 무지에서 나온 훼손 행위라고 볼 수밖에 없습니다.

　　평소에 일반에게 공개하지 않는 효릉은 한 달에 한 번씩 공개합니다. 매

❶ 왕자와 공주·옹주 묘의 비석에는 묘를 옮겨온 해의 일본 연호를 갉아낸 자국이 남아 있다.

주 네 번째 토요일 오전에 능을 열고 안내자가 능에 대한 해설도 해줍니다.

효릉 근처에는 왕실의 태실과 후궁·왕자·공주의 묘, 폐비 윤씨의 묘인 회묘가 있습니다. 태실은 왕실에서 아기가 태어났을 때 그 태반과 탯줄을 묻는 석실을 말합니다. 왕세자와 세손, 왕자, 공주, 옹주들이 태어나면 아기의 탯줄과 태반은 미리 제작된 태항아리에 넣고 기름종이로 항아리 입구를 덮습니다. 태가 든 작은 항아리를 더 큰 항아리에 넣어 태실에 옮깁니다. 당시 사람들은 태가 다음 아이를 잉태하는데 결정적인 영향을 준다고 믿어 소중하게 다뤘습니다.

태를 묻는 장소는 풍수지리상 최고의 길지로 정해, 조선 시대에는 전국에 걸쳐 왕실의 태가 묻혔었습니다. 그런데 언제부터인가 조선 왕실의 태실 수십 기가 서삼릉 경내로 이전되어 온 것입니다. 일제강점기에 관리를 위해 태실

🔷 연산군의 어머니 폐비 윤씨의 회묘. 연산군이 여느 왕릉 못지않게 웅장하게 조성하였다.

들을 옮겨와 명당과 상관없이 한곳에 묻어둔 것입니다. 서삼릉의 태실 공간
에는 왼쪽에 역대 왕들의 태실이 검은색 비석으로, 오른쪽에는 왕자, 공주들
의 태실이 화강암 비석으로 표시되어 늘어서 있습니다.

　태실 옆에는 왕자와 공주·옹주들의 묘가 모여 있습니다. 이 묘들을 옮겨
올 때 똑같은 규격으로 비석도 새로 맞춘 듯한데, 비석 뒤에 새겨진 글자 일
부가 갉아낸 듯 지워져 있습니다. 이 부분에는 당시의 일본 연호 소화(昭和)로
시작되는, 묘를 옮겨온 연도 표시가 있었답니다. 해방이 된 후 일제의 잔재를
없앤다는 취지에서 갉아낸 것이지요. 그 옆의 후궁들의 묘역도 상황은 마찬
가지입니다. 봉분이 왕자·공주묘보다 조금 클 뿐 어떤 왕의 후궁이든 상관없
이, 위계도 없이 규격화된 둥근 봉분이 '앞으로 나란히' 하듯 줄지어 자리 잡
고 있습니다. 두 묘역 모두 앞쪽에 대표로 혼유석과 장명등석 한 개씩, 망주

석과 자그마한 문석인이 한 쌍씩 서 있을 뿐입니다.

서삼릉 비공개 지역의 맨 안쪽에는 연산군의 어머니이며 폐비 윤씨라고 불리는 제헌왕후의 회묘가 있습니다. 회묘의 겉모습은 여느 왕릉 못지않게 웅장합니다. 연산군이 즉위한 후 어머니의 묘를 찾아 회릉으로 멋지게 조성했기 때문입니다.

폐비 윤씨는 1482년 사약을 받고 세상을 떠난 후 묘비조차 없었습니다. 죽은 지 7년이 지나서야 성종은 연산군이 즉위 후를 생각하여 '윤씨지묘'라는 묘비를 세우도록 허락해주었습니다. 연산군은 왕위에 오른 후에야 비로소 자신이 폐비 윤씨의 자식임을 알게 되었고, 뒤늦게 회릉을 만들면서 당시에 할 수 있는 한 최고의 상설을 했습니다. 충신들은 이미 다 제거되었고 조정에는 연산군이 두려워 아무 말도 못하는 소인배들만 남았기 때문에 예법을 들어 따지는 사람이 아무도 없었습니다.

1506년 중종반정에 의해 연산군이 폐위되자 회릉은 다시 회묘로 격하되었습니다. 하지만 덩치가 큰 문무석인과 능역을 꽉 채운 온갖 석물 등, 연산군이 조성한 회릉의 모습은 그대로 남아 있습니다. 회묘는 원래 서울 동대문 회기동에 있었는데 1969년 경희대학교 공사 때 이곳 서삼릉으로 옮겨온 것입니다.

서삼릉 근처에는 골프장과 마사회 소속 종마목장, 축협 목초지 목장, 농협대학, 군부대 등이 있어 녹지대를 유지하고 있습니다. 하지만 이 시설 모두 서삼릉의 능역이었던 것을 생각하면 도심에서 보기 드문 멋진 초원이나 포플러 가로수길, 이국적인 느낌을 주는 목장 등을 볼 수 있다고 감동할 일만은 아닌 것 같습니다. ❀

09 卍
온릉

위치 경기도 양주시 장흥면 일영리

지정 번호 사적 제210호

조성 시기 1557년(명종12)

온릉 溫陵

통일로에서 의정부 쪽으로 39번 국도를 따라 가다 보면 바로 큰길 옆에 온릉이라는 작은 표지판이 보입니다. 큰길 바로 옆에 있음에도 불구하고 능의 모습은 숲에 가려져 길에서 전혀 보이지 않고 입구조차도 쉽게 눈에 띄지 않아 정신을 바짝 차리지 않으면 지나치기 십상입니다.

온릉은 제11대 임금인 중종의 원비 단경왕후(端敬王后 : 1487~1557)의 능입니다. 단경왕후는 중종이 반정으로 왕위에 오른 후 7일 만에 폐비가 되어 폐비의 신분으로 세상을 떠났고 세월이 한참 흐른 영조 때에야 복위되었기 때문에 제대로 된 왕비릉의 모습을 갖추지 못하고 있습니다. 그러나 온릉에 들어서면 초라하다는 느낌보다는 아담하고 단출하다는 느낌이 듭니다. 그다지 넓지 않은 능역에 울창하고 깔끔하게 관리된 숲이 능침을 중심으로 사면을 아늑하게 둘러싸고 있어 능호처럼 따뜻하고 편안한 느낌을 줍니다.

단경왕후는 익창부원군 신수근의 딸로 태어났습니다. 13세 때 훗날 중종이 되는 진성대군과 가례를 올렸고, 진성대군이 왕위에 오르자 왕비로 책봉되었습니다. 그러나 아버지 신수근은 반정을 반대했기 때문에 역적으로 몰려 죽임을 당했고, 단경왕후 역시 역적의 딸로서 그 자리를 지키지 못하고 7일 만에 폐위당했습니다. 역사상 가장 짧은 기간 동안 재위한 왕비가 된 단경왕후는 폐위 당시 갓 20세였습니다.

단경왕후의 아버지 신수근은 여동생을 연산군에게 시집보냈습니다. 연산군의 부인과 단경왕후는 사가에서는 고모와 조카 사이였지만 궁에서는 동서 사이였던 것이지요. 신수근은 두 왕을 매부와 사위로 둔 셈이지만 여동생과 딸 모두 폐비가 되고 자신도 역적으로 몰려 죽임을 당하게 되었습니다.

연산군의 기행이 극에 달할 무렵 반정 계획을 품고 있던 성희안과 박원종이 거사를 함께 할 동지를 모을 때 중요한 인물로 떠오른 사람이 있었습니다. 바로 신수근이었습니다. 새로 왕으로 모실 진성대군의 장인이지만 몰아낼 연산군의 처남이라는 점이 마음에 걸렸습니다. 반정 세력 중 한 사람이었던 우의정 강구손이 당시 좌의정을 지내고 있던 신수근의 의중을 떠보기 위해 이렇게 물었습니다. "여동생과 딸 중 누가 더 소중합니까?"

이 질문의 속뜻을 알아차린 신수근은 "임금은 포악하나 세자가 총명하니 그에 기대할 뿐입니다"라며 매부를 폐하고 사위를 왕으로 세우는 일은 할 수 없다고 단호히 거절했습니다. 반정 세력은 반정을 거부하는 신수근 등을 제거하고 진성대군을 왕으로 추대하였습니다.

진성대군은 사전에 아무것도 모르고 있다가 왕으로 추대되었습니다. 반정 세력이 진성대군을 보호하기 위해 군사를 보내 대군 사저를 에워싸자 영문을 모르고 있던 진성대군은 놀라서 자결하려고 했답니다. 왕조 시대에 왕이 되지 못한 왕자는 늘 역모에 연루될지도 모른다는 불안감에 숨조차 제대로 쉬지 못하고 살았습니다. 더구나 연산군처럼 상식 밖의 일을 일삼는 왕 아래에서는 더 말할 나위가 없었던 것이지요. 자신도 모르는 역모에 휩쓸려 모진 고문을 당하고 욕을 보다가 처참하게 죽을 것이라면 차라리 고통과 모욕

○ 온릉의 단아한 전경. 오른쪽의 비각 앞쪽에 보이는 돌들은 수복방의 주춧돌이다.

을 겪지 않고 스스로 목숨을 끊는 게 낫겠다고 생각했겠지요. 그런데 단경왕
후가 옷자락을 붙들고 말리며 이렇게 말했답니다.

> "군사의 말 머리가 이 집을 향하고 있다면 우리 부부가 함께 죽어야겠지요.
> 하지만 말 꼬리가 집을 향하고 있다면 대군을 호위하고 있는 것이니 이를 확
> 인하고 죽어도 늦지 않을 것입니다."

그래서 확인해보니 과연 군사들이 말 꼬리를 보이며 집을 호위하고 있었
답니다. 만일 이때 단경왕후의 지혜로운 판단이 없었다면 진성대군은 자결을
했을 것이고 반정은 수포로 돌아가고 말았겠지요. 단경왕후는 진성대군과 반
정 세력의 은인인 셈입니다. 그러나 반정 세력은 단경왕후에게 은인 대접을 하

지 않았습니다. 중종반정이 성공으로 끝나고 단경왕후가 왕비로 책봉된 지 7일 만에 폐비 논의를 시작한 것입니다.

대군 시절에 결혼하여 10년 가까이 살아온 이 부부는 금실이 두터웠다고 합니다. 중종은 조강지처를 내칠 수 없다고 폐비 결정을 거부했지요. 그러나 반정 공신들의 요구는 집요했습니다. 역적의 딸을 왕비 자리에 둘 수 없다는 것이 표면적 이유였지만 사실은 그 아버지 신수근을 죽인 것에 대해 복수를 당할까 두려웠기 때문이지요.

공신들에 의해 추대된 왕인 중종은 그들의 의견을 무시할 수 있는 처지가 못 되었습니다. 어쩔 수 없이 눈물을 머금고 폐비 결정을 내리고 말았고 단경왕후는 궁궐에서 나가야 했습니다. 이렇게 느닷없이 헤어져야 했던 두 사람의 애틋한 사랑이 여러 가지 야사를 만들어내기도 했습니다. 가장 유명한 이야기는 치마바위 전설입니다. 궁궐에서 쫓겨난 단경왕후는 처음에는 인왕산 아래 하성위 정현조의 집에서 살았습니다. 그 무렵 중종은 단경왕후가 보고 싶을 때면 궁궐 안 높은 누각인 경회루에 올라가서 인왕산 쪽을 바라보며 눈물을 흘렸다고 합니다. 이 소식을 전해들은 단경왕후는 평소에 즐겨 입던 분홍색 치마를 인왕산의 바위에 펼쳐놓았다고 합니다. 또 이런 이야기도 있습니다. 단경왕후가 죽동궁이라는 별궁에 살 때의 일이랍니다. 중종이 명나라 사신을 맞으러 죽동궁 근처의 모화관으로 거동을 할 때면 꼭 말을 죽동궁에 보내 먹이게 했답니다. 그때 단경왕후는 흰 죽을 쑤어 손수 임금의 말을 먹여 보냈다고 합니다.

이런 일들이 실제로 일어났는지는 알 수 없지만 단경왕후는 잊혀진 여인이었을 뿐입니다. 훗날 장경왕후가 원자를 낳고 산후병으로 죽자 새 왕비를 간택하지 말고 단경왕후를 복위시키자는 상소가 있었습니다. 그러나 단경왕후를 복위시킬 경우 장경왕후가 낳은 원자의 지위가 모호해진다는 주장이 나

⬡ 온릉 부근은 한국전쟁 때 격전지였기에 문석인의 볼살이 떨어져 나가는 큰 부상을 입었다.

오자 중종은 복위 건의를 받아들이지 않았습니다. 심지어는 복위 상소를 올린 두 사람을 삭탈관직하기도 했습니다. 원자의 지위를 확고히 하여 나라의 기틀을 바로잡으려는 뜻까지는 이해가 되지만 '삭탈관직'의 부분에 이르면 이때 단경왕후에 대한 중종의 애정은 이미 식은 게 아닌가 하는 의구심이 들기도 합니다.

자식도 없이 평생 남편을 그리워하며 홀로 외롭게 살던 단경왕후는 1557년 71세의 나이로 세상을 떠났습니다. 당시 왕이었던 명종은 부음을 듣고 그녀가 살던 집을 폐비궁으로 승격시키고 비복과 전답을 내려주었습니다. 그러나 죽어서도 단경왕후는 시집으로 돌아오지 못하고 친정인 거창 신씨 집안 선산에 묻혔습니다.

단경왕후는 세상을 떠났지만 그녀의 복위 문제는 1백여 년이 지난 숙종

❖ 온릉 능침에는 병풍석과 난간석이 없고, 곡장 안에 양석과 호석 한 쌍이 능침을 수호하고 있다.

때 다시 거론되었습니다. 과거사 정리를 가장 왕성하게 했던 왕 숙종. 단종의 복위 문제와 함께 단경왕후의 추복(사정이 있어 입지 못한 상복을 뒷날에 입는 일) 문제도 함께 논란이 된 것이지요. 그러나 숙종은 선왕, 즉 중종이 단경왕후를 복위시키지 않은 것은 다른 뜻이 있었기 때문이라며 자신이 함부로 나설 수 없다는 입장을 보였습니다. 결국 명쾌한 결론이 내려지지 않자 숙종은 연경궁터에 사당을 짓고 봄가을로 제사를 지내되, 제수는 봉상시(조선 시대에 제향과 시호에 관한 일을 맡아보던 관청)에서 마련하도록 하였습니다. 또 다음과 같이 몸소 시를 지어 내리기도 했는데 진정으로 추모하는 마음보다는 추복을 하지 못하는 데 대한 변명과 새 사당을 지어 제사를 지내주는 것에 대한 생색만 담겨 있는 듯합니다.

106

옛날에는 왕비로서 지존의 배우자였지만(昔在元妃配至尊)

밤중에 건춘문으로 왕궁에서 쫓겨나니 백성들이 원통해했네(建春夜出國人寃)

슬픔과 한스러움에 어찌 추복의 논의가 없었을까만(惻恒那無追服議)

어쩌나, 이제 와서 그 임금님 마음을 알 수 없음을(奈玆不識聖心存)

새로 사당을 지어 신씨에게 제사 지냄이여(爲創新祠祭愼氏)

천추에 바뀌지 않을 봉상시의 제사여라(千秋不替太常祀)

의로움이란 본시 높이 받드는 마음에서 우러나오는 것(義起本由尊奉心)

사람들은 어찌하여 반드시 증거를

경사(경서와 역사책)에서 찾으려 하나(傍人何必證經史)

단경왕후가 복위된 것은 1739년 영조에 이르러서였습니다. 단종의 능인 장릉을 조성한 예를 따르고 정릉과 사릉의 상설을 따르도록 한 것입니다. 그래서 온릉에는 병풍석과 난간석은 모두 생략되고 곡장 내에는 양석과 호석 한 쌍이 능침을 수호하고 있으며, 혼유석과 장명등석, 망주석 한 쌍이 있을 뿐입니다. 무석인은 생략되었고, 문석인만이 자리하고 있는데 그나마 오른쪽에 있는 문석인은 볼살이 떨어져 나가는 큰 부상(?)을 입고 있었습니다. 그 부근이 한국전쟁 때 격전지여서 그런 상처가 생겼다고 합니다. 홍살문을 들어서서 정자각을 바라보고 오른쪽에 있는 돌들은 그곳에 수복방이 있었음을 알려줍니다.

온릉은 일반인에게는 공개하지 않는 비공개 능입니다. ❀

파주 삼릉·장릉

전란에 시달리거나 요절한, 비운의 왕과 왕비들의 능

이 능들은 구파발에서 임진각까지 북쪽으로 뚫린 통일로 주변에 있습니다. 파주 삼릉을 공순영릉이라고도 하는데 이는 공릉과 순릉, 영릉의 세 능이 한데 모여 있기 때문에 붙은 이름입니다. 파주 삼릉은 132만여 제곱미터의 넓은 능역을 가지고 있지만 그 이름은 잘 알려져 있지 않습니다. 그 이유 중 하나는 이곳에 묻힌 세 명의 왕과 왕비가 별로 알려지지 않은 분들이기 때문입니다. 17세에 세상을 떠난 예종의 원비 장순왕후, 20세에 세상을 떠난 성종의 원비 공혜왕후, 영조의 맏아들로서 10세에 세상을 떠난 진종이 이 삼릉의 주인들입니다. 다들 요절을 했거니와 장순왕후와 진종은 생전에 왕과 왕비가 아니었으나 사후에 추존된 분들이니 별다른 업적을 남길 겨를도 없었을 것입니다. 그래서인지 파주 삼릉에 들어서면 전체적으로 고적하고 조용한 느낌이 듭니다.

10 공릉

위치 경기도 파주시 조리면 봉일천리

지정 번호 사적 제205호

조성 시기 1461년(세조7)

공릉 恭陵

파주 삼릉에 들어가 왼쪽에 재실을 두고 곧게 난 길을 따라 올라가면 공릉이 있습니다. 공릉은 제7대 임금 예종의 원비 장순왕후(章順王后 : 1445~1461) 한씨의 단릉입니다. 장순왕후는 당대 최대의 권력가인 한명회의 셋째 딸입니다. 수양대군을 도와 단종을 내쫓고 세조라는 임금을 만들어낸 한명회는, 세조의 큰아들 의경세자가 요절하고 훗날 예종이 되는 해양대군이 세자로 책봉되자 자신의 딸을 세자빈의 자리에 앉혔습니다. 공릉의 장순왕후와 순릉의 공혜왕후는 친자매지간입니다. 그 두 사람을 이해하기 위해서는 그들의 아버지인 한명회를 먼저 알아야 할 것 같습니다.

한명회는 수양대군의 최고의 참모이며 책사였습니다. 한명회의 할아버지 한상질은 조선 개국 때 명나라에 파견되어서 '조선'이라는 국호를 확정 짓고 온 인물입니다. 그러나 한명회는 부모를 일찍 여읜 탓에 불우한 소년 시절을 보냈습니다. 흔히 일곱 달 만에 태어난 사람을 뜻하는 '칠삭둥이'라고 불리기도 했습니다. 당시에 칠삭둥이의 생존이 가능했는지는 알 수 없지만 어쨌든 별명에 걸맞게 한명회는 과거에 번번이 실패하고 38세에 되어서야 겨우 경덕궁직이라는 미관말직을, 그것도 시험 없이, 추천으로 차지하게 되었습니다.

○ 장순왕후는 사망할 때 세자빈이었기 때문에 묘가 왕비릉보다 간소하게 꾸며졌다.

○ 무석인은 없고 석물들의 수도 적지만 공릉 능침과 석물들은 여느 세자빈 묘보다 크고 웅장하다.

112

그러나 실제 한명회는 별명과는 달리 과단성 있고 머리가 무척 잘 돌아가는 사람이었음에 분명합니다. 정상적인 방법으로는 그 이상의 관직을 얻을 수 없다고 생각한 한명회는 단종이 즉위하자 친구 권람을 통해 수양대군에게로 줄을 댔습니다. 수양대군은 그를 불러들였고 그때부터 거사의 준비가 시작되었습니다.

한명회가 없었다면 아마 계유정난은 성공하지 못했을 것이라고 할 만큼 그는 정난에서 중요한 역할을 해냈습니다. 한명회는 살생부를 만들어 수양대군 앞에 내놓음으로써 버려야 할 사람과 끌어들여야 할 사람에 대한 수양대군의 결단을 이끌어냈습니다. 홍달손 등 무사들도 끌어들인 한명회는 김종서, 황보 인 등 원로 고명대신들을 살해하여 반대파를 과감하게 제거해버린 것입니다.

계유정난이 성공한 이후에 그는 일등 공신에 올랐습니다. 세조가 즉위하자 좌부승지, 우승지 등의 자리를 거쳤고 그 이듬해에는 사육신의 단종 복위 운동을 좌절시킨 공으로 도승지에까지 올랐습니다. 그로부터 한명회는 거칠 것 없이 승승장구하여 이조판서, 병조판서, 우의정, 좌의정 등 모든 주요한 자리를 거쳐 영의정에까지 오르게 되었습니다. 이는 그가 경덕궁지기로 관직 생활을 시작한 지 불과 13년 만에 이룬 초고속 승진이었습니다.

한명회는 당대의 내로라하는 권력층과 사돈을 맺음으로써 자신의 자리를 더욱 굳건히 할 수 있었습니다. 그는 1남 4녀를 두었는데, 맏딸은 세종의 부마인 윤사로의, 둘째 딸은 신숙주의 며느리가 되었습니다. 또 셋째 딸이 바로 여기 공릉에 묻혀 있는 예종의 원비 장순왕후이고, 넷째 딸은 바로 옆 순릉에 묻혀 있는 성종의 원비 공혜왕후입니다. 왕비가 되었던 두 딸은 모두 20세를 채 넘기지 못하고 세상을 떠나 그가 원한 더 큰 권력을 만들어주지는 못했습니다. 하지만 두 딸을 왕비의 자리에 앉힐 수 있었다는 것만 해도 그의 권력을 짐작할 수 있지요.

　부모가 죽으면 산에 묻지만 자식이 죽으면 가슴에 묻는다지요? 한명회는 살아생전 장성한 두 딸을 가슴에 묻었습니다. 그것도 왕비가 된 딸들이 요절을 했으니 얼마나 가슴이 아팠을까요? 쓰린 속과는 상관없이 한명회는 살아 있을 때는 온갖 부귀영화를 다 누렸습니다. 물론 그에게도 단 한 번의 위기는 있었습니다. 그가 영의정을 지낼 때 함길도에서 반란을 일으킨 이시애가 "한명회와 신숙주가 반란을 도모하려 해서 그를 응징하기 위해 난을 일으켰다"라고 무고한 것입니다. 이시애는 계유정난 때 죽임을 당한 김종서의 옛 부하로서 조정을 혼란에 빠트리려고 한 얘기입니다. 쿠데타로 왕위에 올라 아직 정통성을 확보하지 못한 세조로서는 일단 반란이라고 하면 그 대상이 누구든지 경계하지 않을 수 없었습니다. 당황한 세조는 일단 한명회와 신숙주를 옥에 가두고 조사를 시작했습니다. 물론 그 과정에서 두 사람은 혐의가 없음이 밝혀졌지만 하마터면 역적으로 몰려 죽임을 당할 뻔한 위기의 사건이었지요.

　세조가 죽자 한명회와 신숙주는 세조의 뜻에 따라 원상이 되어 정사를 돌보게 되었습니다. 이는 세조가 유약한 예종을 위해 마련해놓은 제도로서 원상들이 날마다 번갈아 가며 승정원에 나와 정사를 의결하고 왕은 형식적인 결재만 하는 제도였습니다. 비록 셋째 딸 장순왕후는 이미 세상을 떠났지만 사위였던 예종이 왕위에 오르자 한명회는 다시 영의정이 되었습니다. 예종이 14개월이라는 짧은 재위 기간을 끝내고 요절했지만 한명회의 권력은 더욱 굳건해졌습니다. 넷째 사위인 자을산군(성종)이 왕위에 올랐기 때문입니다.

　성종이 왕위에 오르자 한명회는 영의정에 병조판서까지 겸임했습니다. 세조, 예종, 성종에 이르기까지 3대에 걸쳐 왕의 가장 가까운 측근으로서, 또 왕을 만들어내는 공로자로서 한명회는 네 번이나 일등 공신에 추대되었습니다. 이 과정에서 엄청나게 많은 토지와 노비를 상으로 받아 권력과 부를 한꺼

恭陵

🔵 정자각까지의 참도는 직선으로 이어지는 것이 보통인데 공릉의 참도는 ㄱ 자로 꺾여 있다.

번에 누리다가 1487년 73세로 세상을 떠났습니다.

그런데 한명회는 연산군 때 일어난 갑자사화에 연루되었습니다. 이때 그는 이미 죽은 후였지만 연산군의 생모 폐비 윤씨의 사사 사건에 관여했다 하여 부관참시(관을 파헤쳐 시체의 목을 자르는 형벌)를 당했습니다.

노년에는 벼슬에서 물러나 한강변에 정자를 짓고 자신의 호인 '압구정'이라는 이름을 붙였습니다. 한가롭게 갈매기와 벗하고 싶다는 뜻의 이름이었습니다. 그러나 그는 노년에도 그다지 한가롭지는 못했던 것 같습니다. 부원군의 자격으로서 계속 정사에 관여했기 때문입니다. 중국 사신의 접대처로 쓰이기도 했던 압구정은 사라지고 지금은 서울 강남구 압구정동에 압구정 터 표지석만 덩그러니 남아 있을 뿐입니다.

여기 공릉에 묻힌 장순왕후는 1445년에 태어났습니다. 16세 되던 해 세자빈으로 책봉되었습니다. 그러나 장순왕후는 책봉된 지 1년 7개월 만에 인성대군을 낳고 산후병으로 세상을 떠났습니다. 그때 그녀의 나이는 17세였고 남편 예종은 12세였습니다.

장순왕후는 사망할 때 세자빈이었기 때문에 그의 묘는 왕비릉이 아닌, 세자빈 묘로 간소하게 꾸며졌습니다. 장순왕후는 예종이 사망한 후 3년 만에 왕후로 추존되었지만 능에 더 이상의 상설은 하지 않았습니다. 능침에 병풍석과 난간석은 설치하지 않았고, 망주석도 없습니다. 삼면의 곡장 안에 양석과 호석이 각 한 쌍씩 배치되어 있고 혼유석과 장명등석, 문석인과 마석이 놓여 있습니다. 무석인도 없고 석물들의 수는 적지만 조선 초기의 능이라 능침의 크기는 여느 세자빈 묘에 비해 큰 편이고 석물들도 웅장한 모습을 하고 있습니다.

홍살문에서 정자각까지 이어진 참도는 직선으로 이어지는 것이 보통인데 공릉의 참도는 ㄱ 자로 꺾어져 있습니다. 그렇게 만들어진 이유는 아마도 지형을 그대로 살려서 능을 조성했기 때문인 듯합니다. ❀

11 ⊗
순릉

위치 경기도 파주시 조리면 봉일천리

지정 번호 사적 제205호

조성 시기 1474년(성종5)

순릉 順陵

공릉에서 재실 쪽으로 다시 나왔다가 오른쪽으로 들어가면 순릉에 다다르게 됩니다. 순릉은 제9대 임금 성종의 원비 공혜왕후(恭惠王后 : 1456~1474) 한씨의 단릉입니다. 공혜왕후는 상당부원군 한명회의 막내딸로 태어나 12세에 의경세자의 둘째 아들 자을산군과 가례를 올려 천안군부인이 되었습니다. 공릉에 묻힌 장순왕후와는 사가에서는 친자매 사이였지만 궁에서는 작은어머니와 조카며느리 사이가 되었습니다.

어린 공혜왕후는 예의 바르고 효성이 지극해 세조비 정희왕후, 덕종비 소혜왕후, 예종의 계비 안순왕후의 귀여움을 받았다고 전해집니다. 이때까지만 해도 예종이 살아 있었기 때문에 공혜왕후가 왕비가 되는 것은 상상할 수 없는 일이었습니다. 예종에게도 적자인 제안대군이 있었고 남편 자을산군에게는 형 월산대군도 있었기 때문입니다. 그런데 2년 후에 예종이 20세로 요절하자 예상치 못한 일이 벌어졌습니다. 13세의 자을산군이 왕위에 오른 것입니다. 그가 바로 제9대 임금 성종입니다. 왕위 계승 문제를 결정할 수 있는 권한은 당시 왕실의 최고 어른이었던 세조비 정희왕후가 가지고 있었습니다. 그러나 다른 유력한 후보자들을 제치고 성종이 왕위에 오르기까지는 그의 장인이며

○ 순릉은 죽는 순간까지 효심을 잃지 않은 공혜왕후의 인품만큼이나 반듯하게 만들어져 있다.

당대 최고의 권력가였던 한명회의 입김이 크게 작용했다고 합니다.

그러나 성종의 등극과 더불어 왕비로 책봉된 공혜왕후는 왕비의 자리에 오른 지 5년 만에 열아홉의 나이로 소생도 없이 세상을 떠났습니다. 그는 세상을 떠나면서 "죽고 사는 데는 천명이 있으니, 세 왕후를 모시고 끝내 효도를 다하지 못하여 부모에게 근심을 끼치는 것을 한탄할 뿐이다"라는 마지막 말을 남겼다고 합니다. 죽는 그 순간까지 부모에 대한 효심을 잃지 않은 이 말에서 공혜왕후의 인품을 엿볼 수 있습니다.

13년 먼저 세상을 떠난 친언니의 공릉과 마주 보는 형국으로 만들어진 순릉은 왕비의 능이므로 공릉에 비해서는 석물이 많이 있습니다. 병풍석은 세우지 않았지만 열두 칸의 난간석을 둘렀고 문석인은 물론 무석인도 좌우에 한 쌍씩 서 있습니다. 문석인의 얼굴은 눈과 입꼬리를 위로 올리고, 수염과 눈

○ 순릉은 처음부터 왕비의 능이었으므로 세자빈이었던 친언니의 공릉에 비해 석물이 많다.

썹을 돋을새김해서 생동감을 더했습니다. 양석과 호석이 두 쌍씩 배치되어 있고 혼유석과 한 쌍의 망주석도 세워져 있습니다. 공릉의 장명등석은 몸체가 사각이고 순릉의 장명등석은 팔각이라 형태가 다르지만 두 능 모두 전체적으로 조선 전기의 상설 제도를 따르고 있습니다.

한 부모 아래서 태어나 왕비가 되었던 두 자매. 두 사람 다 태어나 20년도 못 살고 어린 나이에 세상을 떠났다는 점에서는 애처롭고 안쓰러운 마음을 금할 길이 없습니다. 하지만 굴욕과 비극을 체험하거나 권력에 희생이 되고 권력에 눈이 멀어 탐욕스러운 삶을 살다가 죽은 다른 왕비들에 비해 깨끗하고 순결한 삶을 살았다는 생각이 듭니다. 평범한 삶을 기대할 수 없었던 왕실의 여자로서 영욕의 역사 속 인물이 아닌 청순한 소녀로 남게 해준 짧은 삶이 오히려 그들에게 불행 중 다행으로 보이기도 합니다. ⊛

121

12 ☻
영릉

위치 경기도 파주시 조리면 봉일천리

지정 번호 사적 제205호

조성 시기 1729년(영조5)

영릉 永陵

순릉의 오른쪽으로 가면 영릉이 있습니다. 영릉은 영조의 큰아들 진종(眞宗 : 1719~1728)과 그의 비 효순왕후(孝純王后 : 1715~1751) 조씨의 쌍릉입니다. 진종은 영조와 정빈 이씨의 맏아들로 태어났습니다. 진종은 7세에 세자에 책봉되었습니다. 그러나 10년도 채 살지 못하고 1728년 숨을 거두었습니다. 영조는 먼저 간 어린 아들에게 효장이라는 시호를 내렸습니다. 효장세자가 죽던 날 밤, 영조가 슬퍼하던 모습이 《영조실록》에 다음과 같이 기록되어 있습니다.

> 밤 3경에 왕세자가 창경궁에서 훙서하였다. 임금이 영의정, 병조판서 등을 대하며 슬피 곡하며 말하기를, "종묘와 사직을 장차 어찌할 것인가?" 하고, 한참 만에 곡을 그쳤다.

효장세자의 죽음에 대한 영조의 안타까움은 자신이 죽을 때까지 사라지지 않았나 봅니다. 영조는 자신이 죽고 난 뒤에 효장세자를 왕으로 추존하라는 유지를 내렸을 정도입니다.

영조는 즉위를 전후하여 엄청난 콤플렉스와 스캔들에 시달려왔습니다. 자신의 어머니가 천한 무수리 출신이었다는 것과 이복형 경종을 독살하고 왕위에 올랐다는 소문 때문입니다. 특히 어머니 문제는 그의 가장 민감한 아킬레스건이었는데 신하들 중에는 천한 출신을 왕으로 모실 수 없다는 눈치를 보이는 사람들도 있었습니다. 심지어 형을 죽이고 왕이 되었다는 소문까지 있어 그 정통성이 받아들여지기 쉽지 않았던 것입니다. 이럴 때 영조에게 가장 필요한 것은 강력한 왕권이었습니다. 신하들이 딴 마음을 먹지 못하도록 처음부터 단속을 철저히 해야 했습니다. 강력한 왕권을 유지하기 위한 필수 조건은 바로 확실한 후계자 양성이었습니다. 그런데 하나밖에 없는 왕자가 어린 나이에 세상을 떠버린 것입니다.

효장세자가 세상을 떠난 때는 1728년인데 그로부터 8년이 흐르도록 영조에게는 아들이 태어나지 않았습니다. 영조가 40세를 넘긴 1735년에야 영빈 이씨로부터 아들을 얻게 되었습니다. 마음이 급해진 영조는 그 아들을 3세에 세자로 책봉하고 어린 시절부터 후계자 교육을 철저히 시키고자 했습니다. 그러나 그 아들은 영조의 뜻대로 움직여주지 않았습니다. 결국 영조는 자신의 손으로 그 아들을 죽이는 조선 최대의 비극을 저지르게 되었습니다. 그 아들이 바로 사도세자입니다.

영조는 사도세자를 폐세자하고, 사도세자의 맏아들인 세손을 요절한 효장세자의 양자로 입적시켜 왕통을 잇게 하였습니다. 이 세손이 훗날의 정조입니다. 효장세자에 대한 애착도 있었겠지만 무엇보다 세손을 죄인의 자식으로 놓아둘 수가 없었기 때문이겠지요. 효장세자의 양자로 입적이 되어 있었음에도 불구하고 사도세자의 아들인 세손에게 왕위를 물려줘서는 안된다는 주장은 끊임없이 이어졌습니다. 그러나 결국 정조는 10세에 세상을 떠난 큰아버지 효장세자 덕분에 그나마 왕통을 이을 확실한 자격을 얻게 되었습니다.

🔵 두 채의 비각 안에 있는 비석들은 세자 묘에서 왕릉, 황제릉으로 바뀌어온 영릉의 역사를 말해준다.

1776년 왕위에 오른 정조는 할아버지 영조의 유지를 따라 효장세자를 진종으로 추존하고, 능호를 영릉이라 하였습니다. 그러나 정조는 즉위하자마자 "나는 사도세자의 아들이다!"라고 당당하게 선포하였습니다. 이는 더 이상 큰아버지 효장세자의 그늘에 숨어 아버지를 부정하는 짓을 하지 않겠다는 선언이며 동시에 아버지를 죽음에까지 몰고 간 정적들에 대한 선전포고였습니다.

효순왕후는 풍릉부원군 조문명의 딸로서 진종이 세상을 떠나기 1년 전에 가례를 올렸습니다. 세자빈 효순왕후는 1751년 소생 없이 37세의 나이로 세상을 떠났습니다.

진종과 효순왕후는 세자와 세자빈의 신분으로 세상을 떠났다가 훗날 추존되었기 때문에, 능도 세자묘의 예를 따라 만들어졌다가 훗날 왕릉의 형식을 갖추게 되었습니다. 그래서 능침의 병풍석과 난간석은 생략되고, 무석인

永陵

없이 문석인과 마석만 한 쌍씩 설치되어 있습니다. 능침 주위에는 호석과 양석이 각각 두 쌍씩, 한 쌍의 망주석이 서 있습니다. 문석인은 얼굴에 비해 몸이 왜소한 편인데 숙종이 능의 석물들을 간소화하라는 왕명을 내렸기 때문입니다. 능 중앙에는 사각 기둥의 장명등석이 있는데 등석의 다리는 화로의 다리를 닮은 조선 후기의 양식을 따르고 있습니다.

홍살문에서 정자각까지 이어지는 참도는 다른 능과 달리 신도와 어도의 두 단이 아닌 한 단으로 이뤄져 있습니다. 대신 정자각 앞쪽에 박석(薄石)이 넓게 깔려 있는 것이 특징입니다. 정자각 오른쪽에 비각이 두 채 서 있는데 그중 능침 쪽에 있는 작은 비각에는 효장세자의 묘임을 알리는 옛날 비가 서 있습니다. 아래쪽 큰 비각에는 두 개의 비석이 있는데 하나는 진종대왕의 능임을, 다른 하나는 대한제국의 진종소황제의 능임을 나타내는 비석입니다. 세자 묘에서 왕릉으로, 황제릉으로 바뀌어온 영릉의 역사를 말해주는 비석들입니다.

정조에게는 효장세자와 사도세자, 두 명의 아버지가 있었지만 두 명 다 생전에 왕이 되지 못하고 나중에야 추존된 왕들입니다. 그러나 효장세자의 영릉과 사도세자의 융릉은 그 규모나 상설에서 큰 차이가 납니다. 능 치장의 차이가 정조가 두 사람 중 누구를 더 애틋하게 추모했는지 확연하게 나타내주는 듯합니다. ✤

13 ⊗

장릉

위치 경기도 파주시 탄현면 갈현리

지정 번호 사적 제203호

조성 시기 1731년(영조7)

장릉 長陵

경기도 파주에 자리한 장릉은 제16대 임금 인조(仁祖 : 1595 ~1649)와 그의 원비 인열왕후(仁烈王后 : 1594~1635) 한씨의 합장릉입니다. 인조는 선조의 후궁 인빈 김씨의 소생인 정원군의 장남으로 태어났습니다.

인조는 능양군 시절 반정으로 삼촌인 광해군을 물러나게 하고 왕위에 올랐습니다. 광해군과 능양군 형제의 불편한 관계는 선조 때부터 시작되었습니다. 선조는 원비 의인왕후에게서 적자를 얻지 못했습니다. 서자들 가운데 선조는 인빈 김씨 소생의 신성군을 총애했지요. 그런데 전쟁 통에 신성군이 죽고 공빈 김씨 소생의 광해군이 왕위에 올랐습니다. 그때부터 인빈 김씨 소생들과 광해군과의 관계는 불편해지기 시작했지요. 그중에서도 신성군의 아우인 정원군의 장남 능창군이 광해군에게는 가장 위협적인 존재였습니다. 능창군은 사람들에게 왕이 될 재목으로 좋은 평가를 받고 있었던 데다 선조가 총애하던 신성군의 양자였기 때문입니다. 그래서 광해군은 옥사를 일으켜 능창군을 제거해버렸습니다. 인조가 된 능양군은 이 옥사 때 왕으로 추대되었다는 죄목으로 처형당한 능창군의 형입니다.

그런 데다가 광해군은 반정을 일으키기에 아주 적합한 명분을 제공했습니다. 폐모살제, 즉 동생 영창대군을 죽이고 어머니 인목대비를 폐위시켜 가두는 패륜적 행위를 저지른 것입니다. 또 중국에서 떠오르는 왕조인 청나라와 망해가는 왕조인 명나라 사이에서 중립 외교를 했다가 오랑캐를 섬겼다는 죄목 아닌 죄목까지 얻게 되었습니다.

능양군과 함께 반정을 주도한 사람들은 대개 서인들이었습니다. 새벽녘 700명의 반정군은 세검정에서 최종 협의를 하고 정자 밑 개울에 칼을 씻으며 의지를 다졌습니다. 그 연유로 그 정자 이름이 '칼을 씻은 정자'라는 뜻의 세검정이 된 것입니다. 그런데 대장을 맡기로 한 김류가 나타나지 않아서 이괄이 대신 대장직을 맡고 대열을 정비하였습니다. 망설이던 김류는 뒤늦게야 나타나서 다시 총대장을 맡아 창덕궁으로 진격했습니다. 이것이 뒷날 이괄의 난의 원인이 되었습니다.

반란에 성공한 능양군은 대궐을 장악하고 우선 서궁에 갇혀 있던 왕실의 가장 웃어른 인목대비를 찾아갔습니다. 광해군에게 핍박을 당하고 있던 인목대비는 반정이 일어났다는 소식에 기뻐하며 광해군을 폐하고 능양군으로 하여금 왕위를 잇게 한다는 교지를 내렸습니다. 이때 인목대비가 내세운 명분은, 우선 선왕을 독살하고 형과 아우를 죽였으며 어머니인 자신을 가두었다는 것입니다. 둘째는 과도한 토목 공사를 벌여 백성들을 도탄에 빠지게 했다는 것이고, 셋째는 두 마음을 두어 오랑캐에게 투항했다는 것이었습니다.

1623년 왕위에 올랐을 때 인조의 나이는 29세였습니다. 즉위하자마자 인조는 광해군의 중립 외교의 틀을 깨뜨려 후금을 배척하고 명나라를 숭배한다는 정책을 내세웠습니다. 그런데 인조의 이런 친명배금 정책이 병자호란이라는 엄청난 전란을 불러왔고 나라 전체에 커다란 피해를 가져오게 되었습니다.

인조는 재위 동안 세 번이나 서울을 떠나 몽진(왕이 피란가는 것)을 가야 했

❀ 조선 왕릉의 참도 중 가장 넓은 장릉의 참도. 울퉁불퉁한 박석에서 생동감이 느껴진다.

습니다. 첫 몽진은 즉위 이듬해에 일어난 이괄의 난 때문이었습니다. 거사일에 김류가 늑장을 부리자 이괄이 대신 대장직을 맡아 흩어지려는 군사들을 다잡아 반정에 성공했는데 김류를 비롯한 주동자들은 모두 일등 공신에 오르고 이괄은 이등 공신밖에 안되어 불만을 품게 되었습니다. 인조는 공주로 몸을 피했다가 난을 진압하고 돌아왔습니다. 그런데 내란으로 인한 몽진은 조선 역사상 처음 있는 일이라 조정은 한동안 충격에서 벗어나지 못했습니다.

두 번째 몽진은 정묘호란 때 있었습니다. 후금은 1627년 정묘년에 3만의 군사를 이끌고 조선에 쳐들어왔습니다. 후금의 목적은 명나라를 치기 위한 군사를 일으키기 전에 배후의 위협 세력인 조선을 확실하게 정복하는 것이었지만 이때 그들이 내건 침략의 이유 중 하나는 광해군의 복수였습니다. 이때 인조와 조정 대신들은 강화도로 피신했습니다. 후금은 명나라에 적대하지 않으면 후금과 형제 관계를 맺겠다는 조선의 약속을 듣고 군사를 철수했습니다.

그런데 1636년 후금은 국호를 청나라로 바꾸고 형제 관계가 아닌 군신 관계를 맺어 공물과 군사 3만을 보내라고 요구해왔습니다. 조선이 이 제의를 거부하자 청나라는 12만의 군사를 이끌고 조선을 침략했습니다. 이것이 바로 병자호란입니다.

병자호란 당시의 상황을 기록한 《산성일기》에 전쟁을 일으키기 전 청나라 황제가 보낸 다음과 같은 편지가 실려 있습니다.

너희 나라가 산성을 많이 쌓았으나, 내 당당히 큰 길을 따라갈 것이니 산성에서 나를 막을쏘냐? 너희 나라가 강화도를 믿는 모양이나, 내가 조선 팔도를 짓밟을 때 조그만 섬에서 임금 노릇을 하고 싶으냐? 너희 나라의 의논을 짐작하건대, 모두가 선비이니 가히 붓을 쌓아서 나를 막을쏘냐?

조선 땅을 손바닥 안처럼 들여다보고 있던 청나라 대군에 밀려 인조는 또다시 몽진을 해야 했습니다. 왕자들과 비빈들을 먼저 강화도로 피란시키고 자신도 세자와 함께 강화도로 들어가려 했지만 청나라 군사가 미리 강화도 가는 길을 막아버렸습니다. 어쩔 수 없이 남한산성으로 피신하여 45일 동안 저항했지만 강화도가 함락되고 비빈과 왕자, 종실과 대신들의 가족이 모두 붙잡혔다는 소식을 듣고 항복을 결심했습니다. 물론 인조는 이때도 항복이라는 표현을 쓰고 싶지 않아 '하성(下城 : 성에서 내려감)'이라 하였고, 이후의 공식 기록에는 '정축하성'이라 쓰여 있습니다. 그러나 인조의 항복 과정은 생각보다 훨씬 처절했습니다. 인조는 세자와 함께 평복인 푸른 옷을 입고 지금의 서울 송파 삼전도에 나가서 항복의 절차를 밟았습니다. 단 위에 앉아 있는 청나라 태종에게 세 번 절하고 아홉 번 머리를 조아리는 '삼배구고두'의 예를 바치며 신

長陵

🔵 제향의 시작 무렵, 제사를 주관하는 초헌관이 손을 씻는 의식을 행하고 있다.

하임을 나타내는 수모를 당한 것입니다. 그뿐만 아니라 화의의 대가로 소현세자와 봉림대군 등 수많은 인질을 청나라에 보내야 했습니다.

그런데 병자호란이 끝난 뒤에도 인조는 명나라에 대한 미련을 버리지 못했습니다. 청나라가 미우면 미울수록 더욱 명나라에 대한 사대 노선을 강화했습니다. 그러니 청나라에 인질로 가서 유럽으로부터 밀려들어 온 선진 문물에 심취한 소현세자와 뜻이 맞을 수가 없었습니다. 또 인조는 친명 정책을 버리지 못하는 자신을 몰아내고 청나라가 소현세자를 왕으로 앉힐지도 모른다는 불안감도 가지고 있었습니다. 자신이 반정으로 즉위한 왕이었기 때문에 그런 불안은 더욱 컸겠지요. 그런 까닭에 소현세자가 청나라에서 돌아온 후에도 인조는 그를 못마땅히 여겼습니다. 세자가 청나라에서 선물로 사 온 벼루를 던져 세자가 머리에 피를 철철 흘리는 부상을 입은 사건도 있었습니다. 또

세자를 미워하는 것을 눈치챈 후궁들과 주변 인물들의 이간질이 더해져 인조
는 세자를 더욱 멀리하게 되었습니다.

　이런저런 사건이 있은 후 34세의 팔팔했던 소현세자가 의문의 죽음을 맞
았습니다. 공식적으로 밝혀진 사망 원인은 학질이었지만 정사(正史)인 《인조실
록》에서조차 다음과 같은 기사로 소현세자의 죽음에 대한 의혹을 나타내고
있습니다.

　　세자는 귀국한 지 얼마 안 돼 병을 얻었고 병이 난 지 며칠 만에 죽었다. 시
　　체는 온몸이 전부 검은빛이었고 얼굴의 일곱 구멍에서는 모두 선혈이 흘러
　　나왔다. 검은 형겊으로 얼굴을 반쪽만 덮어놓았으나 곁에서 모시던 사람도
　　그 얼굴빛을 분간할 수 없었다. 낯빛이 마치 약물에 중독되어 죽은 사람 같
　　았는데 외부의 사람은 아무도 아는 이가 없었다.

　더욱 의혹을 키우는 것은 인조의 사후 처리였습니다. 일단 세자가 인조
의 주치의로부터 침을 맞고 사흘 만에 숨졌는데, 인조는 문제의 의관에 대해
아무런 논의도 못하게 하였습니다. 왕이나 왕자를 시술했다가 실수가 있은 듯
하면 그 의관이 국문을 당하는 일반적인 사례와는 전혀 다른 상황이었습니
다. 세자의 장례식도 평민의 장례에 준하여, 그것도 초상 기일을 단축하여 치
렀습니다. 또 이미 세자로 책봉한 상태이므로 그가 세상을 떠났을 때는 세자
의 아들이 왕위를 잇는 것이 원칙이었습니다. 그런데 인조는 이 원칙을 무시
하고 둘째 아들 봉림대군을 왕위 계승자로 정했습니다. 그뿐만 아니라 소현
세자의 세자빈 강씨도 인조로부터 사약을 받고 죽었고 세 명의 아들도 제주
도로 귀양 가서 두 명은 풍토병에 걸려 죽었습니다. 이로써 인조는 새로운 세
자 봉림대군이 왕이 된 후 걸림돌이 될지도 모르는 소현세자 주변 인물을 모

두 제거해버린 것입니다.

역대 어떤 왕보다도 파란만장한 삶을 살았던 인조는 1649년 창덕궁 대조전에서 55세의 나이로 세상을 떠났습니다.

인열왕후는 서평부원군 한준겸의 딸로 태어나 능양군과 가례를 올리고 청성현부인으로 봉해졌다가 인조가 즉위하자 30세에 왕비로 책봉되었습니다. 인열왕후는 반란과 전쟁으로 이리저리 피해 다니느라 고생도 많았지만 장남 소현세자와 인조와의 갈등 속에 더 많은 가슴앓이를 하고 살았습니다. 1635년 42세였던 인열왕후는 막내 용성대군을 낳은 뒤 산후병으로 세상을 떠났습니다.

장릉은 원래 현재의 장소가 아닌 다른 곳에 있었습니다. 인열왕후가 세상을 떠나자 인조는 파주 운천리의 언덕에 왕비의 능을 조영하면서 오른쪽에 미리 자신의 능을 마련해두었고 인조가 세상을 떠난 후 준비된 자리에 묻혔습니다. 그러나 후에 화재가 일어나고 뱀과 전갈이 능 주위로 무리를 이뤄 석물 틈에 집을 짓고 있어서 영조 때인 1731년 현재의 파주시 탄현면 갈현리로 천장을 했습니다. 천장을 하면서 합장릉으로 만들었는데, 옛 능의 병풍석, 난간석 등이 새 능과 규모가 맞지 않아서 옮겨오지 못하고 새로 만들었습니다. 따라서 장릉에서는 17세기와 18세기의 왕릉 석물을 동시에 볼 수 있습니다.

장릉의 홍살문에 들어가면 거친 듯하면서도 기운차 보이는 참도가 먼저 눈에 들어옵니다. 박석들이 울퉁불퉁 정리가 안 된 듯 박혀 있지만 그 자체로도 생동감이 느껴집니다. 장릉의 참도는 조선 왕릉의 참도들 중 가장 넓습니다.

사초지 위에 올라보면 능침은 하나인데 혼유석이 둘이어서 합장릉임을 말해주고 있습니다. 12면의 병풍석과 난간석을 둘렀는데 병풍석 면에는 12지신상이 아닌, 목화꽃, 연꽃 무늬가 새겨져 있습니다. 각 두 쌍의 양석과 호석,

각 한 쌍의 망주석과 문무석인, 장명등석 하나가 서 있습니다. 망주석을 타고 위로 기어올라가는 세호에는 특이하게 회오리 모양의 꼬리가 세 개 달렸습니다. 문석인은 눈이 위로 치켜올라간 사나운 인상을 하고 있고 호석은 이빨을 드러내고 으르렁거리는 형국을 하고 있어 능이 평화로워 보이지는 않습니다. 그러나 병풍석이나 난간석, 망주석 등에 새겨진 조각들은 부드럽고 다른 능에 비해 유난히 섬세하고 아름다워 보입니다.

왕릉의 병풍석은 문종 때까지 있다가 자신의 유해가 빨리 썩어야 하니 병풍석을 두르지 말라는 세조의 유언으로 잠시 그 모습을 감춥니다. 그러나 성종 때부터 다시 나타나는데 다시 세우기 시작한 이유는 왕실의 권위를 강조하기 위함이었습니다. 그런데 선조와 인조 능의 병풍석은 의미가 좀 다릅니다. 생전에 전쟁을 겪었던 왕은 사후에도 똑같은 운이 따른다는 생각 때문에 그 전쟁의 기운이 새어 나오는 것을 막으려고 병풍석을 세운 것이랍니다. 이유야 어쨌든 병풍석이 있으면 왕릉은 웅장하고 장엄해 보입니다. 전쟁을 겪느라 나라의 살림도 극도로 어려워졌을 텐데 그런 시기에 왕릉을 이렇게 웅장하게 만들었다는 것은 백성들의 고통은 조금도 생각지 않은 처사로 보입니다.

장릉은 비공개 능인데 공개하지 않는 이유는 주차장이나 진입 도로가 제대로 갖춰져 있지 않기 때문이랍니다. ❀

태강릉·정릉·연산군묘 제4일

빗나간 욕망에 휘둘린 왕과 왕비들의 능묘

서울 노원구 공릉동 일대를 일컫는 '태릉'이라는 지명은 당연히 능이 있었기에 지어진 것인데도 능보다는 근처에 있는 시설물들이 더 유명합니다. 태릉선수촌, 태릉 푸른동산, 태릉국제사격장, 육군사관학교까지 능역을 침범한 시설들이 능보다 더 건재하기 때문입니다. 태릉 주변이 기가 센 터인 까닭인지 지금도 그 근처에서 총소리, 기합 소리, 구호 소리가 끊이지 않습니다. 능호도 '클 태(泰) 자'를 쓴 것을 보면 태릉의 주인인 문정왕후가 남자 못지않게 기가 세고 활달했음을 알 수 있습니다. 태릉에 들어가 보면 홍살문으로 시작되는 본격적인 능역의 바깥 공간은 어수선하고 숲도 많이 훼손되어 능이라기보다는 놀이공원 같은 느낌이 더 많이 듭니다. 그동안 태릉이 참배 장소보다는 소풍지로 더 많이 이용되었기 때문입니다.

14 태릉

위치 서울 노원구 공릉동

지정 번호 사적 제201호

조성 시기 1565년(명종20)

태릉 泰陵

태릉은 중종의 제2계비인 문정왕후(文定王后 : 1501~1565) 윤씨의
단릉입니다. 문정왕후는 파산부원군 윤지임의 딸로 태어났습니다. 중종의
첫 번째 계비 장경왕후가 인종을 낳고 7일 만에 세상을 떠나자, 17세 때 왕비
로 책봉되었습니다. 중종과 혼인한 지 17년 만에 문정왕후는 훗날 명종이 되
는 경원대군을 낳았습니다. 당시 제1계비 장경왕후가 낳은 아들이 세자(훗날의
인종)로 있었는데 문정왕후는 세자를 제거하고 경원대군을 왕위에 앉히기 위
해 온갖 술책을 쓰기 시작했습니다. 이 과정에서 세자의 외삼촌 윤임을 주축
으로 하는 편과 문정왕후와 그 동생 윤원형을 중심으로 하는 경원대군의 편
으로 조정이 나뉘었습니다. 양쪽 다 윤씨 집안이기에 사람들은 윤임 측을 대
윤, 윤원형 측을 소윤이라 불렀습니다.

　　여러 가지 방법으로 세자를 죽이려 했던 문정왕후의 노력은 수포로 돌
아가고 1544년 중종이 세상을 떠나면서 30세의 인종이 즉위하였습니다. 이것
으로 일단은 대윤이 득세하는 듯 보였습니다. 상황이 끝나 버린 것으로 생각
하고 분노했던 문정왕후는 인종에게 다음과 같이 신세 한탄을 하였습니다.

🔼 문정왕후는 남편 중종 곁에 묻히고자 애를 썼지만 뜻대로 되지 않아 태릉에 혼자 남게 되었다.

"나야말로 이제는 외로운 자식(경원대군) 하나 보전치 못하겠구나. 대윤의 득세가 당당하니 앞길이 캄캄하도다. 나는 아예 절에 들어가 선왕의 명복이나 빌어야겠다."

그런데 인종은 세상에 둘도 없는 효자였습니다. 이런 얘길 듣고 가만히 있을 수가 없었지요. 왕의 지위에 있으면서도 대비전 앞에 거적을 깔고 엎드려 며칠씩이나 빌었습니다. 하지만 이런 일이 되풀이되어도 문정왕후의 포악은 수그러들지 않았습니다.

문정왕후가 간절히 바란 탓일까요, 아니면 적극적으로 어떤 행동을 했기 때문일까요. 인종은 재위 8개월 만에 자식도 남기지 못하고 세상을 떠났습니다. 열두 살의 경원대군이 왕위에 오르자 문정왕후는 수렴청정을 시작했고 이

때부터 그녀는 막강한 권력을 행사했습니다. 문정왕후가 가장 먼저 시작한 일은 대윤을 제거하는 것이었습니다. 윤원형의 소윤 일파는 대윤의 윤임이 봉성군(중종의 8남)을 왕으로 추대하려 했다고 무고했습니다. 또 인종이 세상을 떠날 때 계림군(성종의 3남)을 옹립하려 했다는 소문을 대궐 밖에 퍼트리기도 했습니다. 이로써 윤임을 비롯한 그 주변 인물들은 반역죄로 유배를 가거나 사사되었습니다. 이 사건이 조선의 4대 사화 중 하나인 을사사화입니다.

윤원형 일파는 미처 제거하지 못한 정적을 마저 없애려고 '양재역 벽서 사건'이라는 옥사를 일으켰습니다. 경기도 광주 양재역에 '위로는 여왕이 집정하고 아래로는 간신이 권세를 휘둘러 나라가 망하려 하는데 보고만 있을 것인가?'라는 익명의 벽보가 붙었습니다. 이 벽보를 계기로 당시 학계와 정계에는 또다시 커다란 피바람이 몰아닥쳤습니다.

이런 상황에 실망하여 벼슬을 버리고 낙향하는 선비가 많아졌습니다. 퇴계 이황과 쌍벽을 이룬 대학자 조식은 다음과 같은 상소를 올리며 벼슬을 사양하였습니다.

전하의 국사가 잘못되고 나라의 근본이 망하여 하늘의 뜻이 떠나갔고 인심도 떠났습니다. (……) 신은 이 때문에 깊이 생각하고 길게 탄식하며 낮에 하늘을 우러러본 것이 한두 번이 아니며, 한탄하고 아픈 마음을 억누르며 밤에 멍하니 천장을 쳐다본 지가 오래되었습니다. 자전(문정왕후)께서는 생각이 깊으시지만 깊숙한 궁중의 한 과부에 지나지 않으시고, 전하께서는 어리시어 단지 선왕의 한낱 외로운 후사에 지나지 않습니다. 그러니 천백 가지의 재앙과 억만 갈래의 인심을 무엇으로 감당해내며 무엇으로 수습하겠습니까?

1553년 문정왕후는 8년 동안의 수렴청정을 거두고 명종의 친정이 시작되

143

었습니다. 그러나 그녀는 이후에도 명종의 뒤에서 강한 영향력을 행사하여 명종을 옴짝달싹 못하게 하였습니다. 앞에서나 뒤에서나 문정왕후가 정치에 관여하던 20년 동안 많은 옥사가 일어나 피바람이 일었고 국고를 탕진하여 백성들은 굶주리게 되었습니다. 조선의 3대 도적 중 하나인 임꺽정이 활동하였던 것도 이때입니다. 한낱 도적에 불과한 임꺽정이 의로운 사람으로 알려지며 그를 잡으려는 관군을 나쁜 무리로 몰았던 당시의 상황은 민심이 조정으로부터 얼마나 멀어졌는가를 말해줍니다.

독실한 불교 신자였던 문정왕후는 억불 숭유 정책을 지켜온 조선에 불교 중흥의 바람을 일으켰습니다. 폐지되었던 승과와 도첩제를 실시하여 승려를 뽑고 전국 300여 개의 절을 공인하였습니다. 또 승려 보우를 맞아들여 봉은사 주지로 임명하고 그가 권력을 휘두를 수 있게 하여 유생과 대신들의 반발을 사기도 했습니다.

왕도 꼼짝 못하는 대단한 권세를 누리던 문정왕후는 1565년 65세에 세상을 떠났습니다. 문정왕후가 별세하면서 그녀의 지원으로 득세를 하던 모든 세력이 함께 몰락했습니다. 그녀는 불교를 중흥하라는 유언을 남겼지만 아들 명종은 이 유언을 무시하고 보우를 처벌하였습니다. 또 문정왕후의 동생 윤원형과 그 소실인 정난정은 최고의 권력자에서 죄인으로 몰락하여 유배지에서 자살했습니다.

문정왕후는 남편 중종이 서삼릉의 정릉에 다른 왕비와 묻혀 있는 것이 불만이었습니다. 그래서 현재의 선정릉으로 천장했습니다. 그리고 자신이 그 옆에 묻힐 계획이었지만 뜻대로 되지 않았습니다. 새로 옮긴 자리는 지대가 낮아 자주 물에 잠기는 곳이었기 때문입니다. 문정왕후를 장사 지내는 해에도 선정릉에 물이 들어 결국 그녀는 남편 곁으로 가지 못하고 태릉에 묻히게 되었습니다. 그때 중종의 정릉을 태릉으로 옮기자는 의견이 제기되었지만 두 번

⬆ 태릉의 능침은 웅장한 느낌을 주고, 문무석인의 키도 조선 왕릉의 문무석인 중에서 가장 크다.

천장할 수 없다는 주장에 밀려서 부부가 각기 따로 능을 이루게 되었습니다.

　　태릉의 능침에는 십이지신상이 새겨진 병풍석이 둘려 있고 그 주위에 열두 칸의 난간석이 서 있습니다. 문무석인은 얼굴과 몸통의 비례가 1대 4 정도로 몸집에 비해 얼굴이 상대적으로 매우 큽니다. 무석인의 얼굴에는 눈썹과 수염이 과장되게 조각되었고 뭉툭하게 큰 코가 강조되어 조금은 탐욕스러운 인상을 안겨줍니다. 미간의 주름도 강조되어 험악한 느낌이 들기도 합니다. 그 외에도 혼유석과 장명등석, 각 한 쌍씩의 망주석·문무석인·마석, 그리고 두 쌍씩의 양석과 호석이 배열되어 있는 것은 《국조오례의》를 따른 상설입니다. 태릉의 능침은 태조의 건원릉보다도 더 웅장한 느낌을 줍니다. 실제로 문무석인의 키가 345㎝로 조선 왕릉 중에서 가장 큽니다. 이를 지적하는 상소가 빗발칠 만큼 당시 그 규모가 문젯거리가 되기도 했습니다. ✿

15 ✿ 강릉

위치 서울 노원구 공릉동

지정 번호 사적 제201호

조성 시기 1567년(선조1)

강릉 康陵

태릉에서 퇴계원 쪽으로 가다보면 삼육대학교가 있습니다. 그 정문 왼쪽으로 철문이 하나 보이는데 그곳이 강릉의 입구입니다. 강릉은 비공개 능입니다. 그래서인지 울창한 소나무 숲길이나 참도의 무성한 이끼, 조용하고 고즈넉한 분위기가 고스란히 보존되어 있습니다.

강릉은 제13대 임금 명종(明宗 : 1534~1567)과 인순왕후(仁順王后 : 1532~1575) 심씨의 능입니다. 명종은 중종의 둘째 아들로 태어났습니다. 그의 어머니는 바로 옆 태릉에 묻혀 있는 문정왕후입니다. 명종은 9세에 심강의 딸과 가례를 올렸고 이복형 인종의 뒤를 이어 12세의 나이로 왕위에 올랐습니다. 미성년이었기 때문에 어머니인 문정왕후의 수렴청정을 받아야 했습니다.

문정왕후가 수렴청정을 하게 되자 조정의 권력이 그녀의 동생인 윤원형에게 집중되었습니다. 그들은 먼저 을사사화와 양재역 벽서 사건 등을 일으켜 인종의 외척인 윤임 일파(대윤)를 제거했습니다. 몇 명 남아 있던 정적까지 모두 없애고 외척이 조정을 완전히 장악한 탓에 왕권은 땅에 떨어지고 명종은 그들의 횡포에 시달리며 눈물의 나날을 보내야 했습니다.

명종이 20세 되던 해 문정왕후는 8년 간의 수렴청정을 거두었습니다. 명

🔵 비공개 능인 강릉에는 울창한 소나무 숲은 물론 무성한 이끼까지 고스란히 보존되어 있다.

종은 친정을 시작하면서 외척을 견제하기 위해 자신의 세력을 구축하려고 했습니다. 그래서 등용한 사람이 이량이었습니다. 이량은 효령대군의 5대손이고 인순왕후의 외삼촌이었습니다. 그러나 이량도 청렴하지 못한 인물로, 명종에게 도움이 되지 못했습니다. 외척을 견제하려 또 다른 외척을 끌어들인 셈이지요. 부정을 저지르고 뇌물도 많이 받아 그의 집 앞은 항상 시장처럼 사람들이 들끓었다고 합니다. 그래서 당시 사람들은 이량과 윤원형, 심통원을 일컬어 '조선의 3대 흉(凶)'이라고 일컫기도 했습니다.

이렇듯 명종에게는 올바른 정치를 도와줄 힘 있는 신하가 없었습니다. 게다가 여전히 문정왕후의 그늘에서 벗어날 수 없었던 터라 수렴청정 때와 상황이 달라질 수 없었습니다. 《연려실기술》에는 명종 모자에 대해 다음과 같이 기록되어 있습니다.

명종이 모후의 명을 따르지 않으면 문정왕후는 화를 내며, "네가 임금이 된 것은 모두 나와 오라버니의 힘이다. 그런데도 지금 네가 편히 앉아 복을 누리면서 나의 명을 거역한단 말이냐?" 하며 어떤 때는 때리기까지 하여 임금의 얼굴에 기운이 없어지고 눈물자국까지 보일 적이 있었다.

왕권은 땅에 떨어지고 외척의 수탈로 백성의 삶은 피폐해졌으며 설상가상으로 거듭되는 흉년으로 민심은 더욱 흉흉해졌습니다. 국방도 허술해져서 이를 틈 탄 왜구가 기승을 부렸습니다. 1555년에는 왜구가 전라도 연안 지방에 침입하여 민간에 엄청난 피해와 고통을 준 을묘왜변이 일어났습니다. 또 명종 때에는 유난히 천재지변과 기상 이변의 기록이 많습니다. 1562년 음력 4월 4일에는 경기도 여주와 전라도 진안에 서리가 내렸는데, 사관은 이에 대해 다음과 같이 적었습니다.

> 4월에 서리가 자주 내리는 것은 옛사람이 경계한 바고, 인사(人事)가 아래에서 잘못되면 천변(天變)이 위에서 반응하는 법이다. 지금 윤원형과 심통원이 조정에 자리 잡고 있고, 이량의 당이 요직에 포열하고 있다. 날마다 함께 도모하고 의논하는 것들이 나라를 그르치고 임금을 그르치는 계책 아닌 것이 없으니, 하늘이 잇달아 경계를 보임이 당연한 일이다.

이 와중에 양주 출신 백정 임꺽정이 관아를 습격하고 창고를 털어 곡식들을 빈민에게 나눠주며 의적 행각을 벌였습니다. 그들은 백성들의 지지를 받으며 무려 3년 동안이나 전국을 누비며 관군을 괴롭혔습니다. 관군은 임꺽정을 체포하려고 수상한 사람은 마구잡이로 잡아들였습니다. 모든 관청은 일을 중단하고 임꺽정 잡는 데 나섰고, 황해도와 평안도에서는 양민들이 도적 떼

에 가담하는 것을 막기 위해 세금을 깎아주기도 했답니다. 이렇게 도적들이 판을 치는 사회 상황에 대해 《명종실록》은, 도적들을 비판하기는커녕 다음과 같이 조정을 비난하는 기록을 남겼습니다.

> 국가에 선정(善政)이 없으면 교화가 밝아지지 못한다. 재상들의 횡포와 수령들의 포학이 백성들의 살과 뼈를 깎고 기름과 피를 말려 백성들은 손발을 둘 곳이 없고 호소할 곳도 없다. 춥고 배고픔이 절박하여 하루도 살기가 어려워 잠시라도 연명하려고 도적이 되었다면, 도적이 된 원인은 정치를 잘못하였기 때문이요 그들의 죄가 아니다.

문정왕후가 세상을 떠난 후 명종은 비로소 어머니의 그늘에서 벗어날

수 있었습니다. 문정왕후 별세 후 명종은, 윤원형 등 외척 세력을 제거하고 보우를 유배 보내며 혼란해진 국정을 제자리로 돌리려 안간힘을 썼습니다. 하지만 그 효과를 보지 못하고 2년도 안 돼 34세의 젊은 나이로 세상을 떠나고 말았습니다.

명종은 아들을 하나 낳아서 5세 때 세자 책봉까지 했지만 그 하나뿐인 아들 순회세자는 13세의 어린 나이에 세상을 떠났습니다. 왕비 하나뿐, 후궁조차 두지 않았던 명종은 순회세자를 잃고 더 이상 후사를 남기지 못했습니다. 명종은 조선 왕조에서는 처음으로 후사 없는 왕이 되고 말았습니다. 명종은 중종의 아들인 덕흥군의 셋째 아들 하성군을 미리 후계자로 정해두었습니다. 이 하성군이 바로 제14대 임금 선조입니다.

인순왕후는 청릉부원군 심강의 딸로 태어나 12세 때 경원대군과 가례

康陵

를 올렸고, 14세 때 명종이 즉위하면서 왕비로 책봉되었습니다. 그녀는 명종이 세상을 떠나고 선조가 즉위하자 수렴청정을 하였으나 1년 만에 물러났습니다. 문정왕후의 수렴청정과 정치 관여때문에 남편 명종이 고통받는 것을 지켜봤던 인순왕후는, 선조가 아직 17세의 미성년이었지만 정사를 제대로 돌볼 능력이 있다면서 스스로 정치를 하도록 물러나 준 것입니다. 그녀는 간혹 자신의 친정 집안의 이익을 대변하기는 했지만 나라의 이익보다 우선되지는 않았다고 합니다. 인순왕후는 수렴청정을 거둔 후 조용한 여생을 보내고 44세에 세상을 떠났습니다.

강릉은 한 언덕에 왕과 왕비의 능침을 나란히 마련한 쌍릉으로 조성되었습니다. 능침에는 병풍석을 두르고 열두 칸의 난간석으로 연결되어 있는데 병풍석에는 십이지신상이 새겨져 있습니다. 그런데 두 능침 사이가 옹색할 정도로 좁아 병풍석을 제대로 두를 공간도 부족해 보입니다. 두 봉분의 병풍석 위로 튀어나온 인석이 서로 맞닿아 있을 정도입니다.

강릉의 문석인과 무석인도 태릉만큼이나 규모가 큽니다. 석인들 모두 꾹 다문 두 입술이 강조되어 보이지만 표정은 온순해 보입니다. 그 외에도 혼유석과 장명등석, 각 한 쌍씩의 망주석·문무석인·마석, 그리고 두 쌍씩의 양석과 호석이 배열되어 있습니다.

명종의 장례를 치를 때 새 왕인 선조는 참석하지 않았답니다. 대신들이 선조가 어리다고 참석하지 말 것을 권유했다지요. 새 왕은 참석도 안 한 채 대신들조차 잔 올리기를 꺼려했다는 명종의 국장은 겉만 번지르르한 행사였습니다. 어머니의 기에 눌려 한평생을 숨 한번 크게 못 쉬고 살았던 명종은 저 세상에 가면서도 제대로 대접을 못 받은 셈입니다. ❀

16 정릉

위치 서울 성북구 정릉동

지정 번호 사적 제208호

조성 시기 1409년(태종9)

정릉 貞陵

정릉은 태조의 계비 신덕왕후(神德王后:?~1396) 강씨의 능입니다. 그런데 정릉은 주택가 깊숙한 곳에 들어앉아 있어 정릉동에 가본 사람들 중에도 "거기 능이 진짜 있어?"라고 반문하는 사람이 많습니다. 능역은 약 30만 ㎡라고 하지만 거의 정릉 뒷산에 해당하고, 실제 능은 정자각과 사초지가 바짝 붙어 있어 가파르고 높은 사초지 위에 올라가 보면 능침이 옹색하고 초라한 모습으로 꾸며져 있습니다. 조선을 건국한 태조 이성계의 왕비이며 조선의 첫 왕비의 능인데 왜 이렇게 구석진 곳에 초라하게 조성된 걸까요?

태조 이성계에게는 정실 부인이 두 명 있었습니다. 일부다처제가 허용되었던 그 당시로는 이상한 일도 아니었지요. 어린 시절에 결혼하여 고향 함흥에서 부모님을 모시고 사는 아내 한씨는 향처(鄕妻)였고 주요 활동 무대인 개경에서 함께 사는 강씨는 경처(京妻)였습니다. 이성계가 개국을 하기 전에 세상을 떠나 생전에는 왕비가 되지 못하고 나중에 신의왕후로 추존되는 향처 한씨는 한미한 집안의 딸이었습니다. 그런데 지방 토호라는 출신의 한계로 이성계는 자신이 출세하기 어렵다는 것을 깨달았습니다. 자신의 배경이 되어줄 가문이 필요했던 것이지요. 그래서 권문 세족의 딸인 신덕왕후와 정략결혼을 하게 되

155

● 정자각 뒤에 바짝 붙고 가파른 사초지 위에 있는 정릉의 능침은 옹색하고 초라한 모습이다.

었습니다. 정략결혼이라고 하지만 이성계와 강씨의 만남에는 다음과 같은 로맨틱한 이야기가 전해집니다.

어느 날 이성계가 사냥을 하다가 목이 말라서 물을 찾고 있었습니다. 간신히 우물을 찾아 물을 긷고 있던 여인에게 물 한 바가지를 청했지요. 한창 목이 말라 물을 벌컥벌컥 들이켜도 시원찮을 텐데 여인은 물바가지에 버들잎 한 줌을 띄워주는 것이었습니다. 화가 난 이성계는 왜 물을 더럽히느냐고 여인을 책망했습니다. 그랬더니 여인은 냉수를 급히 마시면 탈이 날까 염려되어 버들잎을 불어가며 천천히 마시라고, 일부러 그랬다고 대답했습니다. 기특한 마음에 여인을 눈여겨보게 되었는데, 이 여인이 바로 신덕왕후입니다.

신덕왕후는 상산부원군 강윤성의 딸로 태어났습니다. 이 가문은 고려의 권문 세족으로서 이성계의 권력 형성과 조선 건국에 중요한 역할을 담당했다고 합니다. 또 정몽주가 이성계를 죽이려 한다는 것을 알게 된 신덕왕후는 어머니 신의왕후의 묘 앞에 초막을 짓고 시묘살이를 하고 있던 이방원을 급히 불러 이성계를 구하기도 했습니다. 신의왕후가 개국 전에 세상을 떠났기 때문에 신덕왕후는 조선이 개국된 1392년 조선 최초의 왕비로 책봉되었습니다.

조선을 건국했을 때 태조의 나이는 58세였습니다. 후계자를 세우는 일이 시급했을 만큼 고령이었습니다. 세자로는 적장자인 방우를 세워야 했지만 방우는 자신이 고려 왕조의 녹을 먹은 관리이기 때문에 고려를 절대 배신할 수 없다며 아버지의 역성혁명에 반대 입장을 고수했습니다. 그래서 태조는 개국 공신인 정도전, 배극렴, 조준 등을 불러 의견을 물었습니다. 배극렴과 조준은 새로운 원칙을 제시했습니다. 시국이 평온할 때는 적장자를 세우고 세상이 어지러울 때는 공이 있는 자를 세워야 한다고 말입니다. 아버지 태조를 도와 조선 건국에 큰 공을 세운 방원을 염두에 두고 한 얘기지요. 이 얘기를 옆방에서 들은 신덕왕후는 밖에서 들릴 정도로 크게 울음을 터뜨렸다고 합니다. 신덕왕후는 태조에게 자신의 아들 중에 세자를 세워달라고 간청했습니다. 방우를 제외한다 해도 다섯 명이나 되는, 그것도 다 장성한 적자들을 제치고 열 살을 갓 넘긴 계비의 소생을 세자로 삼는다는 것은 애당초 상식에서 어긋난 일로 보였습니다.

그러나 그런 일이 일어났습니다. 개국 공신 중 중요 인물인 정도전이 신덕왕후를 지지한 것입니다. 정도전은 신하들이 중심이 되어 나라를 이끌어가는 신권 정치를 꿈꾸는 사람이었습니다. 이성계의 역성혁명을 지지한 것도 성리학을 통치 이념으로 삼고 사대부 중심의 사회를 만들어보고자 함이었습니다. 그런데 방원이 왕이 되면 강력한 왕권을 행사할 것이 뻔했고 자신의 이상을 이룰 수 없다고 생각했기 때문에 어린 신덕왕후의 소생을 세자로 삼으려 한 것입니다. 정도전이 나서자 더 이상 신의왕후 소생 왕자들의 세자 책봉을 거론하는 사람은 없었습니다. 신하들은 신덕왕후의 큰아들 방번이 경망스럽다는 이유로 막내 방석을 세자로 주청하였습니다. 결국 태조는 뻔한 앞일도 내다보지 못하고 불과 열한 살의 방석을 세자로 책봉했습니다. 이는 눈에 넣어도 아프지 않을 정도로 사랑하던 어린 아들들을 죽음으로 몰고가는 비극의 시작이었습니다. 아들을 왕으로 만들려는 어머니의 욕심과 정국의 주도권을 잡겠다는 신하의 욕심에, 사랑하는 아내에게서 뒤늦게 얻은 어린 왕자들을 총애하던 태조의 그릇된 판단이 합쳐져 만들어낸 어처구니없는 결정이었습니다.

이렇게 엄청난 비극의 씨앗을 뿌려놓고 신덕왕후는 왕비가 된 지 4년 만에 세상을 떠났습니다. 자식들이 몰살되는 것을 생전에 보지 않아서 그나마 다행이라고는 하지만 그 죽음의 원인도 방원이 제공했다는 이야기가 전해집니다. 방석을 세자로 앉혀놓기는 했지만 신덕왕후는 방석이 방원처럼 뛰어나지 못한 것이 늘 못마땅했습니다. 방석의 입장에서는 어머니가 자신을 인정해주지 않는다는 점이 늘 불만이었겠지요. 그래서 방석은 자신이 어른이 되었다는 것을 보여주기 위해 대낮에 기생을 대궐 안에 불러들였습니다. 이 사실을 전해들은 방원은 북과 장구를 치며 태조에게 찾아가 시위를 했습니다. 대궐을 놀이터 삼아 굿이나 하라는 의미였습니다. 이 일로 태조는 신덕왕후에게 크게 화를 내었습니다. 신덕왕후는 방원에 대한 분노를 견디지 못하고 그 자리에서 쓰러졌고 끝내 그 화병으로 세상을 떠났다는 것입니다.

사랑하는 아내이자 든든한 조력자였던 신덕왕후를 잃은 태조의 슬픔은 이루 말할 수 없이 컸습니다. 그래서 최선을 다해 능을 꾸며주려고 친히 묏자리를 찾으러 다닌 끝에 대궐에서 가까운 곳인 한성부 서부 황화방(현재의 서울 중구 정동)에 웅장하게 능을 만들었습니다. 능침 오른쪽에 훗날 자신이 묻힐 자리까지 함께 마련하고 능호를 정릉으로 정하였습니다. 신덕왕후가 별세한 지 3년 후 제1차 왕자의 난이 일어났습니다. 정도전과 남은 등은 태조가 아직 왕

❂ 정릉의 소전대는 소실된 것으로 알려져 있었는데 최근 정릉 숲 속에서 발견되어 제자리를 찾았다.

위에 있을 때 방원을 제거하여 후환을 확실하게 없애려고 거사를 꾸몄습니다. 정도전 일파는 방석에게 태조를 찾아가 다른 왕자들을 불러들일 것을 주청하라고 시켰습니다. 왕자들이 대궐에 들어오면 방원을 살해할 생각이었지요. 태조는 방석의 말을 듣고 자신의 병이 깊으니 왕자들을 대궐로 모이라고 명령을 내렸습니다. 그러나 정도전 일파의 음모를 눈치챈 방원은 오히려 역공격을 준비하고 있었습니다. 세자 방석과 방번, 정도전과 남은은 이때 모두 살해당했습니다.

이 사건으로 사랑하는 자식들과 아끼던 신하들을 잃은 태조는 크게 상심하여 왕위를 둘째 아들 방과에게 물려주었습니다. 그가 바로 조선 제2대 왕인 정종입니다. 이후 방원의 동복 형인 방간이 연루된 제2차 왕자의 난이 일어났고 이로써 방원은 자신의 정적을 모두 제거하게 되었습니다. 이쯤 되자 생명의 위협을 느낀 정종은 방원에게 왕위를 물려주고 자신은 상왕이 되었습니다.

태종이 즉위하자 신덕왕후에 대한 굴욕적인 대접이 본격적으로 시작되었습니다. 태종 6년에는 의정부에서 "정릉이 도성 안에 있는데도 그 영역이 너무 넓으니, 청하건대, 능에서 1백 보 밖에는 사람들에게 집을 짓도록 허락하소서"라고 주청하니 태종은 이를 허락하였습니다. 그러자 세력 있는 가문들이 앞다투어 좋은 땅을 점령하고 정릉 숲의 나무를 베어 집을 지었습니다. 이때는 아직 태조가 살아 있을 때로, 이 소식을 듣고 눈물을 흘렸다고 합니다. 이런 상황을 보았으니 정릉에 자신의 묏자리를 정해놓고도 고향 함흥에 자신을 묻어달라고 유언을 남겼겠지요.

태조가 세상을 떠나자 태종은 종묘에 태조의 신위를 모실 때 태조와 친어머니 신의왕후만을 함께 모시고, 신덕왕후의 신위는 모시지 않았습니다. 이 얘기는 신덕왕후를 정비가 아니라 첩으로 취급했다는 얘기입니다. 태종 9년에는 신덕왕후를 지금의 정릉 위치인 도성 밖 양주 땅 사을한의 산기슭으로 천장하였습니다. 의정부에서 "옛 제왕의 능묘가 모두 도성 밖에 있는데, 지금 정릉이 성안에 있는 것은 적당하지 못하고, 또 사신이 묵는 관사에 가까우니, 밖으로 옮기도록 하소서"라고 고하자 그대로 따른 것입니다. 또 같은 해 태평관 북루를 새로 지었는데 태종은 "정릉의 정자각을 헐어서 누 세 칸을 지으면, 재료를 아끼고 일도 쉽게 이루어질 것이다. 그리고 정릉의 돌을 운반하여 쓰고, 그 봉분은 자취를 없애어 사람들이 알아볼 수 없게 하는 것이 좋겠으며, 석인(石人)은 땅을 파고 묻는 것이 좋겠다"라고 명령을 내렸습니다. 이듬해 여름에 큰 비가 내려 물이 넘쳐서 백성 중 빠져 죽은 자가 생기니 의정부에서는 "광통교의 흙다리가 비만 오면 곧 무너지니, 청컨대 예전 정릉 자리에 있던 돌로 돌다리를 만드소서" 하고 청했고 태종이 그대로 따랐답니다. 그래서 새로 복원한 청계천 광통교 아래 가보면 십이지신상이 새겨진 병풍석으로 만든 벽을 찾아볼 수 있습니다.

천장을 한 후 태종은 왕비의 제례도 폐지하고 서모나 형수의 제사의 예로 신덕왕후의 제사를 모시게 했습니다. 그로부터 200년 후인 선조 때 신덕왕후의 시호와 존호를 복구하고 정릉을 복위하자는 상소가 있었습니다. '태조의 건원릉 신도비에 신의·신덕 두 왕후가 열거되어 있고 신덕왕후가 차비로 서술되어 있고 태조가 정한 신덕왕후의 시책에 칭송이 있다. 그러니 그 뜻에 반하여 후대인들이 부묘를 폐하고 능을 옮긴 것은 천리에 어긋난다'라는 주장이었습니다. 그러나 선조가 '오늘날 신하는 단지 이 시대의 일만 논하라' 하여 이 논의는 무산되고 말았습니다. 다만 그때까지 어디에 있는지 알 수 없었던 정릉을 다시 찾아 제사는 지내게 했습니다. 그런데 능이 워낙 많이 훼손되어서 위치를 찾기가 여간 힘들지 않았습니다. 여러 방법을 동원하다가 능을 옮길 때 변계량이 지은 이장 축문에서 그 위치를 찾았다고 합니다.

그로부터 또 세월이 흘러 현종 때 다시 정릉에 대한 논의가 시작되었습니다. 현종대는 정통 명분주의가 강조되어 두 차례의 예송논쟁을 겪었던, 유교 이념이 강조되던 때입니다. 현종 10년 송시열은 '신덕왕후가 정비였고 죽어서 존호를 받았으며, 중국으로부터 고명을 받아 성조(태조)와 짝하였는데 유독 태묘에 배향되지 못한다면 어찌 인정에 거역되고 천리에 괴리되어서 천고의 유한이 되지 않겠느냐'라고 강력하게 주장하였습니다. 다시 말해서 중국에서 인정한 왕비였으니 종묘에 올려야 한다는 말이었습니다. 신덕왕후를 복권시키면 태종으로부터 이어져 온 왕실의 정통성을 부인하는 것이 될까 두려워 완강히 거부하던 현종은 송시열의 강권에 못 이겨 끝내 이를 허락하였습니다.

이로써 정릉은 왕비릉으로 다시 꾸며졌지만 조선을 건국한 왕의 부인, 조선 첫 왕비의 능이라 하기에는 정말 초라한 모습을 하고 있습니다. 처음 능이 조성되었을 때 존재했을 병풍석이나 난간석은 사라지고 왕비릉에 있어야 할

貞陵

무석인의 모습도 보이지 않습니다. 300년 후에 다시 만들었기 때문에 정자각과 홍살문, 석물의 대부분은 현종 때의 작품이고 4각 장명등석, 혼유석의 받침인 고석 등만이 조선 초기의 작품입니다. 장명등석은 고려 시대 공민왕릉의 양식을 따른 것으로 조선 시대 능역의 가장 오래된 석물인 동시에 예술적 가치가 높습니다. 또한 눈여겨봐야 할 것은 능침 아래 있는 소전대입니다. 소전대는 제향을 마치고 축문을 태우는 석물인데 역시 조선 초기에만 있었던 양식입니다. 정릉의 소전대는 원래 소실된 것으로 알려져 있었는데 2008년 정릉 숲 속 약수터에서 발견되어 제자리를 찾은 것이어서 그 의미가 더욱 큽니다.

정릉은 다른 왕릉의 영역이 직선으로 축을 이루는 데 비해, 자연 지형에 맞추어 조성되어 있어 능역에 들어서면 아늑함과 평안함을 느끼게 됩니다. 능역 입구의 금천교도 규모는 작지만 관심 있게 봐야 할 구조물입니다. 자연을 그대로 살려서 만든 우리나라 고유의 다리로서 조상들의 자연 친화적 개발의 지혜를 엿볼 수 있기 때문입니다.

서울의 한복판인 중구 정동은 정릉이 있었던 곳이어서 붙여진 이름입니다. 아직도 그곳은 정동으로 불리고 있지만 신덕왕후의 혼령은 갖은 시련 끝에 성북구 정릉동에 가서 자리를 잡았습니다. 원래의 정릉이 처음 모습 그대로 보존될 수 있었다면 참 의미가 있었겠다는 생각이 듭니다. 그 능은 남한에 있는 가장 오래된 조선 왕릉이었을 테니 말입니다.

지금의 정릉도 주택가 한복판에 자리 잡고 있습니다. 능 입구 양옆에 늘어선 주택들이며 번잡한 시장 거리를 보며 문득 정동의 정릉 1백 보 밖까지 집을 짓게 한 태종의 조치가 여전히 힘을 미치고 있는 건 아닌가 하는 생각이 듭니다. 정릉을 제대로 다 보려면 중구 정동에, 특히 청계천 광통교 아래에 꼭 가봐야 할 것 같습니다. ❀

163

17 ㉜
연산군묘

위치 서울 도봉구 방학동

지정 번호 사적 제362호

조성 시기 1506년(중종1)

燕山君之墓

연산군묘

연산군묘는 서울 도봉구 방학동의 아파트 단지 옆에 있습니다. 한때 왕위에 올랐던 사람의 묘이지만 다른 왕릉과는 비교도 안될 정도로 초라하고 좁은 공간을 차지하고 있지요. 연산군묘는 연산군과 그 부인 신씨의 묘 앞에 후궁 조씨의 묘, 딸과 사위의 묘가 함께 있는 가족묘의 형태를 취하고 있습니다.

조선의 제10대 임금 연산군(燕山君 : 1476~1506)은 성종과 폐비 윤씨의 아들로 태어났습니다. 연산군의 어머니 윤씨는 성종의 얼굴에 손톱자국을 낸 죄로 폐비가 되어 대궐에서 쫓겨났습니다. 윤씨가 폐출된 지 3년 후 연산군을 세자로 책봉해야 한다는 의견이 나오면서 폐비 동정론이 제기되었습니다. 그러나 윤씨를 폐출하는 데 앞장섰던 인수대비와 성종의 후궁들은 이 동정론에 위기를 느끼게 되었습니다. 그래서 윤씨가 사가에서 반성의 빛을 보이지 않고 호의호식하며 산다고 성종에게 거짓 보고하여 급기야 윤씨에게 사약이 내려지게 하였습니다. 연산군은 계모 정현왕후가 친어머니인 줄 알고 자랐습니다. 성종이 폐비의 일을 100년 동안 발설하지 말라고 엄명을 내렸기 때문에 연산군은 그 내막을 알 길이 없었습니다. 그러나 할머니 인수대비는 연산군에게 혹독하

🔵 서울의 아파트 단지 옆에 있는 연산군묘. 다른 왕릉과는 비교도 안 될 정도로 묘역이 좁고 초라하다.

리만치 엄하게 대했고 아버지 성종도 연산군을 탐탁잖게 여기는 눈치였습니다. 그래서 연산군은 자신을 둘러싼 심상치 않은 분위기 속에 무언가 모를 부족감을 느끼며 성장한 것입니다. 연산군이 세자로 책봉될 때 대신들은 폐비의 아들을 세자로 세우면 훗날 화를 부를 것이라고 반대했습니다. 그러나 그때는 아직 진성대군(훗날의 중종)이 태어나지 않았을 때라 적자는 연산군 하나밖에 없어 선택의 여지가 없이 그를 세자로 책봉하게 되었습니다.

1494년 19세의 연산군은 성종의 뒤를 이어 왕위에 올랐습니다. 즉위 초 4년 동안 연산군은 올바른 정치를 했습니다. 성종 말기에 나타나기 시작한 퇴폐 풍조와 부패를 제거하기 위해 전국에 암행어사를 파견하여 관료의 기강을 바로잡았습니다. 인재를 고루 등용하려 애썼고 변방 지역의 안정에도 힘을 기울였습니다. 또 조선 최고의 태평성대였던 성종 때에 분위기가 그대로 이어져서 학문이 장려되고 문치도 문제없이 이뤄지는 것 같았습니다. 이 시기를 생각하면 연산군이 처음부터 학문에 뜻이 없고 학자들을 싫어했다는 얘기는 신빙성이 없어 보입니다. 성종이 100년 동안 폐비 문제를 함구할 정도로 연산군을 보호하려 했던 것만 봐도 세자 시절 연산군은 군왕 후보로 손색이 없었다는 것을 알 수 있습니다. 또 연산군은 명필로 명나라에까지 이름을 날렸다고 하니 공부와 담을 쌓았다는 얘기는 쫓겨난 왕 연산군에게 흠집을 내려고 만들어낸 얘기인 것 같습니다.

그러나 1498년 무오사화가 일어나면서 연산군의 태도는 달라지기 시작했습니다. 즉위 후 성종을 위해 불교식 제를 올리는 것에 반대하는 대신들과 충돌하기 시작한 연산군은, 4년 동안 명분과 도의를 내세우며 사사건건 간언을 하는 사림파 선비들에게 어지간히 시달렸습니다. 그러던 중 사림파가 왕실의 권위에 도전하는 사건이 일어났습니다. 성종 때의 대학자였던 김종직은 〈조의제문〉이라는 글을 썼습니다. 〈조의제문〉은 의제의 죽음을 애도하는 글입니다. 의제는 중국 초나라의 항우에게 죽임을 당한 어린 황제였습니다. 김종직이 당시 사람도 아니고 우리나라 사람도 아닌 의제를 애도하는 글을 느닷없이 쓴 이유는 무엇이었을까요? 어린 의제의 죽음을 슬퍼한다는 것은 단종의 죽음을 슬퍼한다는 얘기입니다. 단종의 죽음을 슬퍼한다는 것은 세조가 나쁜 사람이라는 뜻이 되지요. 김종직은 돌려서 세조를 비난했던 것입니다. 그러나 세조는 연산군의 증조할아버지입니다. 김종직은 왕의 증조할아버지를 욕한 것이 되었습니다. 김종직은 이미 세상을 떠났는데 그의 제자 김일손이 〈조의제문〉을 《성종실록》의 사초에 올렸습니다. 사초란, 실록을 만들기 위해 그 왕이 재위할 때 일어난 역사적 사건들을 모은 실록 간행을 위한 기초 자료입니다. 이 사실을 훈구파의 이극돈, 유자광 등이 알게 되었습니다. 훈구파는 세조가 왕위에 오를 때 공을 세운 사람들로, 학문보다는 권력을 지향하는 행태 때문에

사림파의 비난을 많이 받아 사림파와는 앙숙이었던 사람들이었습니다. 유자
광은 연산군에게 이 사실을 알렸습니다. 연산군은 김일손과 그 주변 사람을
모두 처형했고 이미 죽은 김종직에게는 관을 열어 목을 베는 부관참시형을
내렸습니다. 이것이 바로 무오사화입니다.

　많은 사람이 무오사화를, 훈구파의 꾐에 빠진 폭군 연산군이 일으킨 참
극이라고 생각합니다. 그러나 김일손이 이 글을 사초에 넣은 것은 세조의 자
손, 즉 예종, 성종, 연산군으로 이어 내려온 왕권의 정통성을 전면 부인하는
중대한 사건이었습니다. 연산군이 아니었다 할지라도 이렇게 왕권의 정통성
에 맞서는 신하를 용서하고 그대로 두는 임금은 없습니다. 이는 자신뿐 아니
라 종묘사직의 근간을 뒤흔드는 일이기 때문입니다.

　그러나 그 후에 이어진 두 번째 사화인 갑자사화는 사정이 조금 다릅니
다. 연산군은 무오사화로 사사건건 간섭을 일삼던 사림과 일부 훈구 세력까
지 제거해버려 왕권을 강화할 수 있게 되었지요. 조정을 독점한 연산군은 사
치와 향락에 빠지기 시작했습니다. 이때 궁중에 불러들인 기생들을 '흥청'이
라고 했는데 여기서 '흥청망청', '흥청거리다'라는 말이 생겨났습니다. 연산군
의 이런 사치 행각 때문에 국가의 재정이 바닥나게 되었습니다. 그래서 연산
군은 이를 충당하기 위해 공신들에게 상으로 주었던 토지인 공신전과 노비들
을 강제로 몰수하려고 했습니다. 물론 조정 대신들은 이에 반발하여 연회를
줄이고 절약하라고, 연산군이 가장 싫어하는 간언을 했지요.

　이렇게 왕에게 반발하는 훈구 세력과 남은 사림 세력을 한꺼번에 제거해
권력을 쥐어보려는 사람이 있었는데 그가 바로 임사홍입니다. 그는 폐비 윤씨
의 친정 어머니인 신씨 부인을 연산군과 만나게 했습니다. 신씨 부인은 폐비
윤씨가 사약을 받으며 죽을 때 토한 피가 묻은 한삼을 연산군에게 보여주며
윤씨가 얼마나 비참하고 원통하게 죽었는지 다 말해주었습니다. 영원히, 최

⬆ 연산군묘에는 곡장, 상석, 장명등석, 향로석과 두 쌍의 문석인이 서 있다.

소한 100년 동안은 비밀로 간직되었어야 했던 폐비 윤씨의 죽음에 대한 얘기가 쏟아져 나오자 대궐 안에는 커다란 피바람이 몰아쳤습니다. 연산군은 윤씨의 폐출에 관련된 성종의 두 후궁 정소용과 엄숙의를 직접 때려 죽였습니다. 그리고 이를 말리는 할머니 인수대비를 머리로 들이받았고 그 충격으로 결국 인수대비도 세상을 떠났습니다. 두 후궁의 소생인 자신의 이복동생들도 모두 귀양 보냈다가 사사했습니다. 연산군의 복수는 여기서 끝나지 않았습니다. 윤씨를 왕비로 추숭하여 시호를 제헌왕후라 하고, 회묘를 회릉으로 웅장하게 다시 꾸몄고, 종묘의 성종 신위 옆에 나란히 모셨습니다. 그리고는 윤씨를 폐위시키고 사약을 내리는 결정에 참여했던 대신들 중에 찬성했던 사람은 물론이고 가만히 입 다물고 방관했던 사람들까지, 반대한 사람들만 제외하고 모두 처형했습니다. 또 사약을 들고 폐비 윤씨에게 갔던 관리는 물론 그들의 팔촌까지 모두 화를 입었습니다. 한명회 등 이미 죽은 사람들은 부관참시하여 해골을 가루로 만들어 날려버렸고 시체를 강물에 던지는 경우도 있었습니다. 이 사건이 바로 갑자사화입니다.

갑자사화 때 주로 죽임을 당했던 사람들은 공신전 몰수에 반발하며 연산군의 향락을 말렸던 대신들과 무오사화 이후 남아 있던 사림 세력이었습니다. 연산군은 이 두 사화로 자신에게 간섭하고 비판하는 대신들을 모두 제거한 것입니다. 그 후 연산군은 무엇이든 자기 하고 싶은 대로 다 할 수 있었습니다. 정치 논쟁을 금하기 위해 경연을 없애고 사간원, 홍문관 등을 없애버리고 상소도 받지 않는 등 여론에 관한 제도는 모두 없앴습니다. 학문의 전당인 성균관은 주색장으로, 원각사는 기생들의 집합소로, 불교 선종의 본산인 흥천사는 마구간으로 만들어버렸습니다. 연산군의 폭정을 비난한 한글 투서가 있자 한글 사용을 금하기도 했습니다. 또 사대부의 유부녀를 농락하고 도성을 기준으로 30리 안에 있는 민가를 철거하여 사냥터로 만들기도 했습니다.

연산군의 폭정으로 민생이 도탄에 빠지고 국정이 엉망이 되자 전국 각지에서 그를 몰아내려는 움직임이 일기 시작했습니다. 그중 가장 먼저 움직인 사람들은 성희안과 박원종이었습니다. 이조참판에 있던 성희안은 연산군이 연회를 열고 있을 때 그의 방탕한 국정 운영을 비판하는 시를 지어 올렸다가 미관말직으로 좌천된 상태였습니다. 승지로 있던 박원종도 연산군의 사치 행각을 비판하다가 좌천되어 결국 벼슬에서 밀려났고 심지어는 그의 누이인 월산대군의 부인이 연산군에게 겁탈당하여 자살하는 일까지 일어나 연산군에게 원한을 가지고 있었습니다.

1506년 성희안, 박원종 등은 군사를 모아 반정을 일으켰습니다. 대궐을 장악한 이들은 성종의 계비이자 진성대군의 어머니인 정현왕후를 찾아가 연산군을 폐하고 진성대군으로 하여금 왕위를 잇게 한다는 교지를 내려주도록

⬆ 유배지 강화도에 있던 연산군묘를 부인 폐비 신씨의 요청으로 지금의 자리로 옮겨왔다.

요청했습니다. 정현왕후의 교지를 받은 반정 세력은 연산군을 왕자로 강등시켜 강화도에 안치하도록 하였고 그 다음 날 진성대군의 즉위식을 가짐으로써 반정을 마무리 지었습니다. 연산군은 그로부터 두 달 후 유배지 강화도에서 역질에 걸려 세상을 떠났습니다.

연산군의 부인 신씨는 거창부원군 신승선의 딸로 태어나 연산군과 가례를 올리고 세자빈이 되었다가 연산군이 왕위에 오르자 23세에 왕비로 책봉되었습니다. 폭정과 패륜의 대명사가 된 남편 연산군과는 달리 신씨는 성품이 온순하고 착하며 어진 왕비였습니다. 연산군에게는 장녹수라는 총애하는 후궁이 있었는데 그녀의 친정 집 앞에는 신분 상승을 꾀하는 무리들이 뇌물을 들고 파리 떼처럼 몰려들었습니다. 그러나 왕비 신씨는 연산군을 만나기조차 어려웠고 그녀의 진언은 늘 묵살되었습니다.

신씨는 결국 연산군을 말리지 못했고 중종반정이 일어나면서 자신의 자식들이 모두 죽고 친정이 멸문지화를 당하는 비극을 겪게 되었습니다. 폐비 신씨는 가족을 모두 잃고 대궐에서 쫓겨나 친정집에 머물렀는데 한때 그 집에서 신씨의 조카딸인 또 다른 폐비 신씨와 함께 지내기도 했습니다. 연산군의 부인인 신씨는, 반정에 반대한 훈구 세력 중 하나였던 신수근의 여동생이었는데, 중종의 원비였던 신수근의 딸도 역적의 딸이라는 이유로 폐비가 되었던 것입니다.

원래 연산군의 묘는 유배지 강화도에 있었습니다. 그런데 연산군의 부인 폐비 신씨가 이장해줄 것을 중종에게 부탁하여 오늘날의 자리로 옮겨왔습니다. 이때 중종은 이장을 허락하면서 왕자군의 예우로 개장하라는 명과 함께 그 경비로 콩과 쌀 100섬, 면포 150필, 정포 100필, 참기름 두 섬 등을 내려주었습니다. 1537년 66세로 세상을 떠난 폐비 신씨도 연산군 옆에 묻혔습니다.

연산군묘에는 곡장, 상석, 장명등석, 향로석과 두 쌍의 문석인이 있습니다. 왕릉에서는 정자각에서 제사를 지내니 능침 앞의 탁자와 같은 돌은 혼이 나와 노니는 혼유석이라 하지만 이 묘에는 정자각이 없으니 앞에 놓인 탁자는 민간에서의 역할과 같이 상석이 되어야 할 것입니다. 왕릉에는 쌍릉의 경우에도 장명등석은 하나인데 여기에는 장명등석이 각 봉분 앞에 하나씩 놓여 있습니다. 비각이 없는 대신 묘비가 세워져 있는데 연산군의 묘비 앞면에는 '燕山君之墓(연산군지묘)', 부인 신씨의 묘비는 앞면에 '居昌慎氏之墓(거창신씨지묘)'라고 새겨져 있을 뿐입니다.

연산군은 시를 사랑하는 왕이었습니다. 그래서 재위 기간에는 과거제도를 성리학의 경서 중심인 논술에서 시문(詩文)으로 바꾸기까지 했습니다. 사림은 반드시 경학으로만 과거를 봐야 한다는 법은 없다는 연산군의 논리에 반발했지만 중국에서도 당송대에 시문으로 과거 시험을 봐 인재를 뽑았기 때

문에 말리지는 못했습니다. 갑자년에는 드디어 시문으로 과거를 봤는데 연산
군이 폐위된 후 갑자년 과거 합격자가 모두 취소되는 일까지 벌어졌습니다.

연산군이 폐위된 후 그의 많은 작품이 불살라지고 없어졌지만 현재도
120여 편의 시가 《연산군일기》에 남아 전합니다. 다음의 작품은 연산군 10
년에 그가 지어 승정원에 내린 시입니다. 연산군은 단지 시를 혼자서 감상하
는 것이 아니라 신하들에게 답시를 짓게 하여 시로 교감하고 토론하고자 했
다고 합니다.

> 용렬한 자질로 왕위에 있은 지 10년이 되었건만(庸質臨臣十載回)
> 너그러운 정사 못하니 부끄러운 마음 금할 수 없네(未敷寬政愧難裁)
> 조정에 보필하고 종사 생각하는 자 없으니(朝無勉弼思宗社)
> 나이 어린 이 몸이 덕이 없나 보구료(都自沖吾乏德恢)

재위 마지막 해에는 다음과 같은 시를 읊으며 눈물을 흘렸다고 합니다.

> 인생은 초로와 같아서(人生如草露)
> 만날 때가 많지 않는 것(會合不多時)

연산군은 귀찮게 구는 신하들을 모두 없애버리고 자기 하고 싶은 대로
다 한 왕입니다. 그러나 이 시를 보면 그의 왕으로서의 일생도 행복했던 것으
로 보이지 않습니다. 아니면 앞으로 닥쳐올 자신의 운명을 미리 짐작이라도 한
것일까요? 연산군은 이 시를 짓고 열흘도 못 되어 폐위되었습니다.

연산군묘는 입구에 조그마한 관리실을 하나 두고 참배객들이 들어갈 수
있도록 개방되어 있습니다. ❈

광릉·의릉

천연 생태박물관 수목원까지 남겨준 최고의 명당

광릉하면 가장 먼저 떠오르는 것이 수목원입니다. 광릉수목원은 울창한 광릉 숲이 있었기에 만들어진 장소입니다. 이 광릉 숲에는 6천 종에 가까운 동식물이 살고 있고 크낙새, 하늘다람쥐 등 천연기념물도 20여 종이나 서식하고 있는 천연 생태박물관입니다. 이런 광릉 숲이 지금까지 보존될 수 있었던 것은 바로 광릉의 능림이었던 덕분입니다. 광릉 자리는 원래 정흠지 집안의 선산이었습니다. 이곳이 명당이라 알려지자 예종이 친히 거동하여 살핀 후 왕릉 자리로 결정하였습니다. 전직 공신은 물론이고 현직 공신의 조상 묘도 왕릉으로 정해지면 두 말 없이 이장을 하고 그 땅을 비워야 했습니다. 그래서 '명당의 임자는 따로 있다'는 말이 나왔다고 하지요. 어떤 사람들은 광릉의 자리가 정말 명당이 틀림없다고도 합니다. 광릉 자리가 좋아서 나라가 망할 때까지 세조의 자손들이 계속 왕위를 이었다는 얘기지요.

18 ♘
광릉

위치 경기 남양주시 진전읍 부평리

지정 번호 사적 제197호

조성 시기 1468년(예종1)

광릉 光陵

광릉은 세조(世祖 : 1417~1468)와 정희왕후(貞熹王后 : 1418~1483) 윤씨의 능입니다. 세조는 세종과 소헌왕후의 둘째 아들로 태어났습니다.

문종이 세상을 떠나고 조카 단종이 왕위에 오르자 수양대군이었던 세조는, 측근인 권람, 한명회 등과 결탁하여 계유정난을 일으켰습니다. 당시 나이 어린 단종은, 문종으로부터 단종을 잘 보살펴달라는 부탁을 받은 고명대신들에 의해 황표 정사를 행하고 있었습니다. 황표 정사란 김종서, 황보 인 등 의정부 대신들이 벼슬에 임명할 인물을 예정자의 세 배를 적어 올리면서, 그 중 자신들이 임명하고 싶은 사람의 이름에 노란 점을 찍어놓으면 단종이 그 위에 먹으로 결재하는 정치였습니다. 이 황표 정사로 조정은 고명대신들의 세상이 되고 말았습니다.

이를 못마땅히 여긴 수양대군은, 황보 인과 김종서 등 대신들이 안평대군과 함께 역모를 했다며 단종에게 형식적인 상황 보고를 하고 재상들을 대궐로 불러들였습니다. 그런데 대궐 안이 좁다며 재상들이 호위 병사를 두고 혼자 들어오게 하여 그들을 차례로 죽였습니다. 수양대군은 이런 방법으로 친동생을 포함한 정적을 모두 제거하고 왕권과 신권을 장악했습니다. 2년 후 형

식상으로만 왕이었던 단종이 생명의 위협을 느끼고 수양대군에게 왕위를 물려주었는데, 이때 왕위에 오른 세조의 나이는 39세였습니다.

처음에 단종은 상왕으로 앉아 있었지만 상황은 그를 조용히 살도록 내버려 두지 않았습니다. 이듬해 성삼문 등 이른바 사육신으로 불리는 집현전 학사 출신 관료들이 단종 복위 운동을 펼친 것입니다. 그러나 사전에 계획이 발각되고 단종은 노산군으로 강봉되어 영월로 귀양을 가게 되었습니다. 그런데 경상도 순흥에 유배되어 있던 세조의 친동생 금성대군이 다시 한 번 단종 복위 운동을 일으키자 세조는 단종과 금성대군을 사사했습니다.

이렇게 정통성을 인정받지 못한 세조는 즉위 초부터 왕권 강화에 무엇보다 힘을 쏟았습니다. 강력한 왕권을 행사하지 않으면 언제 자신도 왕의 자리에서 쫓겨날지 모를 일이었기 때문입니다. 우선 세조는 의정부 서사제를 폐지하고 육조직계제를 단행했습니다. 육조직계제는 왕이 의정부를 거치지 않고

육조에서 일어나는 일을 직접 관장하는 제도입니다. 또 성삼문, 박팽년 등의 단종 복위 사건을 계기로 학문 연구소 격인 집현전과 대신들과의 토론장인 경연을 폐지하였습니다. 왕의 잘못이나 대신들의 비리를 지적하던 대간의 기능이 약화되고 왕의 비서실 격인 승정원의 기능이 강화되었습니다.

　또 백성들의 동향을 파악하기 위해 호패법을 다시 복원하였고, 명나라나 왜 등에는 유화 정책을 펴서 변방의 안정을 도모하는 한편, 역모와 외침에 대비하기 위해 군사 제도 정비에도 힘을 쏟았습니다. 1460년에는 신숙주를 보내 두만강 건너의 야인을 소탕하는 등 북벌도 시도했고 남이, 강순 등을 보내 서북쪽 영토를 넓히는 데도 힘썼습니다. 관제도 대폭 수정을 했고, 국가의 수입을 늘리기 위해 종래의 과전법을 직전법으로 바꿨습니다. 당시에는 관리의 급여를 땅으로 지급했는데, 과전법은 관리들에게 나누어준 토지는 그 관리가 은퇴해도 다시 거둬들이지 않고 자식들에게 물려줄 수 있는 제도였습니다. 그런데 이런 토지가 많아지자 국가 재정이 고갈되기 시작했습니다. 땅은 더 늘어나지 않는데 관리는 계속 배출되었기 때문입니다. 세조는 이를 시정하기 위해 세습이 안 되고, 현직 관리에게만 땅을 지급하는 직전법을 실시하였습니다.

세조는 문화 사업에도 많은 노력을 기울였습니다. 그중 가장 대표적인 업적은 종래의 법전들을 모두 모아 종합 법전인 《경국대전》을 편찬한 것입니다. 성종 때 마무리된 《경국대전》은 이후 500여 년 동안 조선 역사의 기본법이 되었고 조선을 법치 국가로 만들어준 귀중한 법전입니다.

만년의 세조는 불교를 육성하기도 했습니다. 그가 억불숭유의 정책을 버리고 불교에 심취하게 된 이유 중 하나는 단종을 죽인 죄책감 때문이라고도 합니다. 단종의 어머니인 현덕왕후의 혼령이 자주 꿈에 나타나 괴롭히자 세조는 그 때문에 맏아들인 의경세자를 잃었다고 생각하게 되었습니다. 또 현덕왕후가 자신에게 침을 뱉는 꿈을 꾸고 난 후부터 피부병에 걸려 고생했는데, 피부병을 고치려 상원사에 갔다가 문수동자를 만나 완쾌되었다는 이야기도 전합니다. 이에 세조는 자신의 죄를 용서받는 길은 불교에 의존하는 것이라고 생각하게 되었겠지요. 또 그의 패륜적 행동이 유교 이념이 투철한 성리학자들에게는 늘 비판의 대상이 되었기 때문에 이들을 견제하기 위해서 친불교 정책을 썼다고도 볼 수 있습니다. 많은 치적을 세우고 조선 초기 왕권 확립에 크게 공헌했던 세조는, 재위 말기에 원상제를 도입했습니다. 자신의 체력에 한계가 느껴지는데도 여전히 나약한 세자(훗날의 예종)를 우려해서 만든 제도인 원상제는, 왕이 지명한 세 중신(한명회, 신숙주, 구치관)이 승정원에 항상 출근하여 세자와 함께 모든 국정을 상의하게 한 제도입니다. 세조는 1468년 왕위를 세자에게 물려주고 그 다음 날 세상을 떠났습니다. 그해 세조는 52세였습니다.

정희왕후는 판중추원사 윤번의 딸로 태어났습니다. 수양대군과 혼인하여 세조가 즉위하자 왕비에 책봉되었습니다. 정희왕후는 대단한 여장부로도

光陵

○ 조선 최초의 동원이강릉인 광릉. 정자각은 왕릉과 왕비릉 사이 중앙에 서 있다.

알려져 있습니다. 계유정난 때 사전에 정보가 누설되어 수양대군이 거사를 망설이자 손수 갑옷을 입혀 출정하도록 독려했다는 이야기나, 예종의 뒤를 이을 왕위 계승자로 서열 3위의 성종을 지목한 것으로 그녀의 담력와 과감한 결단력을 엿볼 수 있습니다.

정희왕후는 옷을 손수 세탁해서 입었고 검소한 생활을 실천했다고 합니다. 그녀는 자신의 수의를 무명으로 미리 장만해두고 "나는 국가에 공이 없으니 내가 죽으면 간소하게 장례를 지내라"라면서 비단 수의를 입히지 말라고 유언했습니다. 그래서 정희왕후는 조선 왕비 중 유일하게 비단 수의를 입지 않은 왕비가 되었습니다. 정희왕후는 1483년 66세의 나이로 세상을 떠났습니다.

광릉 홍살문에 들어서면 정자각 뒤 양쪽으로 아득하게 높은 언덕이 보입니다. 입구에서 보기에 왼쪽 언덕이 세조의 능이며 오른쪽이 정희왕후의 능입니다. 광릉은 같은 산줄기지만 언덕을 달리하여 왕과 왕비를 따로 모시고 두 능의 중간 지점에 하나의 정자각을 세우는 형태의 동원이강릉입니다. 동원이강릉은 세조의 광릉에서 처음 시행되었습니다.

세조는 "내가 죽으면 속히 썩어야 하니 석실과 석곽을 사용하지 말 것이며, 병풍석을 세우지 말라"라는 유언을 했다고 합니다. 이는 유해가 빨리 썩어서 뼈가 땅의 생기를 받아야 후손에게 복을 줄 수 있다는 풍수 때문이었습니다. 세조는 부모와 형 내외, 자신의 맏아들과 둘째 며느리까지 장례를 치르면서 거의 풍수 전문가가 되어 있었으니 자신의 능도 입맛에 맞게 주문을 한 것입니다. 이러한 세조의 유언에 따라 이전까지 석실로 되어 있던 능을 회격(灰隔:광중에 관을 내려놓고, 관 밖으로 석회를 메워서 다지는 일)으로 바꾸었습니다. 이전까지는 왕과 왕비의 합장릉을 만들었는데, 회격을 사용한 세조 때부터는 먼저 세상을 떠난 이의 회격을 깨지 않으려고 동원이강릉이라는 형태를 만들게 되었습니다. 또 광릉에는 참도가 없고 홍살문에서 정자각까지 그냥 흙길인데, 이것도 석물의 사용을 최소한으로 줄여 왕릉 조영의 간소화를 이루기 위한 아이디어였습니다. 이렇게 상설 제도를 간소화함으로써 능을 만드는 데 동원된 인원을 반으로 줄이고 비용도 절감할 수 있었습니다.

병풍석을 없앴기 때문에 병풍석에 새겼던 십이지신상을 난간석의 동자석주에 옮겨 새겼습니다. 높다란 사초지 위에는 3면의 곡장 안에 혼유석, 장명등석, 각 한 쌍의 망주석과 문무석인, 능침을 수호하는 두 쌍의 양석과 호석, 마석이 서 있습니다. 문무석인의 어깨에는 잔뜩 힘이 들어가 있고, 얼굴에는 굳은 의지가 드러난 듯하여 정난의 긴장감이 여전히 살아 있는 것 같습니다. 문무석인 모두 인체를 구체적으로 나타내지 못했지만 전체적으로 안정감이 있습니다. 조선 전기의 능이라 석물들이 많이 마모되었고 왕비릉의 무석인 뒤에 있는 마석 하나는 아예 뭉그러져 둥그런 돌덩이로만 보입니다. ◈

19
의릉

위치 서울 성북구 석관동

지정 번호 사적 제204호

조성 시기 1724년(영조1)

의릉 懿陵

의릉은 제20대 임금 경종(景宗 : 1688~1724)과 그의 계비 선의왕후(宣懿王后 : 1705~1730) 어씨의 능입니다. 서울 성북구 석관동의 주택가 한 가운데, 한국종합예술학교 입구 귀퉁이에 있는 의릉은 언뜻 보기에도 그 훼손의 정도가 심해 보입니다. 의릉은 1996년까지 30여 년 동안 철저하게 가려져 있던 곳입니다. 당시 최고의 권력을 휘두르던 중앙정보부가 자리 잡고 있었기 때문입니다. 1995년 국가안전기획부(안기부, 현재 이름은 국가정보원)로 이름을 바꾼 중앙정보부가 서울 서초구 내곡동으로 이사를 간 후 의릉은 일반에게 공개되었지만 능원은 이미 왕릉의 공간이라기보다는 대궐의 정원이나 공원의 모습으로 바뀌어 있었습니다. 2003년 발굴 당시 남아 있던 고 건축물은 정자각과 비각, 홍살문뿐이었답니다. 그나마 정자각 앞에 있던 일본식 정원을 없애버리고 연못을 메워 복원한 것이 현재 의릉의 모습입니다.

홍살문 들어서 정면으로 보이는 정자각은 좌우에 익랑이 달려 있는 다섯 칸짜리 건물입니다. 일반적인 조선 왕릉의 정자각은 정면에서 볼 때 세 칸 건물인데 현종 무렵부터 들어온 중국풍의 영향으로 익랑이 붙은 정자각이 만들어진 것입니다.

의릉의 또 하나 특이한 점은 왕과 왕비의 능침이 한 언덕에 앞뒤로 배치되어 있다는 것입니다. 이런 능의 형태를 동원상하봉(同原上下封)릉이라 합니다. 좌우로 나란히 쌍릉을 만들면 능침이 정혈(正穴)을 벗어나는 경우 이렇게 상하로 조성을 하기도 합니다. 쉽게 말해 정기가 한곳으로 흘러내리니 그 지점에 상하로 묘를 썼다는 것입니다. 위쪽에 경종이 묻혀 있고 아래쪽에 왕비가 잠들어 있습니다.

경종은 숙종의 맏아들로 태어났습니다. 어머니는 사극에 자주 등장하는 희빈 장씨입니다. 숙종에게는 인경왕후, 인현왕후, 인원왕후 등 세 명의 왕비가 있었지만 그들은 모두 아들을 못 낳았습니다. 그래서 숙종은 경종이 태어난 지 두 달 만에 원자로 정하려 했습니다. 그런데 노론의 대표인 송시열이 이를 반대하고 나섰습니다. 당시 왕비였던 인현왕후가 아직 젊으니 적자 낳기를 기다려보자는 것이었지요.

당시 3세였던 경종은 세자로 책봉되고, 인현왕후가 폐출되자 희빈 장씨가 왕비가 되었습니다. 그 후 갑술환국으로 인현왕후가 복위되고 장씨는 다시 희빈으로 강등되었습니다. 장희빈은 죽은 인현왕후를 저주했다는 무고의 옥사건으로 사사되었는데 생모를 비명에 잃은 이때 경종은 14세였습니다. 경종은 이때의 정신적, 육체적 충격으로 줄곧 병을 앓게 되었습니다. 경종이 몸을 상하게 된 데 대해 이런 이야기가 전합니다. 장희빈이 사약을 받지 않겠다고 발악을 하다가 체념한 듯 세자의 얼굴을 한 번만 보게 해달라고 애원을 했답니다. 자식을 그리는 어미의 정을 차마 거절할 수 없어서 세자였던 경종을 데려오니 장희빈이 일부러 경종의 음낭을 상하게 하였다는 것입니다. 이 때문인지 경종은 두 명의 왕비에게서 한 명의 자식도 얻지 못했습니다.

장희빈이 죽은 후 노론의 대신들은 경종을 왕위에 올리지 않으려 여러모로 애를 썼습니다. 숙종은 폐세자 문제를 대신들과 상의하기까지 했습니다.

세자가 병이 많고 자식이 없음을 들어 숙빈 최씨의 아들 연잉군을 후사로 정하기로 하고 세자에게 대리청정을 명했습니다. 소론은 세자의 흠을 잡으려 하는 처사라고 극력 반대했습니다. 이런 혼란한 상황을 채 마무리도 짓기 전에 숙종은 세상을 떠났고 경종이 그 뒤를 이어 왕이 되었습니다. 그때 경종의 나이 33세였습니다.

어렵사리 왕위에 오르기는 했지만 경종은 정사를 제대로 돌보지도 못할 정도로 건강이 좋지 않았습니다. 그런 가운데 1721년 신축년과 1722년 임인년 두 해에 걸쳐 큰 옥사가 일어났습니다. 이를 두 해의 앞 글자를 따서 신임사화라고 합니다. 경종이 즉위하자 노론의 4대신이 중심이 되어 경종의 동생인 연잉군(훗날 영조)을 왕세제로 책봉하자는 주장을 하였습니다. 소론은 시기상조론을 들어 극렬히 반대했습니다. 그럼에도 불구하고 경종은 대비였던 인원왕후의 동의를 얻어 이를 허락하였습니다. 그러자 노론은 이번에는 세제의 대리청정을 주장하였습니다. 경종은 대리청정을 허락했지만 소론의 반대로 곧 명을 거둬들였습니다. 이후에도 경종은 이렇게 대리청정의 명을 내렸다가 거둬들이는 일을 몇 차례 반복하였습니다. 이 과정에서 노소론의 대립은 격화되었고, 세제의 대리청정을 주장한 노론 4대신들은 파직 후 유배를 당하였습니다. 이때 소론은 연잉군도 처벌하라고 주장했지만 경종은 하나뿐인 동생을 적극적으로 감싸고돌아 이들의 의견을 들어주지 않았습니다.

1722년에는 노론이 세자 시절 경종을 시해하려고 했다는 목호룡의 고변 사건이 일어났습니다. 목호룡은 남인의 서얼 출신으로 어렸을 때부터 풍수지리를 배운 지관이었습니다. 그는 노론이 경종을 시해하려는 역모에 자신도 가담했다고 고변한 것입니다. 목호룡은 소론의 강경파인 김일경의 사주를 받아 이런 일을 벌인 것입니다.

　노론은 이 사건이 연잉군을 모함하려는 조작극이라고 항변했지만 묵살
되었습니다. 이 사건으로 목호룡은 벼슬에 올랐지만 노론 4대신은 사사되었고
수백 명의 노론파가 제거되었습니다. 그리고 조정은 소론의 손에 넘어가게 되
었습니다. 이 두 사건이 신임사화입니다.

　신임사화 이후 소론은 아직 제거하지 못한 연잉군을 없애기 위해 갖은 수
단을 다 동원했습니다. 소론의 김일경은 경종의 계비인 선의왕후와 함께 양자
를 들일 계획을 세웠습니다. 소현세자의 후손인 밀풍군의 아들 이관석을 양
자로 들이면 그가 세자가 되어 경종의 뒤를 이을 수 있기 때문입니다. 이 계획
을 저지한 것은 대비였던 인원왕후였습니다.

　이런 혼란 가운데 1724년 경종은 세상을 떠났습니다. 안 그래도 병약했
던 경종은 당쟁에 시달려 4년여의 재위 기간동안 뚜렷한 치적을 남기지 못한

채 독살되었다는 의혹만 남기게 되었습니다. 경종 독살설의 주인공은 연잉군입니다. 경종이 한의학에서 상극인 게장과 연시를 먹었는데 이는 연잉군이 올린 것이고 또 의관이 말리는데도 불구하고 연잉군이 세 차례나 인삼차를 마시게 하여 경종이 사망했다는 것이지요.

그러나 실록에는 조금 다르게 기록되어 있습니다. 1724년 7월말부터 경종은 열이 심하게 나면서 배와 가슴이 조이는 듯한 증세를 보였습니다. 의원들은 경종이 한방에서 상극으로 통하는 게장과 생감을 먹어서 그런 것 같다며 처방약을 올렸지만 복통은 멎지 않고 설사까지 심해졌습니다. 경종이 사경을 헤매는 가운데 의관들은 인삼과 좁쌀로 끓인 미음을 올렸고 한기를 삭히기 위해 인삼차도 올렸습니다. 그러니 인삼차는 연잉군보다 의관이 먼저 올린 것이지요.

⬆ 의릉의 정자각은 다른 왕릉과 달리 좌우에 익랑이 달려 있는 다섯 칸짜리 건물이다.

⬆ 의릉은 왕과 왕비의 능침이 한 언덕에 앞뒤로 배치되어 있는 동원상하봉릉이다.

190

당시 경종의 병석에는 연잉군과 의관들이 있었습니다. 의관들의 조치에도 효과가 없자 연잉군은 비상 수단으로 인삼과 부자를 올리게 하였습니다. 이때 인삼차를 마신 경종은 잠시 눈빛이 안정되고 콧등이 따스해졌습니다. 연잉군이 올린 인삼차가 독이 아니라 오히려 약의 역할을 한 것입니다. 그러나 밤이 깊어가자 경종은 의식을 잃었고 결국 숨이 끊어지고 말았습니다.

경종은 미음을 들지 않으려다가 연잉군이 권하자 몇 숟갈 받아 마셨다고 합니다. 그만큼 동생 연잉군을 신뢰하고 있었던 것으로 보이지만 독살설은 영조가 왕위에 오른 후까지도 사라지지 않고 널리 퍼졌습니다. 영조는 1755년 《천의소감》이라는 책을 만들 때 다음과 같은 말로 이 일에 대해 직접 해명하기도 했습니다.

"그때 게장을 진어한 것은 동궁이 아니라 수라간이었다. 그때도 무식한 나인이 지나치게 진어했다는 소문이 퍼졌다. 지금 분명히 말하지 않으면 이것이 어찌 사람의 자식된 도리이고 아우된 도리이겠는가."

그러나 독살설은 수그러들지 않았습니다. 영조가 능행에 나섰을 때 군사 이천해라는 사람이 어가를 가로막고 욕설을 퍼부었다는 실록의 기록도 있습니다. 영조가 사관에게 그 말을 싣지 못하도록 하여 '차마 참고 들을 수 없는 말(不忍之言)'이라고만 기록되어 있습니다.

의릉에 함께 묻힌 선의왕후는 함원부원군 어유구의 딸로 태어났습니다. 경종의 세자빈이었던 단의왕후가 세상을 떠나자 1718년 세자빈에 책봉되었습니다. 그리고 경종이 즉위함에 따라 왕비가 되었습니다. 기록에 따르면 그녀는 매사에 조심스럽고 온유한 성품을 지녔다고 합니다. 하지만 경종과의 사이에서 아들이 생길 희망이 없다고 여겨 종친 중에서 양자를 입양하여 후사를 정

🔵 의릉은 동원상하봉릉이라 아래쪽 왕비릉에 곡장이 없다.

하려고 하는 바람에 왕실과 조정에 파란을 일으키기도 했습니다. 그러나 이런
노력들은 경종이 세상을 떠남에 따라 물거품이 되었습니다. 그 후 선의왕후는
왕대비에 올랐다가 1730년 26세에 소생 없이 세상을 떠났습니다.

　　의릉을 둘러싸고 배경처럼 보이는 산은 천장산입니다. 천장산은 서울의
주산인 북악산 줄기에서 이어지는 곳으로 이 부근은 풍수지리적으로 뛰어난
길지입니다. 경종을 이곳 의릉에 안장하고 6년 후에 선의왕후가 세상을 떠나
자 능침이 정혈에서 벗어나지 않게 하려고 경종의 능침에서 아래로 80자 되는
곳에 왕비릉을 만들었습니다. 위쪽에 있는 경종의 능침에만 곡장을 둘러 두
봉분이 쌍릉임을 알려줄 뿐 왕릉과 왕비릉의 모든 석물은 따로 배치하였습니
다. 두 능에 모두 열두 칸의 난간석을 둘렀고 양석과 호석이 각 두 쌍씩 서 있
습니다. 그런데 특이하게 호석들의 꼬리가 위로 치켜 올라가 등 가운데 붙어

있습니다. 짐승들은 평화로울 때는 대개 꼬리를 내리고 있는데 꼬리가 치켜올라간 것은 호랑이가 긴장 상태라는 얘기입니다. 대개 왕릉 호석의 꼬리는 아래로 처져 있는데 의릉의 호석는 뭔가 능을 훼손하려는 기운을 느끼고 전투 태세를 취하고 있는 듯합니다. 혼유석과 장명등석, 각각 한 쌍씩의 망주석과 문무석인도 위 아래 능에 별도로 배치되어 있습니다.

　강(능침이 있는 언덕)도 나지막하지만 그 위에 올라가 보면 석물들의 규모가 놀랄 정도로 작고 왜소합니다. 이렇게 석물들이 작아진 것은 숙종 때부터 실시한 왕릉의 간소화 정책 때문이라지만 특히 문무석인의 키는 170cm도 안 되어 나약한 왕권의 전형을 보여주는 듯합니다. 장명등의 지붕은 4각형인데 이것도 이전의 팔각등이 숙종대 이후 간소화한 형식입니다.

　경종의 독살설에 시달리면서도 영조는 자주 의릉에 참배했습니다. 대궐로 돌아가는 길에 영조는 백성들이나 현지 관리들을 만나 불편함을 묻기도 했습니다. 여러 가지 잡음 속에서도 경종과 이복동생 연잉군은 서로 위하고 보살폈다는 '우애설'이 많은 사람에게 설득력을 얻고 있습니다. 피는 물보다 진하니 말입니다. ❀

동구릉

아홉 기의 왕릉이 자리 잡은 우리나라 최대의 왕릉군

동구릉은 한양 동쪽에 있는 아홉 개의 능역이라 붙은 이름입니다. 동구릉은 태조 이성계의 건원릉을 비롯하여 아홉 기의 왕릉이 자리 잡은 우리나라 최대의 왕릉군입니다. 동구릉에 가면 제1대 태조부터 24대 헌종까지 조선 왕조의 융성함과 쇠퇴함을 한눈에 볼 수 있고 시대에 따라 왕릉을 꾸미는 형식이 어떻게 변했는지도 볼 수 있습니다. 아홉 기의 능이 한데 모여 있는 만큼 그 능역도 넓어 주변을 둘러싼 숲이며 개울물 등 무척 아름다운 자연 경관을 만끽할 수 있는 곳입니다. 동구릉은 천하의 명당으로도 손꼽히는데, 왕과 왕비 17위의 능이 들어선 것을 봐서도, 또 건원릉에 묻힌 태조 이후 조선왕조가 500여 년 동안 유지되었던 것을 봐서도 명당인 것은 확실해 보입니다.

20 수릉

위치 경기도 구리시 인창동

지정 번호 사적 제193호

조성 시기 1891년(고종27)

수릉 綏陵

수릉은 추존왕 익종(翼宗 : 1809~1830)과 신정왕후(神貞王后 : 1808~1890) 조씨의 능입니다. 동구릉을 참배할 때 태조의 건원릉부터 시작하여 역사의 흐름대로 진행하면 좋겠지만 그렇게 되면 여기저기를 왔다 갔다 해야 하므로 편의상 재실 가장 가까이 있는 수릉부터 시작하여 오른쪽에서 왼쪽으로 향하는 방향으로 참배를 하는 것이 좋겠습니다.

익종은 순조와 순원왕후 김씨 사이에서 태어난 적장자입니다. 익종은 네 살이 되던 1812년에 효명세자로 책봉되었습니다. 효명세자는 시문에 특별한 재능을 보였고 학문에도 힘을 썼습니다. 《만기일력》이라는 일기를 만들어서 매일 해야 할 일을 기록하는 등 성실한 삶을 이어가고 있었습니다.

11세 때 풍양 조씨인 풍은부원군 조만영의 딸과 가례를 올렸고 15세 때부터는 순조를 대신하여 정무를 보기 시작했습니다. 1827년 순조는 "건강 때문에 여러 해 동안 정사를 소홀히 하고 지체시켰다. 이제 세자가 총명하고 영리하니 대리청정을 시키라"라고 대리청정을 명했습니다. 이때 효명세자는 19세였고 순조는 38세였습니다. 효명세자가 간절히 사양하는 상소를 올리자 순조는 다음과 같은 윤음을 내렸습니다.

나의 노고에 대해 네가 나눌 것을 생각하지 않는다면 내가 누구에게 바랄 수 있겠느냐? (……) 그런데 네가 어찌 사양을 한단 말이냐? (……) 공경하고 조심하여 혹여 태만하거나 소홀함이 없이 내가 부탁하는 지극한 뜻을 잘 본받도록 해라.

안동 김씨의 세도 정치에 싫증이 났던 순조는 인사권, 군사권, 형사집행권을 제외한 다른 정사는 효명세자에게 맡겼습니다. 당시 조선에는 효명세자가 태어난 1809년부터 극심한 가뭄과 기근이 이어졌습니다. 게다가 세도 정권의 부패와 수탈이 이어지자 백성들은 여기저기서 민란을 일으키는 상황이었습니다. 한창 나이의 순조가 정사에 흥미를 잃은 것은 세도 정치로 인한 민란과 수차례의 천재지변을 수습할 능력이 없었기 때문이었습니다.

효명세자는 대리청정을 시작하자마자 종묘의 예식 문제를 들어 안동 김씨 계열인 전임 이조 판서와 현직 이조 판서를 징계했습니다. 안동 김씨의 세도 정치에서 벗어나려는 시도였지요. 권력의 중심이었던 비변사 당상 모두에게 정사에 태만했다는 이유로 감봉 조치를 내리기도 했습니다. 또 정치적으로 소외당했던 소론과 남인, 북인을 등용했습니다. 대리청정 초반부터 삼사 길들이기에도 눈 하나 깜짝하지 않고 맞서는 단호함을 보여주기도 했습니다. 강력한 왕권을 회복하려는 의지에서 나온 행동이었지요. 왕과 대신들의 학술 모임인 경연을 정례화하여 조정의 크고 작은 일에 대해 대신들과 활발하게 의견을 나누었습니다. 효명세자는 어진 인재를 널리 등용하고 옥사를 신중히 처리하며 백성들을 위해 선정을 베푸는 등 성군으로서의 자질도 충분히 보여주었습니다. 효명세자는 실학과 예술에도 관심이 많았습니다. 박지원의 손자인 박규수와 특별히 절친한 사이로, 효명세자는 자주 그의 집을 드나들며 독서와 토론을 즐겼습니다. 박규수가 조선 개화파의 중요 인물이었다는 사실은, 효명세

❍ 수릉의 비각과 정자각. 비석에 있는 글씨는 신정왕후의 양아들이 된 고종의 친필이다.

자가 요절하지 않고 왕이 되었다면 조선은 자주적으로 근대화를 이뤘을지도 모른다는 의미 없는 가정을 해보게 합니다.

할아버지 정조를 본받아 강력한 왕권으로 개혁 정치를 펼치려 했던 효명세자는 안타깝게도 3년 3개월간의 짧은 대리청정을 끝으로 1830년 22세의 나이로 세상을 떠나고 말았습니다. 원래 몸이 약했던 효명세자는 아들을 얻은 이후 더욱 자주 의원에게 처방을 받아야 했습니다. 갑자기 각혈을 하며 앓아 누운 효명세자는 스스로 처방한 약을 복용하기도 했지만 효험을 보지 못하고 결국 1830년 숨을 거두었습니다. 이로써 기울어가는 나라의 질서를 바로잡아 보려는 아버지 순조의 희망도 물거품이 되었고 정조 이후 조선이 스스로 회생할 수 있는 마지막 기회도 사라져버렸습니다.

순조가 세상을 떠난 후 그의 손자이며 효명세자의 아들인 8세의 헌종이 왕위에 올랐습니다. 헌종은 효명세자를 왕으로 추존하여 익종이라 하였고 어머니를 왕대비에 봉했습니다. 1899년 대한제국이 성립되자 익종은 문조익황제로 추존되었습니다.

함께 묻힌 신정왕후는 조만영의 딸로 태어났으며, 12세 때 효명세자와 가례를 올려 세자빈에 책봉되었습니다. 효부라는 칭찬을 듣던 세자빈 조씨는 1827년 헌종을 낳았고, 헌종이 왕위에 올라 남편인 효명세자가 익종으로 추존되자 왕대비가 되었습니다. 또 순조비 순원왕후를 이어 대왕대비가 되었고 철종이 후사 없이 별세하자 대왕대비 조씨는 왕실의 최고 어른으로서 권력을 행사할 수 있게 되었습니다.

왕위 결정권을 가지고 있던 신정왕후는 흥선군 이하응의 둘째 아들 명복을 자신의 양자로 삼았습니다. 그녀는 명복으로 하여금 왕위를 잇게 했는데 선왕인 철종의 뒤를 잇는 것이 아니라 자신의 남편 익종의 뒤를 잇는 형식으로 취했습니다. 이는 안동 김씨 세력을 약화시키기 위한 조치였고 자신은 새로운 왕 고종의 뒤에서 수렴청정을 하였습니다. 신정왕후가 안동 김씨의 세력을 견제하려고 노력하는 과정에서 자신의 친정인 풍양 조씨 가문이 또 다른 세도 정치를 펼치게 되었습니다. 풍양 조씨 일족들은 안동 김씨 못지않게 권력 확장에 몰두하느라 민심은 돌보지 않았습니다. 결국 나라는 더욱 어지러워졌고 조선 몰락의 시기는 더 당겨지게 되었습니다.

요절한 남편과는 달리 83세까지 천수를 누린 신정왕후는 조선이 여러 재난에 시달리자 눈물을 흘리며 죽지 않은 것을 한탄했다고 합니다. 신정왕후는 1890년에 세상을 떠나 수릉에 합장되었고 1899년에 신정익황후로 추존되었습니다.

수릉은 하나의 능침에 혼유석도 하나만 마련되어 있어 마치 한 사람만을 위한 단릉처럼 보이지만 익종과 신정왕후의 합장릉입니다. 왕릉의 앞 공간은 초계, 중계, 하계의 3단으로 나뉘고 문석인은 중계에, 무석인은 하계에 배치되는 것이 일반적이었습니다. 그런데 수릉에서는 중계와 하계가 합쳐져 문석인과 무석인이 같은 단에 배치되어 있습니다. 이는 신분 제도가 변하면서 반영된 변화입니다.

문석인과 무석인의 얼굴 표정은 실제 사람과 가까운 사실적인 모습으로 조각되어 있습니다. 문석인은 금관조복을 입었으며, 얼굴이 길쭉하고 광대뼈가 나오고 눈과 입술이 가늘게 표현되었습니다. 그러나 전체적으로 보면 어깨에 얼굴이 묻혀 있고 목을 앞으로 빼고 있어 이전의 석인들보다 훨씬 부자연스러운 모습을 하고 있습니다. 무석인의 갑옷에는 복잡한 무늬가 새겨져 있는데 이렇게 복잡한 조각을 새길 수 있었던 것은 그나마 신정왕후의 권력이 강했던 덕분입니다.

능침에는 난간석이 둘러 있고 양석과 호석 두 쌍씩이 능침을 지키고 있습니다. 위로 올라가는 세호 조각이 또렷하게 남아 있는 망주석과 문석인, 무석인, 마석 등이 각 한 쌍씩 설치되어 있습니다. 정자각 동쪽에 있는 비각 안에는 옛 비석과 새 비석이 함께 서 있습니다. 옛 비석은 익종과 신정왕후의 비석이고 새 비석은 문조와 신정익왕후의 비석입니다. 옛 비석의 글씨는 고종이 전서체로 쓴 어필이니 특히 눈여겨볼 만합니다.

익종의 능은 본래 서울 석관동의 의릉 왼쪽 언덕에 있었습니다. 그 후 풍수지리상 불길하다는 주장이 있어 양주 용마산으로 옮겼다가 철종 때 다시 현재의 위치로 천릉을 했습니다. 왕실의 혼란으로 왕권이 쇠약해졌을 때 외척들이 왕실 재정을 마구 이용했는데 그 대표적 예가 익종 능의 천릉입니다. 헌종대에 두 번, 철종대에 두 번 천릉이 이루어졌는데, 그 이유로 풍수 문제를 들었지만 실제로는 왕실의 기강이 해이해졌음을 나타내는 일입니다. ❀

21 ⑧
현릉

위치 경기도 구리시 인창동

지정 번호 사적 제193호

조성 시기 1452년(단종1)

현릉 顯陵

수릉에서 나와 안쪽으로 들어가다 보면 오른쪽에 현릉이 있습니다. 현릉에는 제5대 임금 문종(文宗 : 1414~1452)과 현덕왕후(顯德王后 : 1418~1441) 권씨가 잠들어 있습니다. 현릉에 가면, 홍살문, 정자각과 비각도 모두 하나이지만 왕과 왕비의 능침만 각각 다른 언덕 위에 따로 만든 모습을 볼 수 있습니다. 이런 능을 동원이강릉이라고 합니다. 동원이강릉은 세조의 능에서 처음 쓰인 양식입니다. 문종과 현덕왕후 두 사람 모두 세조보다 먼저 세상을 떠났는데 어떻게 동원이강릉이 될 수 있었을까요?

현덕왕후는 세자빈의 몸으로 단종을 낳고 세상을 떠난 후 경기도 시흥의 군자면에 안장되었고, 문종이 즉위하면서 왕후로 추존되고 소릉이란 능호를 받았습니다. 문종이 세상을 떠나자 건원릉 동남쪽 줄기인 현릉에 장사 지냈는데, 이때 현덕왕후도 함께 천장해 현릉은 합장릉이 되었지요. 그러나 맏아들 의경세자가 현덕왕후의 저주에 의해 요절했다고 믿은 세조에 의해 합장릉 현릉은 6년 만에 파헤쳐지고 현덕왕후의 시신은 시흥 군자 바닷가에 버려졌습니다. 그 후 50여 년이 지난 중종 때에 와서야 비로소 현덕왕후는 복위됨과 동시에 현릉 동쪽에 묻히게 되었습니다. 그래서 후대 능의 양식인 동원이

203

강릉을 따르게 된 것입니다.

　문종은 세종과 소헌왕후의 맏아들로 태어나 8세에 세자에 책봉되었습니다. 그는 어릴 때부터 학문을 좋아해서 학자들을 가까이 했고 성격도 유순하여 누구에게나 호평을 받는 왕자였습니다. 또 거동이 침착하고 판단이 신중하여 남에게 비난받는 일도 없었지만 지나치게 착하고 어질기만 하여 문약한 것은 왕위 계승자로서의 치명적인 단점이기도 했습니다.

　문종은 29년 동안 세자 자리에 머물러 있었습니다. 1437년 병상에 눕게된 세종은 세자에게 서무결재권을 넘겨주려고 하였습니다. 이때 세종의 주장은 대신들의 강력한 반대로 이뤄지지 못했지만 세종은 자신의 업무량을 줄이기 위해 의정부서사제를 실시하였습니다. 의정부서사제란 육조에서 올라오는 모든 일을 삼정승이 중심이 되는 의정부에서 심의한 다음 결론을 내려 왕에

게 결재받는 형식입니다. 태종이 즉위한 이후 왕권 강화를 위해 왕이 직접 육조를 관장하는 육조직계제를 택한 바 있었습니다. 그런데 육조직계제는 왕이 모든 실무를 관장해야 했기 때문에 왕의 업무가 대단히 많아지게 됩니다. 잔병치레를 많이 했던 세종은 육조직계제를 유지할 수가 없었습니다.

그러나 세종은 의정부서사제로도 업무를 감당할 수 없을 정도로 몸이 쇠약해졌습니다. 그래서 다시 세자에게 서무 결재권을 넘겨줄 것을 선언하였습니다. 세종은 대신들의 반대를 물리치고 동궁이 서무를 관장하는 기관인 첨사원을 설치하였습니다. 이런 기관을 설치한 것은 세자가 정무를 볼 경우 비서가 되어줄 승정원과 편전을 대신할 곳이 필요했기 때문입니다. 이때 문종의 나이 29세였습니다. 문종은 대리청정을 하는 동안 왕처럼 남쪽을 향해 앉아 조회를 받고 모든 관원은 뜰 아래에서 신하로 칭하도록 하는 대우를 받았습니다.

205

이로부터 8년간 문종은 정치 실무를 익히면서 문무 관리를 고르게 등용하고 언로를 자유롭게 열어 민정 파악에 힘쓰는 등 여러 가지 치적을 남기기도 했습니다.

1450년 문종은 37세의 나이로 왕위에 올랐습니다. 문종은 조선이 건국된 이래 적장자 승계의 원칙에 따라 등극한 최초의 임금이었습니다. 문종은 이미 8년 동안의 대리청정 기간이 있었기에 순조롭게 왕위를 계승하여 정사를 이어갔습니다.

성현의 수필집 《용재총화》에 다음과 같은 일화가 실려 있습니다. 문종이 세자로 있을 때 귤을 나무 소반에 담아서 집현전에 보낸 일이 있었습니다. 집현전의 학사들이 귤을 다 먹자 문종의 시가 소반 위에 쓰여 있었습니다.

향나무의 향기는 코에만 향기롭고
기름진 고기는 입에만 달구나
가장 사랑스런 동정의 귤은
코에도 향기롭고 입에도 달구나

집현전 학사들이 그 유려한 글씨와 문장에 감탄하여 이를 베끼고자 하였습니다. 하지만 대궐에서 빨리 소반을 돌려보내라고 성화를 하는 바람에 다 베껴 쓰지 못한 집현전 학자들이 소반을 붙들고 차마 놓지 못하였다고 합니다.

대신들은 왕이 건강을 해칠까 걱정했지만 문종은 "임금이 향락을 탐낸다면 비록 천년을 살아도 소용이 없지만 그렇지 않으면 비록 1년이라도 족하다"라고 말하며 더욱 더 열심히 정사를 돌봤다고 합니다. 문종은 이렇게 어질고 현명하고 성실한 군주였지만 안타깝게도 즉위한 지 2년여 만에 39세로 세상을 떠났습니다.

현릉의 정자각에서 능을 바라보았을 때 왼쪽 위의 언덕에 있는 능이 문종의 능이고, 오른쪽 언덕의 능이 현덕왕후의 능입니다. 현덕왕후는 화산부원군 권전의 딸로 태어나 14세에 세자궁 궁녀로 들어갔습니다. 권씨는 문종의 아기를 갖자 내명부의 종3품 품계인 양원을 하사받았고 세자의 후궁이 되었습니다.

원래 문종은 세자였던 14세에 김오문의 딸과 혼인을 했습니다. 그런데 문종은 2년 동안이나 세자빈인 휘빈 김씨를 가까이 하지 않았습니다. 전에 사귀던 궁녀들을 사랑했기 때문입니다. 외로움을 견디지 못한 휘빈은 세자의 관심을 끌기 위해 이상한 짓을 하기 시작했습니다. 남자가 좋아하는 여자의 신을 잘라다가 불에 태워 가루로 낸 다음 술에 타 마시게 하면 그 여자는 멀어지고 이쪽 여자는 사랑을 받는다는 '압승술'을 해보기로 한 것입니다. 그러나 아무런 효과도 보지 못하자 또 다른 비방을 찾게 되었습니다. 그 과정에서 시녀들끼리 다툼이 벌어졌고 그 소문의 진위가 확인되어 휘빈 김씨는 폐위되었습니다. 휘빈의 아버지 김오문은 치욕과 분노를 참지 못하여 딸을 죽이고 자신도 자결해버렸습니다.

세자빈 김씨가 폐출된 지 석 달 만에 봉여의 딸 순빈 봉씨를 세자빈으로 맞아들였습니다. 그때 현덕왕후 권씨도 승휘라는 세자의 후궁에 봉해져서 문종의 사랑을 받고 있었습니다. 문종의 사랑을 받지 못한 순빈은 더욱 더 문종에게 매달렸고 그럴수록 순빈을 부담스럽게 여긴 문종은 그녀에게서 멀어졌습니다. 급기야 순빈은 궁녀와의 동성애에 빠지게 되었습니다. 그러던 중 순빈의 총애를 차지하려는 소쌍과 석가이라는 궁녀가 치열한 언쟁을 벌였는데 그 소리를 문종이 듣고 말았습니다. 이 일이 소헌왕후에게까지 알려져서 순빈 봉씨도 대궐에서 쫓겨나게 되었습니다.

문종은 봉씨가 폐출된 지 두 달 만에 후궁이었던 현덕왕후 권씨를 세 번

顯陵

째 세자빈으로 맞이하였습니다. 대신들은 세자의 가례를 서둘러야 한다고 주장했지만 세종은 나라가 흉년을 만나 반성할 시기에 가례를 또 치를 수 없다고 반대를 하였습니다. 또 두 번이나 실패를 했기 때문에 다시 새 사람을 뽑아도 어진 사람이라는 것을 보증하기 어렵다는 이유로 대궐에서 이미 겪어본 후궁 중에 세자빈을 정하기로 한 것입니다. 문종 자신도 더 이상 자신의 일로 나라가 시끄럽게 하지 않겠다는 생각으로 가례를 생략할 것을 주장했습니다.

현덕왕후는 정숙한 덕과 온순한 용모로 동궁에 뽑혀 들어와 세자빈의 자리에 오르고, 단아한 성품과 효행으로 세종과 소헌왕후의 총애를 받았습니다. 그러나 현덕왕후는 단종을 낳고 3일 만에 산후병으로 세상을 떠났습니다. 현덕왕후는 이때 24세였는데 약도 쓰지 못한 채로 갑자기 죽었다고 기록에 남아 있습니다.

문종은 후계 구도가 복잡해지는 것을 이유로 다시는 세자빈을 간택하지 않았습니다. 왕위에 오른 후에도 문종은 왕비가 없는 홀아비 신세로 살았던 것이지요. 하루도 국모 자리를 비워둘 수 없고 다산으로 왕권의 기반을 튼튼하게 해야 하는 것이 왕실의 법도였는데 문종은 어떻게 그렇게 오랜 기간 동안 혼자 살았는지 이해할 수 없는 일입니다. 아버지 세종이 살아 있었음에도 불구하고 말이지요.

그런데 핏덩이 아들을 남기고 세상을 떠난 어린 어머니의 영혼이 저승으로 가지 못하고 대궐 안을 떠돌고 있었는지, 조카를 내몰고 왕이 된 세조의 꿈에 현덕왕후가 자주 나타났더랍니다. 1457년에는 단종의 복위를 도모하는 사건에 연루되어 현덕왕후의 어머니 최씨와 동생 권자신이 사사를 당했고 현덕왕후는 폐서인이 되었습니다. 이래저래 현덕왕후와 원수가 되어버린 세조는 그녀가 나타나는 꿈이 늘 꺼림칙했습니다. 급기야는 세조의 꿈에 현덕왕후가 나타나서 "네가 내 아들을 죽이려 하니 나도 네 자식을 살려두지 않겠다"라

🔼 오른쪽에 보이는 현덕왕후의 능은 그녀가 세상을 떠난 지 70여 년 만에야 남편의 능 곁에 조성되었다.

고 저주를 한 후 세조의 맏아들 의경세자가 세상을 떠나게 되는 일이 벌어졌습니다. 목숨 같은 아들을 잃은 세조. 당연히 이성을 잃었겠지요. 세조는 앞뒤 가리지 않고 현덕왕후를 폐위한 후 종묘에서 신주를 철거하고 그 능을 파헤쳐 유골을 바닷가에 흩어버렸답니다. 그로부터 55년 후인 1513년 종묘에 벼락이 치자, 종묘에서 문종 신위만이 홀아비 신세로 제사를 받는 것이 민망하다는 명분으로 현덕왕후는 복위되었고 위패가 종묘에 봉안되었습니다. 그리고는 비로소 남편 묘 옆에 다시 묻히게 된 것입니다.

현릉의 문종 능은 세종대에 정한 《국조오례의》 양식에 따라 조성된 왕릉 중 가장 오래된 왕릉입니다. 세종의 영릉이 먼저였으나 세종의 능에 물이 들어차서 예종 때 천장했기 때문이지요. 이전 왕릉에 있던 병풍석의 방울과 방패 무늬는 구름무늬로 바뀌었습니다. 고석도 다섯 개에서 네 개로 줄었습니

210

다. 두 손으로 장검을 짚고 서 있는 무석인은 머리와 눈, 코가 매우 크게 표현
되었고 고양이 얼굴과 같은 수염이 새겨져 있습니다. 문석인은 튀어나온 눈과
양쪽으로 깊이 새겨진 콧수염 때문에 흡사 외국인처럼 보입니다. 태조와 태종
의 능에는 신도비가 있었는데 임금의 치적이 국사에 실리기 때문에 굳이 사대
부처럼 신도비를 세울 필요가 없다는 의견 때문에 이때부터 건립하지 않았습
니다. 이때부터 제향 후 축문을 태우던 자리인 소전대 대신 예감을 만들었는
데 예감은 제향 후 지방을 묻던 돌구덩이입니다.

지극한 효자였던 문종은 아버지 세종의 곁에 묻히고자 대모산 기슭에
미리 장지를 정하고 합장릉으로 하라 명을 내렸습니다. 그런데 막상 능을 조
성하려고 땅을 파보니 물이 솟는 바람에 지금의 동구릉으로 정한 것입니다.

사후 72년 만에 남편 곁으로 돌아온 현덕왕후 능에는 문종의 능과 달리
병풍석이 없고 난간석만 있습니다. 웅장한 무석인도 서 있고, 퉁방울만 한 눈
에 앙다문 입술이 매우 강한 인상을 주는 반면 문석인의 표정은 아주 담담해
보입니다. 현릉의 예감은 사초지 아랫자락에 파고들 듯 자리 잡고 있습니다.
홍살문에서 정자각까지 뻗어 있는 참도가 두 번 꺾여 있는 것도 독특한 모습
입니다. 홍살문의 정면에는 수복방 주춧돌이 남아 있고 그 앞으로 왕과 왕비
가 잠든 두 언덕이 널찍하게 펼쳐집니다. ✿

211

22 건원릉

위치 경기도 구리시 인창동

지정 번호 사적 제193호

조성 시기 1408년(태종8)

건원릉 健元陵

현릉에서 나와 왼쪽으로 들어가면 목릉 가는 길이 나옵니다. 오른쪽에서부터 순서대로 돌자면 목릉에 먼저 가야 하겠지만 건원릉이 목릉의 초입, 눈에 보이는 위치에 있으므로 건원릉부터 둘러보는 게 좋을 듯합니다.

건원릉 입구의 금천교를 건너면 바로 홍살문이 보입니다. 태조 이성계의 능이라 다른 능에 비해 뭔가 더 웅장하고 넓을 것 같다는 선입관을 가질 수 있지만 건원릉은 오히려 좁고 답답하다는 느낌마저 드는 구조로 되어 있습니다. 홍살문에서 정자각까지의 거리가 상대적으로 짧고 능침도 높기만 할 뿐 단릉이라 단출해 보이기 때문입니다.

건원릉은 조선을 건국한 태조(太祖 : 1335~1408) 이성계의 단릉입니다. '건원'이라는 말 속에 나라를 세웠다는 의미가 들어 있고 그 이후의 능에는 건원릉과의 차별을 두기 위해 외자 능호를 붙였습니다.

태조 이성계는 화령부(지금의 함경남도 영흥)에서 이자춘의 둘째 아들로 태어났습니다. 그는 어릴 때부터 총명하고, 담대하며 특히 활을 잘 쏘았습니다. 이성계가 성년이 될 무렵 원나라가 쇠퇴하자 중원에서는 명나라가 일어나고

213

◆ 건원릉의 신도비각과 소전대. 두 구조물 모두 조선 초기 왕릉에서 볼 수 있는 양식이다.

만주 지방에서는 여진족이 새로운 세력을 키우고 있었습니다. 또 머리에 붉은 수건을 두른 한족 농민들이 반란을 일으켰는데 이들 홍건적에 의해 개경이 함락될 위기에 처했을 때 이성계는 자신이 거느리는 병사를 이끌고 이를 막아냈습니다. 원나라 장군 나하추가 쳐들어오자 함흥평야에서 이를 격파했고, 왜구를 크게 물리쳐서 한반도의 남쪽 지방의 근심거리를 없앴습니다. 이런저런 공로를 인정받아 이성계는 문무를 겸비한 고려의 주목받는 관리가 되었습니다.

이 무렵 새로 세워진 중국의 왕조 명나라는 고려에 무리한 공물을 요구하고 철령 이북 땅을 내놓으라고 위협했습니다. 철령 이북 땅이 원나라의 쌍성총관부와 동녕부에 속해 있었으니 원을 몰아낸 명나라가 이 땅을 차지하는 것은 당연하다는 논리였습니다. 고려는 이에 크게 반발하였고 신흥 무인인 최영을 중심으로 요동을 공격하자는 주장도 제기되었습니다. 최영의 주장을 받아들인 고려의 우왕은 이성계에게 요동 정벌을 명했습니다. 이성계의 정벌군은 음력 5월에 압록강 가운데 있는 섬인 위화도에 도착했습니다. 그러나 마침 장마가 시작되어 압록강 물이 불어났고 이성계의 군사는 오도 가도 못할 상황에 이르렀습니다. 이때 이성계는 4불가론을 주장하며 요동 정벌이 불가능한 일이라는 내용의 상소를 올렸습니다. 4불가론은 첫째, 작은 나라가 명나라 같은 큰 나라를 거스르는 것은 옳지 않고, 둘째, 농번기인 여름철에 군사를 동원하는 것은 옳지 않으며, 셋째, 병력을 북쪽으로 모두 옮기면 남쪽에 왜구가 다시 침략할 우려가 있고, 넷째, 더운 날씨로 활의 아교가 녹아 무기로 쓸 수 없고 전염병이 돌 염려도 크니 전쟁을 하지 말아야 한다는 것입니다.

그러나 우왕과 최영은 이성계의 주장을 무시하고 정벌을 강행하라고 재촉했습니다. 이에 이성계는 말 머리를 돌려 군사를 이끌고 개경으로 돌아왔습니다. 무력 쿠데타를 일으킨 이성계는 우왕을 폐위하고 창왕을 왕위에 올렸습니다. 이 사건이 조선 건국의 계기가 된 위화도 회군입니다.

조선 건국의 주도 세력은 학문적 실력을 갖춘 신진사대부와 무신 정권이 사라진 후 새롭게 등장한 신흥 무인들이었습니다. 이들은 고려가 원나라의 간섭으로부터 완전히 독립하려면 개혁이 필요하다는 공통된 생각을 가지고 있었습니다. 그러나 이들은 이성계를 왕으로 추대하여 새로운 왕조를 만들어야 한다는 역성혁명론자와 고려 왕조를 그대로 유지하면서 개혁해야 한다는 고려개혁론자로 나뉘었습니다. 역성혁명론자의 대표는 정도전이었고 고려개혁론자의 대표는 정몽주였습니다.

어느 쪽 노선을 택할 것인지 최종 결정을 해야 할 무렵 이성계의 아들 이방원은 정몽주와 담판을 지었습니다. 정몽주는 이방원이 보낸 자객에 의해 선죽교라는 다리 위에서 철퇴에 맞아 세상을 떠났습니다. 정몽주를 죽임으로써 역성혁명론자가 득세하게 되고 위화도 회군으로부터 4년 뒤인 1392년 이성계는 개경의 수창궁에서 왕위에 올랐습니다.

즉위 초에는 고려 국호를 그대로 사용하고 법 제도도 고려의 것을 유지하겠다고 선언했다가 대신들의 건의를 받아들여 국호를 바꾸기로 했습니다. 태조가 조선의 왕으로 등극한 다음 해에 한양으로 천도를 하였습니다. 후보지였던 한양에 대해서 신라 고승 도선은 '한양은 전국 산수의 정기가 모두 모이는 곳이기에 반드시 왕성이 들어설 것이며, 왕성의 주인은 이씨가 될 것'이라는 기록을 남겼습니다. 이런 기록은 조선을 건국한 사람들에게는 무척 고무적인 내용이었습니다. 여러 차례의 조사와 연구 끝에 조선 조정은 한양을 도읍지로 정하고 북악산 아래 궁궐을 짓기 시작했습니다.

태조는 새 왕조의 기반을 튼튼히 다지는 데 몰두하였습니다. 명나라에는 친선을 도모하기 위한 사대정책을 썼고, 숭유배불 정책을 시행하여 한양에는 성균관을, 지방에는 향교를 세워 유학의 진흥을 꾀하는 동시에 전국의 사찰을 폐하기도 했습니다. 경제적으로는 농본민생주의를 통해 농업을 장려하고 농지를 개혁하여 민생의 안정을 꾀하였습니다.

그러나 태조는 정치·사회적 역량과 노력과는 별개로 무척 곤혹스러운 말년을 보냈습니다. 후계자 지정을 잘못했기 때문입니다. 태조는 즉위 후 세자 책봉을 서둘렀는데 원비 신의왕후의 장성한 아들들을 제쳐두고 계비 신덕왕후의 둘째 아들이고 자신의 여덟 번째 아들인 11세의 방석을 세자 자리에 앉혔습니다. 당연히 신의왕후 소생의 아들들은 불만을 품게 되었습니다. 그중 조선 개국에 지대한 공을 세운 다섯번째 아들 방원이 세자 방석의 주변 인물들을 제거하고 방석과 그 동복형인 방번을 살해했습니다. 1398년에 일어난 이 사건이 제1차 왕자의 난입니다.

태조는 몹시 상심하여 둘째 아들 방과에게 왕위를 물려주고 상왕으로 물

🔵 건원릉은 홍살문에서 정자각까지의 거리가 짧은 편이고, 단릉이라 능침도 단출해 보인다.

러앉았습니다. 그로부터 2년 뒤에 방원의 동복형인 방간이 반란을 일으켰습니다. 방간은 방원의 군대에 패해 유배를 가게 되었는데 이를 제2차 왕자의 난이라고 합니다. 제2차 왕자의 난이 일어나자 정종은 두려움에 떨며 왕위를 동생에게 물려주었습니다. 그래서 태조는 태상왕이, 정종은 상왕이 되었습니다.

이때 태조는 한양을 떠나 고향인 함흥으로 돌아갔습니다. '심부름을 보냈는데 감감무소식인 사람'을 일컬어 흔히 함흥차사라고 하는데 함흥차사는 원래 태종이 '함흥에 있는 태조를 모셔오기 위해 보낸 사신'을 가리키는 말이었습니다. 왕위에 오른 태종이 문안을 위하여 태조에게 차사를 보냈지만 그때마다 돌아오지 않아 생겨난 말이라고 합니다. 태종이 차사를 보낼 때마다 태조가 이들을 모두 죽여버렸다는 말도 전하지만 이는 사실이 아니라고 합니다. 차사 중에서 희생된 사람은 마지막 차사인 박순과 내관 노희봉뿐이며, 이들도 태조가 죽인 것이 아니라 반란군에 의해 희생된 것입니다. 함흥차사 이야기는 후세 사람들이 태조와 태종의 갈등을 극대화시키기 위해 과장한 이야기로 보입니다.

무학대사의 간청으로 한양에 돌아온 태조는 불도에 정진하다가 1408년 74세의 나이로 세상을 떠났습니다. 태조는 생전에 계비 신덕왕후와 함께 묻히기를 원해 신덕왕후의 능인 정릉에 자신의 묏자리를 마련해두었습니다. 그러나 신덕왕후와 사이가 좋지 않았던 태종은 부왕의 유언을 따르지 않았습니다. 태종은 태조가 살아 있을 때부터 정릉을 훼손하기 시작했습니다. 태조는 이 꼴을 보고 자신은 차라리 고향 함흥에 묻어달라고 유언을 남겼습니다.

태조가 세상을 떠나자 태종은, 태조의 능을 지금의 건원릉 자리에 조성하였습니다. 고향 함흥에 묻어달라는 태조의 마지막 유언조차 이루어지지 못했습니다. 도읍은 한양인데 태조의 능을 함흥에 만든다는 것은 조선의 정통성을 흔들 위험이 있었고 자신이 일으킨 골육상쟁의 잘못을 인정하는 것이 되었기 때문입니다. 그래서 태종은 좋은 묏자리를 물색하도록 명령을 내렸고 그중 김인귀가 동구릉의 길지를 추천해 정해진 곳이 지금의 자리입니다.

서울에서 동구릉으로 가는 길에 위치한 망우리 고개의 전설에 의하면 건원릉을 능역으로 잡은 사람이 바로 태조 자신이었다고 합니다. 태조가 이 자리를 자신의 묏자리로 정해놓고 한양으로 돌아오는 길에 망우리 고개를 넘을 때 멀리 자신의 묏자리를 바라보며 "이제야 모든 근심을 잊게 되었구나" 하고 말했다고 합니다. 망우(忘憂)는 근심을 잊는다는 뜻이지요. 그러나 태조가 건원릉을 묏자리로 정하고 그렇게 좋아했다면 왜 신덕왕후가 세상을 떠났을 때 정릉에 자신의 묏자리까지 만들었을까요? 건원릉이 왕릉 자리로 정해진 것은 태조가 세상을 떠난 이후의 일이고 망우리 전설은 지어낸 이야기로 보입니다.

○ 억새가 우거진 건원릉의 능침. 함흥에서 가져온 이 억새를 보호하기 위해 벌초는 1년에 한 번만 한다.

건원릉은 고려 왕릉 중에서 가장 웅장하고 화려한 공민왕과 노국공주의 현정릉을 본떠서 만든 능입니다. 하지만 고려 시대에는 없던 곡장을 능침 주위에 두르는 등 석물의 조형과 배치 면에서 세부적으로 고려의 능과는 조금 다른 모습을 보여줍니다. 이것이 이후 조선 왕릉 제도의 표본이 되었습니다.

건원릉의 높고 큰 능침은 다양한 문양을 새긴 12면의 화강암 병풍석이 둘러싸고 있습니다. 병풍석에는 모든 방향의 악재로부터 왕릉을 보호하기 위해 십이지신상이 새겨져 있습니다. 병풍석 밖으로는 열두 칸의 난간석을 둘렀고, 난간석 밖으로는 호석과 양석이 네 마리씩 교대로 배치되어 있습니다. 건원릉은 조선 초기의 양식으로 만들어졌기 때문에 혼유석에 다섯 개의 고석이 있습니다. 한 개의 장명등석 외에도 망주석 한 쌍, 마석 한 필씩이 딸려 있는 문무석인 한 쌍씩이 초계와 중계, 하계로 나뉘어 놓여 있습니다.

건원릉의 가장 특이한 점은 봉분에 잔디를 심지 않고 억새풀을 덮었다는 것입니다. 고향에 묻히고 싶다는 태조의 유언은 그대로 들어줄 수 없었지만 조금이나마 수용하기 위해 함흥에서 흙과 억새를 가져다 덮어주었다는 일화가 전해지고 있습니다. 언뜻 보면 한동안 돌보지 않아 잡초가 무성한 것으로 여겨질 만큼 억새풀이 무성한데 이는 함흥의 억새가 죽을까 봐 일 년에 한 번, 한식에만 벌초를 하기 때문입니다. 1629년의 《인조실록》에는 다음과 같은 내용이 기록되어 있습니다.

동경연 홍서봉이 아뢰기를, "건원릉 사초(莎草:무덤 입히는 잔디)를 고친 때가 없었는데, 지금 능 앞에 잡목들이 뿌리를 박아 점점 능 가까이까지 뻗어난다고 합니다. 태조의 유언에 따라 고향의 억새풀을 사초로 썼기 때문에 지금까지도 다른 능과는 달리 사초가 매우 무성하였습니다. 그런데 지금 나무뿌리가 그렇다는 말을 듣고 대신들과 논의해보았는데, 모두들 나무뿌리는 뽑아버리지 않으면 안 되고, 사초가 만약 부족하면 다른 사초를 쓰더라도 무방하다고들 하였습니다" 하니, 상이 이르기를, "한식에 나무뿌리까지 뽑아버리지 않고 나무가 큰 뒤에야 능 전체를 고치려고 하다니 그는 매우 잘못된 일이다. 지금이라도 흙을 파서 뿌리를 잘라버리고 그 흙으로 다시 메우면 그 뿌리는 자연히 죽을 것이다. 예로부터 그 능의 사초를 손대지 않았던 것은 다른 뜻이 있어서였던 것이니 손을 대서는 안 된다."

건원릉의 홍살문을 들어서면 왼쪽에는 수라간 주춧돌이 있고, 오른쪽에 수복방 건물이 있습니다. 수복방보다 앞쪽으로 커다란 비각이 있는데 이 안에 태조의 신도비가 서 있습니다. 신도비는 능 주인의 업적을 기록한 비석입니다. 현재 신도비가 남아 있는 왕릉은 태조의 능과 태종의 헌릉뿐입니다. 문종

220

때부터 왕의 업적은 실록에 기록되니 신도비를 세울 필요 없다고 해서 다른 능에는 능 주인이 누구인지 밝히는 비석만 있을 뿐입니다.

능침을 바라보고 정자각의 왼쪽에는 탁자와 같이 생긴 석물이 있는데 이는 제향이 끝난 후 축문을 태우는 소전대입니다. 이도 역시 조선 초기의 양식으로 건원릉과 신덕왕후의 정릉, 태종의 헌릉에서만 볼 수 있는 석물입니다. 정자각의 아래 석조 기단에는 총탄 자국으로 보이는 상처가 무수히 나 있습니다. 현대사의 비극이 적나라하게 드러나는 현장입니다.

태종은 건원릉의 재실을 개경사라는 왕실의 사찰로 만들었습니다. 1408년 《태종실록》에는 개경사에 대해 다음과 같은 기록이 남아 있습니다.

> 산릉의 재궁에 개경사라는 이름을 내려주고 조계종에 귀속시켜 노비 150명과 농사지을 땅 3백 결을 내렸다. 임금(태종)이 황희에게 이르기를, "불교가 그른 것을 내 어찌 알지 못하랴마는, 아버님이 돌아가시니 시시비비를 따질 겨를이 없다. 내 생전에 마땅히 해야 할 일을 자세히 제정하여 후손에게 전하겠다"라고 하였다.

숭유억불 정책을 강력하게 주장했던 태종도 자신의 아버지의 명복을 빌기 위해서는 앞뒤 가리지 않고 절을 지어야 한다고 생각했던 모양입니다. 개경사는 원래 동구릉 내 현릉 부근에 위치했는데 1779년 이전에 폐사되어 지금은 그 터만이 남아 있고 동구릉 입구에는 새로운 재실이 세워져 있습니다. ✿

23 목릉

위치 경기도 구리시 인창동

지정 번호 사적 제193호

조성 시기 1600년(선조33)

목릉 穆陵

건원릉의 오른쪽으로 깊숙이 들어가면 목릉이 보입니다. 목릉의 홍살문에 들어서면 우선 사방으로 탁 트인 초원이 눈에 들어옵니다. 이 넓고 광대한 초원 위에 제14대 임금 선조(宣祖 : 1552~1608)와 원비 의인왕후 (懿仁王后 : 1555~1600) 박씨, 계비 인목왕후(仁穆王后 : 1584~1632) 김씨 세 사람이 잠들어 있습니다. 같은 능역 안의 각각 다른 언덕에 왕릉과 왕비릉을 조성한 동원이강릉의 형식을 따르고 있습니다. 제일 왼쪽에 보이는 것이 선조의 능이고, 가운데가 의인왕후, 오른쪽이 인목왕후의 능입니다.

선조는 중종의 아들인 덕흥대원군의 셋째 아들로 태어났습니다. 중종은 모두 아홉 명의 아들을 얻었는데 덕흥대원군은 후궁인 창빈 안씨의 소생입니다. 중종의 정실 소생인 두 왕자가 모두 왕위를 이어 인종과 명종이 되었지만 둘 다 후사를 얻지 못해 방계 혈통인 선조로 왕위를 잇게 할 수밖에 없었습니다.

선조는 어려서부터 행동이 바르고 용모가 빼어나, 후사가 없었던 선왕 명종의 사랑을 받았습니다. 명종은 어린 순회세자를 잃은 후, 여러 왕손을 궁궐에 자주 불러 위안을 삼기도 했습니다. 그중에서도 조카인 하성군(선조)을 유

223

○ 임진왜란을 치른 선조의 능에는 전쟁의 기운이 새어 나오는 것을 막으려고 병풍석을 세웠다.

난히 아꼈다고 합니다. 하루는 명종이 왕이 쓰는 모자인 익선관을 벗어 왕손
들에게 주며 써보라고 하였습니다. 누구 머리가 가장 큰가 보자는 명종의 익
살스러운 제안에 다른 왕손들은 돌아가면서 익선관을 써보았지만 제일 나이
가 어린 하성군은 머리를 숙여 사양하였습니다. 보통 사람은 감히 쓸 수 없다
는 것이었지요. 그러면서 하성군은 두 손으로 공손하게 익선관을 받들어 제
자리에 도로 가져다 놓았답니다. 명종이 이때 하성군에게 왕위를 물려줄 뜻
을 정했다고도 합니다. 또 왕손들에게 글자를 써서 올리게 했더니 하성군은
'충성와 효도는 본래 둘이 아니다(忠孝本無二致)'라고 써서 명종이 기특하게 여
겼답니다.

이렇게 명종의 사랑을 받고 성장한 하성군은 명종이 세상을 뜨자 16세의
나이로 왕위에 올랐습니다. 초기에는 명종비인 인순왕후가 수렴청정을 했습

니다. 하지만 인순왕후는 선조가 정사 처리에 능숙하여 친정을 할 수 있다고 판단하여 이듬해에 수렴청정을 거두었습니다. 선조는 즉위 초에는 매일 경연에 나가 토론하고, 밤늦도록 독서를 하는 등 오직 학문에 열중하였습니다. 그래서 성리학적 왕도 정치를 표방하게 되었습니다. 정계에서도 훈구, 척신 세력을 물리치고 이황, 이이 등 많은 사림의 인재를 등용하였습니다.

선조는 친정을 하게 된 후 가장 먼저 과거제를 개편하여 현량과(조광조가 실시하기 시작한 추천제 과거)를 다시 실시하였습니다. 또 기묘사화 때 화를 당한 조광조에게 증직하는 등 억울하게 화를 입은 사림들을 신원하고, 그들에게 화를 입힌 사람들의 관작을 빼앗아 이제껏 잘못되었던 일들을 바로잡아 간다는 인상을 주었습니다. 이로써 민심이 안정되고 조정이 평화를 되찾는 듯했습니다.

그러나 그 평화는 그리 오래 가지 못했습니다. 서로 반목과 갈등을 일삼은 붕당이 생기기 시작했기 때문입니다. 인사권을 쥐게 되는 이조 전랑이라는 벼슬자리를 놓고 김효원과 심의겸이 대립을 한 것이 붕당의 시작입니다. 심의겸의 집은 도성의 서쪽인 정동에 있었고 김효원의 집은 도성 동쪽 건천동에 있었기 때문에 이들을 동인과 서인으로 부르게 되었습니다. 처음에는 단순한 감정 대립에서 시작한 갈등이 학맥과 사상의 차이로 이어지고 나중에는 정치적 반목으로까지 발전하게 된 것입니다.

그러던 중 1590년 왜의 동태가 수상하다는 판단에 의해 그 동향을 살피기 위해 통신사를 일본에 보내게 되었습니다. 그런데 이듬해에 돌아온 통신사와 부사는 서로 반대되는 보고를 하였습니다. 통신정사 황윤길은 왜국이 전쟁 준비를 열심히 하고 있으니 대비를 해야 한다고 하였습니다. 그러나 통신부사 김성길은 도요토미 히데요시의 인물됨이 보잘것없고 군사 준비도 안 되어 있으니 전쟁 준비를 하는 것은 민심만 어지럽힐 뿐이라고 보고하였습니다.

🔵 선조의 능 병풍석에는 십이지신상과 구름무늬가 조각되어 있고 난간석이 이를 감싸고 있다.

두 사람의 보고가 이렇게 다른 것은 황윤길은 서인이었고 김성일은 동인이었기 때문입니다. 극심한 논란 끝에 당시 세력이 우세하던 동인의 주장대로 전란에 대비하지 않는 쪽으로 결론이 지어졌습니다. 그러나 그 다음 해에 왜가 쳐들어왔지요. 바로 임진왜란입니다.

  사사건건 대립하는 이런 분위기에서 상대 당을 몰아내는 것은 커다란 과제가 될 수밖에 없었습니다. 1591년에는 세자 책봉 문제로 서인이 조정에서 밀려나게 되었습니다. 당시 좌의정이었던 서인의 거두 정철이 광해군을 세자로 책봉해야 한다고 주장했는데 동인이었던 영의정 이산해의 계략에 빠져선조의 노여움을 사게 된 것입니다. 선조가 인빈 김씨의 소생인 신성군을 총애한다는 것을 알고 있던 이산해는 인빈 김씨를 찾아가 광해군이 세자가 되면 인빈 김씨와 신성군은 목숨이 위태할 것이라고 말했습니다. 이 말을 들은 인빈 김씨는 당장 선조에게 달려가 정철이 자기 모자를 죽이려 한다고 말했습니다. 선조는 정철을 귀양 보냈고 서인이 실각하게 되었습니다. 정권을 잡은 동인은 서인들을 숙청하는 과정에서 또 두 파로 나뉘게 되었습니다. 정철을 사형시켜야 한다는 과격파는 북인이, 귀양만 보내면 된다는 온건파는 남인이 된 것입니다.

극심한 당쟁 때문에 국방에 대한 대책은 세우지 못하고 국력이 쇠약해져 있던 중 1592년에 임진왜란이 일어났습니다. 이때 조선은 200여 년 동안 전쟁을 겪지 않은 상태여서 전쟁에 대한 대비가 소홀하였습니다. 그런데 당시 일본은 도요토미 히데요시가 오랜 전국시대를 끝내고 나라를 하나로 통일한 때였습니다. 자신의 지지 기반이 완전하지 못하고 불만 세력이 커지는 것을 막기 위해 도요토미 히데요시는 '대륙 정복'이라는 구호를 내걸고 전쟁을 일으킨 것입니다.

일본은 20만 명의 병력을 이끌고 조선으로 쳐들어왔습니다. 부산포에 상륙한 왜군은 무서운 속도로 북상하여 한 달도 못되어 한양을 함락시켰습니다. 이 바람에 선조는 의주까지 몽진을 가게 되었습니다. 그때까지 조선은 세자를 세우지 못하고 있었습니다. 적자가 없으므로 서장자인 임해군을 세자로 세워야 했지만 임해군은 성격이 포악하여 인심을 잃었다는 이유로 제외되었습니다. 선조가 총애하던 신성군도 병으로 죽었기 때문에 어쩔 수 없이 피란길에서 광해군을 세자로 책봉하였습니다. 선조는 의주로 몸을 피했지만 세자인 광해군은 조정을 둘로 나눈 분조에서 의병을 지휘하고 군량을 확보하는 등 활약을 했습니다.

이순신의 활약과 의병의 봉기, 명나라의 원군 등에 힘입어 조선은 왜군을 남쪽으로 몰아내고 1593년 한양을 다시 찾았습니다. 하지만 명과 왜의 화의가 깨지면서 1597년에 정유재란이 일어났습니다. 조선은 다시 전쟁에 휩쓸렸지만 도요토미 히데요시가 병사하고 그의 유언에 따라 왜군은 본국으로 철수하였습니다.

7년, 두 차례에 걸친 전쟁이 끝나자 선조는 피해를 복구하고 민심을 안정시키는 데 전력을 다했습니다. 선조는 스스로 음식과 의복을 절제하여 사치를 배격하는 데 모범을 보였고, 농토를 개간하고 양식을 절약하는 정책을 실시하여 민간 경제를 되살리려고 애썼습니다. 때늦은 감이 있지만 훈련도감을 설치하여 군사 훈련을 강화하고 전쟁에서 공을 세웠거나 군량미 조달에 공이 있는 사람들에게 논공을 시행했습니다. 논공할 때 주로 벼슬을 내려주었기 때문에 낮은 신분을 가진 사람이 양반이 되는 경우가 많았습니다. 안 그래도 전쟁 때문에 양반 관리들의 체면은 땅에 떨어졌고 노비 문서가 불타 버리기도 했는데 이런 논공의 방법도 조선 후기 신분 변화의 또 다른 계기가 되었습니다.

선조의 노력에도 불구하고 거듭된 흉년과 당쟁으로 인한 정치 불안정으로 복구는 큰 효과를 보지 못했습니다. 선조는 전란의 마무리도 제대로 못 끝낸 채 1608년 59세에 세상을 떠났습니다. 재위 기간은 41년이었습니다.

의인왕후는 반성부원군 박응순의 딸로 태어나 15세의 나이로 왕비에 책봉되어 가례를 행하였습니다. 성품이 온화하였으며 자애로운 면모를 지녔던 의인왕후는 슬하에 자식이 없어 후궁의 자식들을 자기 자식처럼 보살폈습니다. 후궁들에게도 관대하여 후궁들 사이에서 '살아 있는 관세음보살'로 불리기도 했습니다. 의인왕후는 어린 나이에 어머니를 잃은 임해군과 광해군을 친자식처럼 돌보았고, 특히 광해군을 남달리 총애하여 훗날 그가 세자의 자리로 오를 수 있도록 적극적으로 후원하기도 하였습니다.

그러나 의인왕후는 피란길에서 얻은 병을 회복하지 못하고 1600년 소생 없이 46세에 세상을 떠났습니다. 자식이 없다고 의인왕후를 무시하고 박대했던 선조였지만 "중전의 목숨을 이미 구원하지 못하였으니 나는 실로 망극하여

⬆ 목릉의 정자각은 선조의 능을 향하여 서 있고 혼령의 길인 신도는 세 능으로 길게 뻗어 있다.

어찌할 줄을 모르겠다"라며 눈물을 흘리고 슬퍼하였다고 합니다.

인목왕후는 선조의 계비로 연흥부원군 김제남의 딸로 태어나 19세에 왕비로 책봉되었으며, 1606년에 영창대군을 낳았습니다. 선조의 유일한 적자를 낳은 것이지요. 이때 32세의 광해군이 세자로 있었는데, 당시 실권자였던 유영경은 적통론을 주장하며 영창대군을 세자로 추대하려 하였습니다. 적통이 아니라는 콤플렉스를 가졌던 선조 역시 광해군을 폐하고 적자인 영창대군에게 왕위를 물려주고자 했습니다. 광해군의 세자 책봉이 명나라의 승인을 받지 못한 것도 이런 갈등에 한몫을 했습니다. 영창대군 출생 후 선조는 광해군이 문안하면 "명나라의 책봉도 받지 못했는데 어찌 세자 행세를 하는가" 하고 문안도 못하게 하였을 정도였습니다.

그러나 선조가 갑자기 세상을 떠나는 바람에 영창대군이 보위를 잇게 하려는 계획들은 실천에 옮겨지지 못했습니다. 자신의 죽음이 임박했음을 느낀 선조는 1607년 광해군에게 왕위를 물려주겠다는 선위 교서를 내렸습니다. 그런데 영의정 유영경이 이를 자기 집에 감췄다가 발각되어 그 죄를 묻는 과정에 선조가 세상을 떠났습니다. 유영경은 인목대비에게 얼른 영창대군을 왕위에 올리고 수렴청정을 하라고 종용했습니다. 그러나 인목대비는 선왕의 뜻을 따르는 동시에 유영경의 제안에 현실성이 없다는 판단을 하여 광해군으로 하여금 보위를 잇게 한다는 언문 교지를 내렸습니다.

선조는 세상을 떠날 때 대신들에게 영창대군을 잘 부탁한다는 말을 남겼습니다. 그런데 어린 자식을 걱정하는 아버지의 이 말이 나중에 영창대군을 궁지에 몰아넣고 말았습니다. 광해군이 즉위하자 유영경 일파는 몰락하고 대북파가 득세했는데 이들은 선조의 유언 때문에 영창대군을 더욱 경계하게 되었습니다.

1613년 일곱 명의 명문가 서자가 은을 훔치다가 체포되었는데 이들을 심문하는 과정에서 역모가 드러나게 되었습니다. 그들은 자신들이 훔친 은을 영창대군을 왕으로 모시는 거사 자금으로 쓰려고 했으며 영창대군의 외조부인 김제남이 이를 주도했다고 자백했습니다. 이 일로 영창대군은 폐서인으로 강등되어 강화에 유배되었고 김제남은 사사되었습니다. 이후 9세의 영창대군도 강화부사 정항에 의해 살해되었습니다. 그로부터 4년 후 폐모론이 제기되었습니다. 찬반 양론이 격렬해지자 광해군은 폐모론에 반대한 신하들을 유배시키고, 인목왕후의 대비로서의 존호를 폐한 다음 서궁(지금의 덕수궁)에 유폐시켰습니다. 그러나 1623년 인조반정이 일어났고 인목왕후는 복호되어 대왕대비가 되었습니다. 인목왕후는 인조의 왕통을 승인한 왕실의 최고 어른의 위치에서 국정에 관심을 표하여 한글로 하교를 내리기도 하였습니다. 인목왕후는 1632년 49세에 세상을 떠났습니다.

穆陵

목릉은 원래 의인왕후의 능인 유릉의 터였습니다. 의인왕후가 세상을 떠났을 때는 전쟁 직후라 나라도 어지러운 상태였고 왕권도 많이 실추되어 있는 때였습니다. 왕후가 세상을 떠나 국상이 났는데 그 묏자리는 좀처럼 정해지지 않았습니다. 어떤 땅이 능 자리로 결정되면 그 주변의 민간 묘는 모두 이장해야 하는데 해당 지역 부근에 선산을 가진 신하들이 이런 저런 핑계로 능 자리로 정해지는 것은 방해했기 때문입니다. 결국 왕후가 세상을 떠난 지 반 년 가까이 지나서야 경기도 포천에 능지를 정하고 산릉 공사를 시작했습니다. 그런데 절반쯤 공사가 진행되었을 때 그곳이 불길하다는 상소가 올라왔고 이를 들은 선조가 건원릉 내로 택지를 정하라고 명을 내려 의인왕후의 유릉이 조성된 것입니다.

선조의 목릉도 원래 건원릉의 서편 현재의 경릉 자리에 따로 조영되어 있었습니다. 그런데 임진왜란 후 장인을 구하기 어려운 상황에서 부실한 산릉공사를 한 탓에 병풍석이 기울어지자 심명세라는 사람이 목릉에 물이 차서 불길하니 능을 옮겨야 한다고 상소를 올렸습니다. 그런데 막상 천장을 하려고 능을 파보니 흙이 보송보송한 길지여서 많은 사람을 분노하게 했다고 합니다. 하지만 한번 파버린 능을 다시 덮을 수는 없었지요. 그래서 현 위치로 천장하고 유릉과 목릉의 능호를 합칭하여 목릉이라 부르게 되었습니다.

인목대비가 세상을 떠나자 그 능을 왕릉의 동편 언덕에 조영하게 되어 비로소 현재와 같은 목릉의 모습을 갖추게 되었습니다. 원래 정자각은 의인왕후 릉 앞에 있다가 선조의 능이 천장되면서 왕릉 앞으로 옮겨졌습니다. 계비 인목왕후의 능이 들어서자 왕릉 쪽으로 치우친 정자각을 다시 옮기자는 주장이 나왔습니다. 그러나 이전이 번거롭다 하여 인목왕후 능은 정자각에서 혼령의 길인 신도만 뻗어나가도록 하는 것으로 결정되었습니다. 그래서 현재 목릉의 정자각은 왕릉을 향하여 서 있고 신도는 세 능으로 길게 뻗어 있습니다.

인목왕후 능 바로 앞에 가면 정자각 정도 크기의 주춧돌이 늘어서 있습니다. 능을 만들 때 원래의 능이 있는 경우, 새 능 앞에 임시 정자각을 세우고 3년 상을 지낸 후에야 임시 정자각을 허물고 신위를 합치는데, 인목왕후 능 앞의 주춧돌은 임시 정자각의 터를 보여주는 것입니다.

선조의 능에는 병풍석이 세워져 있습니다. 병풍석에는 십이지신상과 구름무늬가 조각되어 있고 난간석이 이를 감싸고 있습니다. 혼유석과 망주석 한 쌍, 양석·호석이 두 쌍씩, 문석인과 무석인이 각 한 쌍씩 배치되어 있습니다. 석인의 크기는 웅대하지만 조형물의 예술적 가치는 조선 왕릉 가운데 가장 뒤떨어진 것으로 여겨지는데 그 이유는 임진왜란 때 인명 피해가 커서 장인을 구하기 힘들었기 때문이라고 합니다.

의인왕후릉에는 병풍석이 생략된 채 난간석만 둘러져 있습니다. 이 능의 망주석과 장명등석의 대석에 새겨진 꽃무늬는 조선 왕릉에서는 처음 선보인 양식입니다. 이 무늬는 이후 인조 장릉의 병풍석에 새겨지는 등 조선 왕릉 조영에 많은 영향을 끼쳤고 조선 말기까지 계속 사용되었습니다. 의인왕후의 능에도 선조의 왕릉과 마찬가지로 혼유석, 망주석 한 쌍, 양석·호석이 두 쌍씩, 문석인과 무석인이 각 한 쌍씩 배치되어 있습니다. 인목왕후릉에도 역시 병풍석은 없습니다. 다른 상설은 의인왕후릉과 마찬가지입니다.

목릉 각 능의 석물들에는 군데군데 총에 맞은 자국들이 남아 있습니다. 또 의인왕후릉의 마석은 주둥이 부분이 통째로 떨어져 나가기도 했습니다. 살아생전에도 전쟁의 참화를 겪은 왕과 왕비들이었는데 몇백 년 후 그 능조차도 전란에 시달린 것이지요. 역사를 알고 능을 둘러보면 드넓은 능역이나 장대한 석물들이 더욱 무의미하게 보입니다. 그것들이 왕과 왕비들의 고통스러운 삶을 보상해주기보다는 허세를 부린 것으로 보이기 때문입니다. ❀

233

24 ☸

휘릉

위치 경기도 구리시 인창동

지정 번호 사적 제193호

조성 시기 1688년(숙종14)

휘릉 徽陵

목릉에서 나와 다시 건원릉 앞을 지나 왼쪽으로 들어가면 휘릉이 있습니다. 휘릉은 높지 않은 언덕에 아담하게 꾸며진 장렬왕후(莊烈王后: 1624~1688) 조씨의 단릉입니다. 장렬왕후는 제16대 임금 인조의 계비로 한원부원군 조창원의 딸로 태어났습니다. 15세에 44세였던 인조의 계비로 간택되어 가례를 올리고 왕비로 책봉되었습니다. 인조는 원비인 인열왕후가 세상을 떠난 후 3년 동안 왕비를 간택하지 못했습니다. 병자호란으로 나라가 혼란에 빠져 있었기 때문입니다. 굴욕적인 항복을 한 후 1년이 지나고 전란의 상처가 어느 정도 아물자 비로소 왕비를 들이게 된 것입니다.

장렬왕후가 왕비가 되었을 때 인조는 소용 조씨를 총애하고 있었습니다. 조소용은 당시의 세력가 김자점의 도움을 받아 어린 왕비를 제치고 대궐의 안주인 행세를 하고 있었습니다. 조소용은 인조가 장렬왕후에게 가지 못하게 하기 위해 그녀가 중풍에 걸렸다고 거짓말까지 했습니다. 그래서인지 19세의 어린 장렬왕후는 정말 중풍 증세에 시달렸다고 합니다.

조소용의 위세가 얼마나 대단했는지, 인조가 세상을 떠날 때도 왕비인 장렬왕후가 임종을 지켜야 하는데 후궁인 조소용이 그 자리를 지키고 있었

🔵 휘릉의 정자각은 당시 유행하던 중국풍의 양식을 따랐다

습니다. 당시 세자였던 효종이 이를 보고 당장 장렬왕후를 모셔오라고 호통을 쳤습니다. 장렬왕후를 무시하고 법도에 어긋난 행동을 하던 조소용도 왕위 계승자인 세자의 말은 거역할 수 없었지요. 장렬왕후의 나이가 아들뻘인 효종보다 다섯 살이나 적었지만, 효종은 장렬왕후에게 지극 정성으로 효도를 했다고 합니다.

장렬왕후가 26세 되던 해 인조가 세상을 떠나고 효종이 즉위하자 그녀는 자의대비가 되었습니다. 장렬왕후는 소생이 없었고 정치적으로 별다른 활동 없이 조용히 지냈던 왕비였습니다. 그러나 그녀는 본의 아니게 조선 역사상 가장 치열했던 예송논쟁의 주인공이 되어 정쟁의 한복판에 서게 되었습니다.

효종이 세상을 떠나자 자의대비가 효종의 상복을 얼마동안 입어야 하는가에 대한 논란이 일었습니다. 당시 왕가에서는 성종 때 제정된 《국조오례의》

를 따르고 있었습니다. 《국조오례의》에는, 맏아들이 죽으면 부모는 3년상의 상복을 입고 다른 아들이 죽으면 1년상인 기년복을 입도록 되어 있었습니다. 종통을 잇는 맏아들만 다른 아들들과 달리 특별 대우를 해주는 것이었습니다. 그런데 당시 조정에서는 이 원칙을 지켜야 한다는 주장과 효종이 둘째 아들이라도 왕을 지낸 사람이기에 장남처럼 대우를 해줘야 한다는 주장이 엇갈리게 된 것입니다. 또 장남인 소현세자가 세상을 떠났을 때 자의대비가 맏아들의 예로 3년상을 치렀던 사례가 있었습니다. 이런 복잡한 상황에서 이 논쟁은 커다란 정치적 문제로까지 번졌습니다.

당시 조정은 서인과 남인으로 나뉘어 대립하고 있었습니다. 권력을 쥐고 있던 서인은 기년상으로 정했는데 효종이 세상을 떠난 이듬해 남인인 허목이 상소하여 자의대비의 3년상을 주장하고 나섰습니다. 양측은 이 문제로 치열한 공방전을 벌였습니다. 남인의 주장은 '장자가 죽고 적처 소생의 차자를 세워도 역시 장자라는 명문이 있으므로 당연히 3년복을 입어야 한다'라는 것이었습니다.

그러나 서인의 대표였던 송시열은 '4종설'을 내세워 1년복이 맞다고 주장하였습니다. '4종설'이란 가통을 계승했어도 3년복을 입지 못하는 경우를 말합니다. 첫째는 적손이 가통을 이었을 경우이고 둘째는 서자가 뒤를 이어 서는 것, 셋째는 적자가 병으로 폐인이 된 것이며, 넷째는 서손이 뒤를 잇는 경우가 그에 해당합니다. 송시열은 적처가 낳은 둘째 아들부터는 모두 서자이고 효종도 둘째 아들이기 때문에 이 4종설에 해당하여 3년복을 입을 수 없다는 것이었습니다. 그런데 이 주장은 참으로 위험한 주장이었습니다. 특히 체이부정(體而不正)이라고도 일컬어지는 두 번째 항목은 효종이 적장자가 아닌데도 왕위를 이었으니 효종을 왕으로 인정할 수 없다는 뜻으로도 해석할 수 있기 때문입니다.

◑ 혼유석을 받치고 있는 고석은 문종의 현릉부터 네 개로 줄었는데, 휘릉의 고석은 조선 초기 양식처럼 다섯 개이다.

◑ 휘릉의 양석과 호석은 다리가 짧아서 배가 바닥에 거의 닿을 정도이다.

　　이후 남인의 계속된 반박에 서인은 이런 저런 이유를 대면서 기년복을 주장했습니다. 그러나 남인은 포기하지 않았지요. 서인은 《경국대전》에서 맏아들과 다른 아들 구별 없이 1년복을 입게 한 국제기년복 규정을 따를 것을 주장했습니다. 그런데 역시 체이부정 문제가 논란거리로 등장하면서 이 문제가 단순 상복의 문제가 아니라 정치적 문제로 커지고 말았습니다. 이를 본 현종은 이 논쟁을 끝내기 위해 송시열을 지지한다는 하교를 내렸습니다. 그리고는 복제 문제로 서로 모함하는 자가 있으면 중형에 처하겠다며 예론을 거론하는 것조차 금해버렸습니다. 이렇게 제1차 예송논쟁은 서인의 승리로 막을 내렸습니다.

　　이후 서인의 집권하에서 15년이 흘렀습니다. 조정은 평온을 되찾는 듯했습니다. 그런데 1674년 효종비인 인선왕후가 세상을 떠났습니다. 인선왕후는 자의대비의 며느리였지만 나이는 자의대비보다 여섯 살 위였습니다. 그때까지 자의대비가 살아 있었기 때문에 또 상복 문제가 시빗거리가 되었습니다. 고례(古禮:예부터 내려오는 예법)에 따르면 맏며느리 초상에는 1년복을 입고 다른 며느리 상에는 9개월복인 대공복을 입어야 하는 것이었습니다. 그런데 제1차 논쟁 때 기준으로 삼았던 '국제'에는 맏며느리, 둘째며느리 구별없이 1년복을 입도록 되어 있었습니다. 제1차 예송논쟁 때 효종의 복제를 '국제'에 의거해 기년복으로 주장했던 서인들은 효종비의 복제가 효종과 같을 수 없다며 대공복을 주장했습니다. 그러자 남인은 서인들의 기준이 오락가락한다며 당초 제1차 예송논쟁이 잘못되었다고 논박했습니다. 서인의 그런 모든 주장이 '효종을 서자로 만들려는 수작'이라고 몰아붙였습니다. 이것이 제2차 예송논쟁입니다.

　　사태에 대한 확실한 해명을 요구하는 현종에게 대신들은 기해년 복제는 '국제'의 예에 따른 것이고 이번 대공복제는 '고례'에 따른 것이라고 보고했습니다. 왜 이렇게 기준이 달라졌는지에 대한 뾰족한 해명 없이 논쟁만 길어지자 이번에도 현종이 결단을 내렸습니다.

> "나는 다만 기해년 복제가 '국제'에 의한 것으로 알았는데 '고례'에 의거했다고 하니 이것은 국가에서 쓰는 복은 가볍게 하고 경들의 사가에서 쓰는 복은 중하게 하는 것 아니냐? 또 그대들은 다같이 선왕의 두터운 은혜를 입었는데 감히 선왕을 체이부정으로 지목하니 임금에게는 박하고 누구에게는 후덕하고자 하는 것이더냐? 자의대비의 복은 기년으로 마련하고 국가 제도에 장자복 기년을 3년복으로 고쳐라."

여기서 현종은 송시열은 '누구'로 지목하여 비난했습니다. 현종은 선왕인 효종을 차남으로 간주해 정통성에 상처를 냈던 제1차 예송논쟁이 불만이었습니다. 그러나 즉위 초 19세의 어린 나이였던 현종은 아직 왕권을 확립하지 못했던 때라 집권당의 의견에 따를 수밖에 없었습니다. 하지만 왕으로서의 자리가 확고해진 제2차 예송논쟁 때는 확실한 자신의 목소리를 낼 수 있었던 것입니다. 현종은 이때 예론을 잘못 쓴 책임을 물어 서인들을 처벌했습니다. 이로써 서인은 몰락하고 정권은 남인들의 손에 들어가게 되었습니다.

생전에는 정치적 영향력을 발휘하지 못했지만 커다란 정치적 파란을 일으켰던 자의대비는 인조부터 효종, 현종, 숙종 대까지 4대의 임금에 걸쳐 살고 1688년 65세에 세상을 떠났습니다. 야사에 의하면 그녀가 세상을 떠나기 전에 증손주 며느리인 숙종비 인현왕후에게 자신이 너무 오래 살아 아들, 며느리, 손자, 손자며느리까지 앞세우며 못 볼 꼴을 많이 보았노라고 하소연했다고 합니다. 그때마다 스스로 목숨을 끊고 싶었지만 생죽음을 하면 그 앙화가 후대에 내린다고 해서 참았다고요. 일찌감치 남편을 여의고 평생을 바늘방석에서 외롭게 살았을 장렬왕후는 죽어서도 남편 곁으로 가지 못했습니다. 남편 곁에는 전처인 인열왕후가 이미 묻혀 있었기 때문이지요.

　휘릉의 정자각을 보면 모습이 여느 능과는 다르다는 것을 알 수 있습니다. 원래 정자각은 정면에서 봤을 때 세 칸으로 만들어져 있는데 휘릉의 정자각은 좌우로 날개 격인 익랑이 붙어서 다섯 칸의 건물입니다. 이는 현종과 숙종 때 유행하던 중국풍의 건물 양식을 따랐기 때문입니다. 3면의 곡장으로 둘러싸여 있는 능침에 병풍석은 두르지 않았고 난간석에는 십이지상을 새겨 열두 방위를 표시하였습니다. 능침 앞의 혼유석을 받치고 있는 고석이 다섯 개인 것도 특이합니다. 세종까지 왕릉의 고석은 다섯 개였다가 문종의 현릉부터 네 개로 줄었는데, 휘릉에 와서 다시 초기의 형식을 따르게 된 것입니다. 각 두 쌍의 양석과 호석은 다리가 짧아서 양석의 경우 배가 바닥에 거의 닿을 정도입니다. 망주석 한 쌍과 무석인, 문석인이 각 한 쌍씩 배치되어 있습니다.

　현종비 명성왕후의 숭릉을 만들고 5년 뒤에 만든 능이라 석물들을 배치한 형식이나 그 모양은 비슷합니다. 그러나 숭릉의 가장 대표적인 특징인 정자각의 팔작지붕 형태는 따르지 않았습니다. 중국풍의 지붕 형태를 버리고 우리 고유의 맞배지붕 형태로 돌아온 것이 여간 반갑지 않습니다. ❀

25 [⊛]
원릉

위치 경기도 구리시 인창동

지정 번호 사적 제193호

조성 시기 1776년(정조1)

원릉 元陵

휘릉에서 나와 오른쪽으로 가면 원릉이 있습니다. 원릉의 능역은 아담하고 아주 단출해 보입니다. 조선의 왕 중 가장 장수했고 반세기가 넘는 세월 동안 왕위에 있었던 임금의 능이라고 보기에는 너무도 간소해서 초라해 보이기까지 합니다.

원릉은 제21대 임금 영조(英祖 : 1694~1776)와 그의 계비 정순왕후(貞純王后 : 1745~1805) 김씨의 능입니다. 영조는 숙종의 둘째 아들로, 어머니는 숙빈 최씨입니다. 영조는 숙종의 별세 후 그 뒤를 이은 경종이 건강이 좋지 않고 아들이 없어서 1721년 왕세제에 책봉되었고, 이복형인 경종이 세상을 떠나자 그 뒤를 이어 왕위에 올랐습니다.

영조가 왕위에 오르기까지는 정말 많은 우여곡절이 있었습니다. 당시 조정은 숙종 때부터 세자인 경종을 지지하는 소론과 연잉군을 지지하는 노론으로 나뉘어 심각한 대립을 하고 있었습니다. 그 대립은 경종이 왕위에 오른 후까지도 계속되었습니다. 경종의 어머니 장희빈이 사약을 받고 죽은 죄인인 데다 경종이 몸이 약해 강력한 왕권을 행사하지 못했기 때문입니다. 연잉군의 배경도 썩 좋은 편은 아니었습니다. 어머니 숙빈 최씨는 정상적인 방법으로는

243

○ 원릉부터 중계와 하계를 구별 짓는 단계석이 사라졌다. 문무관의 평등이 어느 정도 실현된 것이다.

도저히 왕과 만날 수 없는 아주 천한 신분의 무수리였습니다. 최씨는 숙종의 계비 인현왕후가 폐비였을 때 대궐에서 그녀의 생일상을 몰래 차렸다가 숙종에게 들켰습니다. 그런데 최씨의 의리를 가상히 여긴 숙종은 그녀를 후궁 숙빈에 앉혔습니다. 그래서 연잉군은 천한 출신을 왕으로 모시고 싶지 않은 사람들의 방해를 받은 것입니다.

경종이 왕위에 올랐을 때의 집권당이 연잉군을 지지하는 노론이었기에 연잉군은 온갖 방해와 반대에도 불구하고 세제에 책봉될 수 있었습니다. 경종의 건강이 나빠지자 노론은 세제로 하여금 대리청정을 시키도록 종용했습니다. 경종은 이 의견을 받아들였다가 소론의 반대로 거둬들이는 등 몇 차례 번복하는 일이 생겼습니다. 그 가운데 세제가 역모에 가담했다는 의혹을 받게 되었습니다. 관련자는 모두 유배되거나 목숨을 잃었지만 연잉군은 살아남을 수 있었습니다. 연잉군 외에는 왕통을 이을 후계자가 전혀 없었기 때문입니다.

경종의 계비 선의왕후는 왕족 중 양자를 들여 친정 집안의 영향력을 행사하려고 했지만 숙종의 계비 인원왕후가 숙종의 친아들이 왕위를 이어야 한다며 양자 들이는 일을 강력히 반대하였습니다. 또 인원왕후가 연잉군을 옹호하는 한글 교지를 몇 차례 내려 소론을 막아준 덕분에 연잉군은 목숨을 부지했을 뿐 아니라 왕위에까지 오를 수 있었습니다.

경종이 세상을 떠나고 영조가 왕위에 올랐지만 영조가 경종을 독살했다는 소문은 끊이지 않았습니다. 영조는 당파의 대립 자체를 완화하고 정쟁을 해소하는 것이 나라를 안정시키는 가장 시급한 문제라고 생각하게 되었습니다. 그래서 정계에서 물러났던 남인을 다시 등용하고 노론과 소론을 균형 있게 등용하여 서로 견제하고 조정하여 왕권의 안정을 꾀하는 탕평 정치를 시행했습니다. 탕평책은 당파 중심이 아니라 왕이 중심이 되어 인재를 고르게 등용하는 정책이었습니다.

또 균역법을 실시하여 세금을 가볍게 해주는 등 백성들의 고통을 덜어주기 위해 여러 가지 개혁을 시행하였습니다. 형벌을 개정하여 압슬형(무릎에 돌을 얹는 형벌), 난장형(마구 때리는 형벌), 낙형(인두로 지지는 형벌) 등 악형을 없앴고 사형수에 대해서는 오늘날 삼심제에 해당하는 삼복제를 엄격히 시행하도록 하였습니다. 신문고 제도도 부활하여 백성들의 억울한 일에 귀를 기울이기도 했습니다. 홍수 때마다 범람하여 백성들에게 피해를 주었던 청계천을 정리하여, 청계천 준설과 균역법, 탕평책은 영조의 3대 치적으로 꼽히기도 합니다. 또한 영조는 강화도 외성을 쌓는 등 국방에도 관심을 가졌고 서자를 등용하려 했으며 여러 가지 책도 간행하여 조선 후기 나라의 기틀을 다시 다지는 데 큰 공을 세웠습니다.

🔵 영조는 서오릉의 홍릉에 자신의 묏자리를 정해놓았지만 그 자리에 가지 못하고 엉뚱한 곳에
묻혔다.

　이런 영조의 치적에 가장 큰 오점을 남긴 것은 바로 사도세자의 문제였
습니다. 영조는 40세가 넘어서야 영빈 이씨로부터 사도세자를 얻었습니다. 강
력한 왕권의 확립을 중요하게 여겼던 영조는 빨리 후계자를 제대로 키워야
한다고 생각했습니다. 그래서 3세의 어린 아들을 세자로 책봉했던 것이지요.
　그러나 장성하면서 사도세자는 영조의 뜻과는 다른 방향으로 행동했습
니다. 이를 못마땅하게 생각하는 영조의 심중을 눈치챈 남인과 노론은 이런
정황을 정치적으로 이용하려고 했습니다. 1749년 영조는 건강상의 이유로 세
자에게 대리 청정을 명했습니다. 그러자 세자를 등에 업고 힘을 키워보려는
세력이 나타났습니다. 이에 노론 측이었던 영조의 계비 정순왕후와 숙의 문씨
는 영조와 사도세자 사이를 이간질하기 시작했습니다. 이 때문에 영조는 세자
를 불러 자주 꾸짖었고 그 가운데 세자는 정신병을 얻었습니다. 궁녀를 죽이

🔵 문무석인의 덩치는 크지 않지만 입꼬리가 추켜 올라갈 정도로 미소를 짓고 있는 모습이
인상적이다.

고 왕궁을 몰래 빠져나가 놀러다니며 여승을 궁에 끌어들여 놀기도 했습니다.

사도세자에 대한 영조의 불신이 걷잡을 수 없이 심해졌을 때 정순왕후
의 아버지 김한구 등의 사주를 받은 나경언은 세자의 비행 10조목을 상소하
였습니다. 이에 영조는 분노를 참지 못하고 사도세자에게 자결을 명했습니다.
하지만 세자가 응하지 않자 폐서인으로 강등시키고 뒤주에 가두어 굶어 죽
게 하였습니다.

이후 영조는 아들을 죽인 것에 대해 후회하고 사도세자의 아들인 세손
(훗날의 정조)이 왕위를 이를 수 있도록 적극적으로 보호해주었습니다. '사도'라
는 시호도 세자의 죽음을 애도한다는 뜻으로 이때 내린 것입니다. 1776년 영
조는 83세로 세상을 떠났습니다.

정순왕후는 오흥부원군 김한구의 딸로 태어나, 15세의 나이에 66세 영조

의 계비로 책봉되었습니다. 정순왕후는 어린 시절부터 당차고 영리한 면모를 보였습니다. 왕비 간택 때 영조가 후보들에게 세상에서 가장 깊은 것이 무엇이냐고 물으니 다른 사람들은 산이 깊다, 물이 깊다고 대답했지만, 정순왕후는 인심이 가장 깊다고 말했고, 세상에서 가장 높은 고개가 무엇이냐는 물음에는 보릿고개라는 답을 하여 사람들의 눈길을 끌었다고 합니다.

정순왕후의 친정은 노론의 중심 가문으로, 소론에 기울어 노론에게 비판적이었던 사도세자와 갈등이 많았습니다. 이런 갈등으로 인해 정순왕후는 사도세자를 죽음으로 몰아가는 데 한몫을 하기도 했습니다. 그래서 정조가 즉위한 후 대비가 된 정순왕후는 가시방석에 앉을 수밖에 없었습니다. 정조 재위 기간 숨죽이며 살던 정순왕후는, 정조가 세상을 떠나고 11세의 순조가 즉위하자 다시 기회를 맞이했습니다. 순조 뒤에서 수렴청정을 했기 때문입니다. 이때 시파와 벽파라는 새로운 붕당이 생겨났는데 시파는 사도세자를 동정하며 정조의 정치 노선을 따른 사람들이고, 벽파는 사도세자를 미워했던 사람들이 만든 당파입니다. 정순왕후는 조정의 주요 신하들로부터 충성 서약을 받았으며, 벽파와 결탁을 해서 시파 인사들을 대대적으로 숙청했습니다. 그 작업의 하나가 천주교 박해였습니다. 시파 인사들 중 남인들이 천주교에 많은 관심을 가졌기 때문입니다. 정순왕후는 오가작통법을 통해 천주교 말살 정책을 시행하였습니다. 오가작통법은 다섯 집씩 묶어 서로 감시하게 하고 문제가 생기면 다섯 집을 모두 처벌하는 일종의 연좌제였습니다.

1801년의 신유사옥이라 불리는 천주교 박해는, 겉으로는 천주교 교리가 유교 이념이 바탕이 된 조선의 전통 체제를 흔든다는 명분을 내세웠지만, 실제로는 남인과 실학자를 제거하기 위한 정권 다툼의 결과였습니다. 이때 천주교도 300여 명이 처형되었고, 종친인 은언군(철종의 할아버지)도 사사되었으며 정약용과 정약전 형제는 전라도에 유배되었습니다.

元陵

그러면서 정순왕후는 정조가 수립한 정치 질서를 부정하고 정조의 개혁 방향과 반대 방향으로 노선을 밀고 나갔습니다. 그래서 정조가 이뤄놓은 찬란한 문화부흥기를 하루아침에 부수어버렸습니다. 이후 어리고 힘없는 왕이 계속 즉위하면서 수렴청정과 세도정치가 되풀이되어 정치는 극도로 문란해졌고 조선은 급속히 몰락의 길을 걷게 되었습니다.

천하의 여걸 정순왕후도 막지 못한 일이 있었는데 바로 시파였던 안동 김씨 가문에서 손주며느리가 들어오는 것이었습니다. 정순왕후가 수렴청정을 거두자, 그녀의 친정 인물들을 비롯한 벽파는 조정에서 대부분 숙청되었습니다. 순조비 순원왕후의 아버지 김조순이 조정을 장악하는 것을 뒤로 한 채 정순왕후는 1805년 61세로 세상을 떠났습니다.

쌍릉인 원릉에는 병풍석을 세우지 않고 난간석을 둘렀는데 왕릉과 왕비릉이 난간석 안에서 연결되어 있습니다. 한 쌍의 망주석 몸통 부분에는 등뼈와 갈비뼈가 도드라진 세호가, 아랫부분에는 화려한 꽃무늬가 조각되어 있습니다. 그중 오른쪽 망주석의 세호는 위를 향하고 있고, 왼쪽 망주석의 세호는 아래를 향하고 있습니다. 사각 석탑인 장명등석은 다리가 네 개 달린 조선 후기의 양식을 하고 있고 지붕이 화려하며 몸통을 이루는 상, 중, 하대석 부분은 모두 꽃무늬로 장식되어 있습니다. 문무석인의 덩치는 크지 않지만 수염까지 확연히 드러난 얼굴에 입꼬리가 추켜 올라갈 정도로 미소를 짓고 있는 모습이 인상적입니다.

영조는 원래 서오릉의 홍릉, 원비 정성왕후 옆에 자신의 묏자리를 정해놓았었습니다. 하지만 자신은 그 자리에 가지 못하고 엉뚱한 곳에 묻혔습니다. 현재 동구릉의 원릉 자리는 원래 효종의 능이 있었던 곳입니다. 그런데 석물에 틈이 생겨 빗물이 스며들 염려가 있다고 하여 봉분을 열고 천장한 파묘한 자리이지요. 당시 봉분을 열어보니 별 문제 없이 깨끗하여 영릉도감의 책임자가 파직되기도 한, 부정 탄 자리였습니다. 심지어는 경종의 왕릉 택지로 추천되었을 때 영조가 국장에 어떻게 파묘한 자리를 쓰겠느냐고 물리쳤던 곳이기도 합니다.

그런데 영조의 장례를 주관한 정조는 할아버지가 스스로 정해놓은 홍릉을 제쳐두고 기피했던 원릉 자리를 택지로 지목했습니다. 어명의 부당함을 간하는 신하들을 파직까지 하면서 말입니다. 이곳은 한번 파헤쳐졌던 곳이라 왕릉 터를 잡는 데 무엇보다 중요한 기와 혈이 이미 날아간 터입니다. 말하자면 김이 새버린 터에 할아버지의 묘를 쓴 것입니다. 이는 아버지를 죽인 것에 대한 일종의 복수이지요. 연산군처럼 겉으로 내색은 못하고 참 소심하게도 복수를 했다고 생각하면 큰 오산입니다. 조상의 묏자리가 후손들의 길흉화복을 결정한다고 믿었던 당시의 사고방식으로는 자신의 명운과 국운을 건 대대적인 복수였던 것입니다. ❀

26 경릉

위치 경기도 구리시 인창동

지정 번호 사적 제193호

조성 시기 1849년(철종1)

경릉 景陵

원릉에서 나와 오던 길로 내려오다 보면 다시 갈림길이 나옵니다. 거기서 원릉 방향이 아닌 왼쪽으로 들어가면 경릉이 나옵니다. 경릉은 제24대 임금 헌종(憲宗:1827~1849)과 그 부인들의 능입니다. 경릉은 사초지 위에 세 개의 능침이 나란히 있는 조선 왕릉 중 유일한 삼연릉입니다. 정자각에서 바라보기에 가장 왼쪽의 능침이 헌종의 것이고, 가운데가 효현왕후(孝顯王后:1828~1843) 김씨의 능침이며, 가장 오른쪽이 계비 효정왕후(孝定王后:1831~1903) 홍씨의 능침입니다.

헌종은 순조의 손자이자 후에 익종으로 추존된 효명세자와 신정왕후의 장남입니다. 헌종은, 4세 때 아버지 효명세자를 여의고 그해 왕세손에 책봉되었다가 순조가 세상을 떠나자 왕위에 올랐습니다. 이때 헌종의 나이 8세였습니다. 그래서 대왕대비인 순조비 순원왕후의 수렴청정을 받게 되었지요. 순원왕후가 안동 김씨인 탓에 세도를 부리던 안동 김씨의 세력은 잦아들지 않았습니다.

11세가 되던 해 영흥부원군 김조근의 딸을 왕비로 맞이했는데, 이 왕비가 효현왕후로 역시 안동 김씨 집안의 딸이었습니다. 안동 김씨의 세력이 더욱

탄탄해진 것이지요. 1841년 순원왕후가 수렴청정을 거두고 15세의 헌종이 친정을 하게 되었습니다. 그러자 이번에는 헌종의 어머니인 신정왕후의 입김이 세졌습니다. 모후의 가문인 풍양 조씨가 안동 김씨를 경계한다고 나섰지만 정국은 두 집안의 세력 다툼으로 이어지게 되었습니다. 두 가문은 정권 유지에만 골몰하여 민생은 안중에도 두지 않았기에 사회는 더욱 혼란에 빠졌습니다.

헌종이 재위한 15년 동안 9년에 걸쳐 수재가 일어났고 국가 재정의 기반인 삼정이 문란해져 백성들의 고통은 이루 말할 수 없이 커졌습니다. 탐관오리들이 제멋대로 문서를 조작하거나 말도 안 되는 원칙을 내세워 백성들을 착취하기 시작한 것입니다. 삼정은 일종의 세금이니 나라에 바쳐져야 하는 것인데 불법적으로 거둬들인 세금은 모두 개인의 부로 축적되었습니다. 그래서 힘없는 백성들은 세금이라는 이름으로 자행되는 관리들의 강도 행위에 극심한

고통을 겪을 수밖에 없었습니다.

또 길지 않은 헌종의 재위 기간에 두 차례의 역모가 발생하였습니다. 그런데 이 두 번의 역모 모두 정조의 아우 은언군의 손자인 이원경을 왕으로 추대하려고 했습니다. 두 사건 다 별다른 정치적 기반도 없는 중인과 몰락 양반들의 대책 없는 역모로, 당시 사회가 얼마나 왕실을 우습게 여겼는가를 보여주는 사건들이었습니다. 이 역모는 두 번 다 사전에 발각되어 음모자는 모두 죽임을 당하고 이원경도 사사되었습니다. 이원경은 훗날 철종이 되는 강화도령 원범의 형입니다. 형의 죽음에 겁을 먹은 원범은 강화도 구석에 꼭꼭 숨어 외롭게 살게 된 것이지요.

천주교 박해는 헌종 때도 이어졌지만 천주교도의 수는 계속 늘어났습니다. 이런 교세의 확장에 위협을 느낀 조정은, 다시 천주교도를 잡아들여 처형

○ 한국전쟁의 흔적인 총탄 자국. 왕릉에 가면 조선 시대뿐 아니라 현대의 역사도 만날 수 있다.

했습니다. 이것이 기해박해인데, 헌종은 기해박해를 계기로 척사윤음을 반포하였습니다. 이는 사악한 것을 배척한다는 명령으로, 천주교를 믿는 것을 엄금한다는 내용이었습니다. 기해박해는 순조 때 일어난 신유박해와는 달리 정치적 목적은 담기지 않았습니다. 그러나 이에 대한 항의를 빌미로 서양의 배들이 우리 해안에 자주 나타났습니다. 1846년에는 프랑스 군함 세 척이 충청도 앞바다까지 들어와 프랑스 신부를 처형한 것에 대한 항의 국서를 전달하고 갔습니다. 이에 조정에서는 청나라를 통해 프랑스에 답신을 보냈는데 이것이 우리나라 최초의 외교 문서입니다.

이렇게 헌종 때의 조선은 나라 안팎으로 어수선했습니다. 하지만 어린 임금은 15년 동안 세도 정치에 휘말려 이렇다 할 업적도 남기지 못하고 1849년 23세에 세상을 떠났습니다.

헌종은, 효현왕후가 16세의 나이로 갑자기 세상을 떠나자 이듬해 익풍부원군 홍재룡의 딸을 계비로 맞이하였습니다. 이 왕비가 효정왕후입니다. 헌종은 계비 간택에 직접 참여하였다가 훗날의 경빈 김씨를 마음에 두게 되었습니다. 그러나 간택의 결정권자인 대왕대비는 효정왕후 홍씨를 최종 간택하였습니다. 헌종은 3년 후 효정왕후가 아이를 낳지 못한다는 이유로 경빈 김씨를 후궁으로 맞아들였습니다. 헌종이 경빈 김씨를 얼마나 총애했는지 간택 후궁은 종2품 숙의로 책봉하는 관례를 무시하고 경빈 김씨를 바로 정1품 빈에 책봉하고, 별궁인 낙선재를 지어주기까지 하였습니다. 세상을 떠나기 전 2년 동안 헌종은 경빈 김씨와 함께 낙선재에서 그림과 글씨를 즐기며 지냈다고 합니다.

효정왕후는 1903년 후사 없이 73세로 세상을 떠났습니다. 순종 때 두 왕비는 효현성황후와 효정성황후로 추존되었습니다.

경릉은 그 조성 과정에 씁쓸한 사연을 담고 있습니다. 원래 이 자리는 선조의 목릉이 있던 자리입니다. 그런데 목릉에 물이 차고 불길하다는 상소에 따라 목릉을 천장했지요. 그러나 능을 열어 보니 물기가 없어 '불길론'은 해소되었습니다. 하지만 한번 묘를 썼다가 파헤친 자리는 기가 빠져나가 흉당이 되어버리지요. 그런데 효현왕후의 능을 이 자리에 조성한 것입니다. 그뿐만이 아닙니다. 왕이 살아 있을 때 먼저 세상을 떠난 왕비 곁에 자리를 마련하라는 유언이 없으면 왕을 왕비 곁에 장사지내지 않는 것이 전통 조선 왕릉제의 원칙입니다. 그래서 헌종이 세상을 떠났을 때 안동 김씨들은 새로운 길지를 물색하러 다녔습니다. 그리고는 열세 군데나 다녔지만 결국 이곳을 십전대길지(十全大吉地)라 하면서 최고의 명당으로 추천했습니다. 파묘한 자리는 흉당의 요소 중 하나인데 말입니다.

왕의 능침을 조성한 자리도 문제입니다. 6년 전 효현왕후가 이곳에 묻혔을 때 중앙의 자리를 차지했습니다. 그럼 왕릉을 만들 때 능침을 열어 합장을 하든가 아니면 중앙에서 좌우로 자리를 다시 잡았어야 할 일입니다. 그런데 그냥 왕을 왕비 곁 치우친 자리에 묻어버린 것입니다. 왕의 능호도 숙릉으로 정했지만 국장 기간에 영부사 조인영의 상소에 의해 효현왕후의 능인 경릉을 쓰기로 정하고 왕의 능호는 따로 정해주지도 않았습니다. 또 왕릉은 왕기를 받기 위해 열 자 깊이로 파야 하는 것이 원칙인데 헌종은 다섯 자(약 1.5m) 깊이에 묻히게 되었습니다.

삼연릉이 된 사연은 더욱 처절합니다. 1904년 헌종의 계비 효정왕후가 73세로 세상을 떠나자 효현왕후 곁에 봉분을 만들었습니다. 그런데 첩을 두어도 한 방에서 함께 지내지는 않는 것이 우리의 법도이지요. 원칙으로 하면 새로 언덕을 마련해서 효정왕후 능을 따로 만들어야 하는 것이었습니다. 그러나 이때는 일본에게 국권을 상실하기 직전이라 나라가 기울 대로 기울어버린 때였습니다. 정자각 등을 새로 짓고 석물들을 마련할 경황이 없어 효정왕후의 국장을 대충 치르고 삼연릉이라는 묘한 형태를 만들어낸 것입니다.

경릉의 세 능침에는 병풍석은 없고 난간석을 터서 서로 통하게 하였습니다. 난간석을 튼 것은 이 능침의 주인들이 부부지간임을 나타냅니다. 그러니 경릉의 삼연릉은 한 지아비가 한 방에서 두 아내를 거느리고 있는 형국입니다. 능원의 장대석은 원래 초계, 중계, 하계로 3단인데 경릉에는 2단으로 되어 있어 중계에 있을 문석인과 하계에 있을 무석인이 같은 단에 서 있습니다. 문인, 무인의 차별이 무의미해진 사회 변화의 모습으로 보입니다.

각 능침 앞에는 혼유석이 놓여 있고 망주석, 양석과 호석, 문석인과 무석인이 각각 한 쌍씩 배치되어 있습니다. 문무석인의 크기는 거의 실물대에 가까울 정도로 크지 않은데 아랫입술을 내밀고 있는 우스꽝스러운 표정들을 짓고 있습니다.

경릉의 석물들에는 한국전쟁의 흔적인 총탄 자국이 무수히 많이 있습니다. 아마도 조선 왕릉 중 가장 심하게 전쟁의 피해를 입은 능인 것 같습니다. 혼유석, 망주석도 총탄 자국으로 심하게 훼손되었지만 왕의 능침 앞에 서 있는 무석인의 등 뒤 갑옷은 옷자락이 너덜너덜하다는 느낌이 들 정도로 총탄 세례를 받았습니다. 전쟁을 직접 겪지 않은 세대에게는 6·25의 비극이 역사책 속에만 나와 있는 옛날 이야기로 여겨지는데 이곳의 총탄 자국들을 보니 전쟁의 처절함과 절박함이 피부에 느껴지는 것 같습니다. 왕릉에 가면 이렇게 조선 시대의 역사뿐만 아니라 현대의 역사도 만날 수 있습니다.

경릉을 보고 그 사연을 들으면 조선의 국운이 다해감이 보이는 듯하여 쓸쓸해집니다. 기울어가는 나라의 왕으로서 제대로 할 일도 못하고 세상을 떠났고, 죽어서도 왕의 대접을 받지 못한 헌종. 후손들의 골육상잔에 능까지 심하게 훼손되는 것을 겪어야 했던 비운의 왕과 왕비들. 그들이 백성들을 고생시키고 나라를 망하게 하는 데 원인을 제공한 사람들이라 해도 조금은 측은하다는 생각이 듭니다. 하여 뒤늦게나마 그들이 편안하고 조용한 잠을 이루기를 기원해봅니다. ◈

27 혜릉

위치 경기도 구리시 인창동

지정 번호 사적 제193호

조성 시기 1718년(숙종44)

혜릉 惠陵

경릉에서 나와 아래쪽으로 내려오다 보면 오른쪽에 혜릉이 있습니다. 혜릉은 낮은 언덕에 조성되어 있고 능역도 좁은 편으로 전체적으로 아담하다는 느낌을 주는 단릉입니다. 이 능은 제20대 임금 경종의 원비인 단의왕후(端懿王后 : 1686~1718) 심씨의 능입니다.

단의왕후는 청은부원군 심호의 딸로 태어나 11세에 세자빈으로 간택되었습니다. 단의왕후는 말은 항상 단정하고 조심스럽게 했고 어른을 깍듯이 존중했다고 합니다. 또 그녀는 간소한 것을 좋아하여 남이 좋은 옷을 입더라도 부러워하지 않았으며, 좋은 것이 생기더라도 반드시 여러 동생에게 모두 나누어주는 등 물건에 대한 욕심이 없었습니다. 간택에 참여하고 집에 돌아간 후에는 손수 술과 음식을 장만하여 집안의 여러 어른에게 대접했으며, 재간택 때는 종일 눈물을 흘리며 부모의 곁을 떠나는 것을 슬퍼했다고 합니다. 별궁에 들어와 지낼 때도 하루 종일 단정하게 앉아서 잠시라도 함부로 기대거나 나태한 모습을 보이지 않았고, 시녀들이 대궐 구경하기를 청해도 따르지 않고 책 읽기에 열중했습니다.

가례를 올리는 날 단의왕후는 갑작스러운 복통이 일어 고통스러워 했습

혜릉의 무석인은 들창코에 이빨까지 드러내며 웃고 있는데, 사람이 아닌 짐승의 모습 같기도 하다.

니다. 모두 어쩔 줄 몰라 하는데 그녀는 자신의 병 때문에 대례를 그르칠 수 없다며 태연히 가례를 치렀습니다. 가례가 끝난 후에도 자리에 눕지 않고 대궐 의 어른들에게 인사하는 데 예에 어긋남이 없었다고 합니다. 세자빈이 된 후 심하게 병을 앓았는데, 자신이 병석에 누워 있는 동안 치러졌던 인현왕후의 장례에 병 때문에 예를 다하지 못한 것에 대해 애통해했다고 합니다.

타고난 의젓함과 총명함으로 대궐의 어른들에게 사랑을 받은 단의왕후 였지만 그녀에게는 커다란 걱정거리가 있었습니다. 바로 남편인 경종의 생모 장희빈의 언행이었습니다. 장희빈은 자신이 경종의 생모임을 내세워 온갖 망발과 패악을 일삼았는데, 단의왕후는 경종과 함께 그 고충을 고스란히 겪어야 했습니다. 단의왕후가 병약한 경종을 잘 보살펴줄 것이라 믿었던 대궐 어른들의 생각과는 달리 그녀는 경종이 즉위하기 2년 전인 1718년 병을 앓다가

262

33세의 나이로 경종보다 먼저 세상을 떠났습니다. 소생이 없이 세자빈의 신분으로 세상을 떠난 그녀는 경종이 즉위하자 왕비로 추봉되었습니다.

혜릉의 능침에는 병풍석 없이 열두 칸의 난간석만 둘러져 있고 능침 주위에는 호석과 양석이 각 두 쌍씩 배치되어 있습니다. 석물의 크기도 다른 왕릉보다 작은데 그 이유는, 단의왕후가 세자빈의 신분으로 세상을 떠나서 세자빈의 무덤으로 단출하게 만들어졌기 때문입니다. 문석인과 무석인의 키는 보통 남자 키와 비슷한데 무석인의 모습이 다른 왕릉의 무석인과 느낌이 달라 보입니다. 코는 들창코에 이빨까지 드러내고 웃고 있기 때문입니다. 어찌 보면 사람이 아니라 원숭이 같은 짐승의 모습으로도 보입니다. 망주석도 다른 능보다 훨씬 작은데 왼쪽 망주석의 세호는 위로 올라가는 형상이고 오른쪽의 것은 내려오는 형상으로 조각되어 있습니다. 장명등석은 사라져 터만 남아 있고 입구의 수복방도 주춧돌만 남아 있습니다.

세자 시절 병약한 몸으로 생모 장희빈에게 시달림을 받을 때 서로 위안과 방패가 되어주었던 남편 경종은 계비 선의왕후와 서울 성북구 석관동의 의릉에 묻혀 있습니다. '세자빈 심씨는 품성이 어질고 어릴 때부터 총명했으며 덕을 갖춰 양전(兩殿)과 병약한 세자를 섬기는 데 손색이 없었다'라는 간단한 기록 외 별다른 사연이나 잡음 없이 조용히 살다 간 단의왕후. 단의왕후의 혜릉은 그의 일생만큼이나 조용하고 단아해 보입니다. ❀

28
숭릉

위치 경기도 구리시 인창동

지정 번호 사적 제193호

조성 시기 1674년(숙종1)

숭릉 崇陵

혜릉 홍살문을 등지고 오른쪽으로 돌면 숭릉 가는 길이 보입니다. 현재 숭릉은 비공개 능입니다. 숭릉을 공개하지 않는 이유는, 숭릉 입구 연못에 사는 천연기념물 새들을 보호하기 위해서랍니다. 새들에게 발소리를 들키지 않게 살금살금 울창한 숲길을 지나 걸어가다 보면 이제까지의 왕릉에서는 볼 수 없었던 새로운 양식의 정자각과 만나게 됩니다. 다른 능의 정자각은 우리 고유의 지붕 양식인 맞배지붕인데 숭릉의 정자각에는 팔작지붕을 얹었고, 정면 세 칸의 양식이 보통인데 거기에 양쪽 날개 같은 익랑이 더 붙어 규모도 커졌습니다. 한눈에도 건물이 화려하고 웅장해 보이지만 팔작지붕과 익랑은 중국의 양식입니다. 현종의 아버지 효종이 병자호란 때 청나라에 볼모로 잡혀 갔다가 돌아와 왕위에 오른 후 복수의 칼을 갈며 북벌 정책을 취했던 왕인 것을 생각하면 숭릉의 느닷없는 중국풍 상설은 참으로 어처구니없어 보입니다. 그런데 여기서 중국은 청나라가 아니라 명나라를 말합니다. 당시에는 오랑캐 청나라에 대한 반발로 이미 망해버린 명나라풍에 더욱 심취했던 것이지요.

265

　명나라가 멸망한 후에도 조선은 한동안 명나라가 다시 일어나기를 기다렸습니다. 그러나 청나라의 세력은 더욱 강성해지고 명의 재기가 어렵다는 것을 깨달은 조선은 한나라 – 송나라 – 명나라로 전승되는 중화 문화의 흐름이 조선으로 이어진다고 여기게 되었습니다. 그래서 명나라의 문화를 그대로 따르는 것에 거부감이 없었던 것입니다. 현종 대에 일어난 두 차례의 예송논쟁의 배경은 '우리는 오랑캐와 달리 예법을 중시하는 민족이다'라는 것을 과시하기 위함이었다고 보는 사람도 있습니다.

　숭릉은 제18대 임금 현종(顯宗 : 1641~1674)과 명성왕후(明聖王后 : 1642~1683) 김씨의 능입니다. 현종은 효종과 인선왕후의 아들로, 효종이 봉림대군으로 청나라 심양에 볼모로 잡혀가 있을 때 그곳에서 태어났습니다. 조선 역대 왕 중에 유일하게 외국에서 출생한 왕이지요. 현종은 어렸을 때부터 인정이 많고 어

질어 부모에게 효도하고 백성들을 배려하는 마음을 가졌다고 합니다. 한번은 할아버지인 인조가 방물(각 지방에서 나는 특산물로서 지방에서 조정에 바치던 예물)로 받은 표범 가죽의 품질이 나빠서 되돌려 보내려 하니 7세의 현종이, "표범 한 마리를 잡으려면 아마도 많은 사람이 다칠 듯합니다" 하며 말렸다고 합니다. 그래서 인조가 그 뜻을 가상히 여겨 현종 말대로 했다지요.

　　이런 어진 임금 현종 때는 밖으로부터의 침략이 없던 평화로운 시대였습니다. 19세에 왕위에 오른 현종은 함경도 산악지대를 개척하고, 두만강 일대에 출몰하는 여진족을 북쪽으로 몰아냈지만, 효종 때부터 비밀리에 추진해오던 북벌 정책을 중단했습니다. 더 이상 북벌 정책이 실효성이 없다고 판단을 한 것이지요. 문화적으로는, 서적 간행을 원활하게 하기 위해 동철활자 10만여 자를 주조하였고 천문 관측과 역법 연구를 위해 혼천의를 다시 제작하게 하였습니다. 같은 성씨끼리 결혼하는 것을 금지시켰고 친족끼리 같은 부서에 있거나 시험관을 맡는 것을 금지시키는 상피법을 제정하였습니다.

이 시기에 제주도에 표류해왔다가 억류되었던 네덜란드 선원 여덟 명이 탈출하여 14년 만에 본국으로 돌아갔습니다. 그중 한 사람인 하멜이 쓴 표류기 중 《조선국기》가 발간되어 조선이 유럽에 알려지게 되었고, 오늘날 우리에게는 당시 조선의 객관적인 모습을 알 수 있게 해줍니다. 《조선국기》에 의하면, 그 당시 국왕은 절대적인 권위를 가졌고, 조정의 의견을 따르지 않고 자기마음대로 나라를 통치할 수 있었다고 합니다. 대신들은 왕에게 무엇을 하라고 강요할 수 없지만 언행으로 보좌할 수 있다고 했고, 비행을 저지르지 않으면 80세까지도 신하로 남아 있을 수 있었답니다.

현종 때 이야기를 하며 빼놓을 수 없는 것은 예송논쟁입니다. 현종은 재위 15년 동안 서인과 남인의 치열한 예송논쟁 속에 시달려야 했습니다. 예송논쟁은 현종이 즉위하자마자 일어났습니다. 효종의 장례를 치르며 인조의 계비인 자의대비(장렬왕후)가 얼마동안 상복을 입느냐가 문제가 되었기 때문입니다. 이 문제는 처음에는 학문적인 의견 차이였는데 나중에는 서인과 남인의 정쟁으로 발전해버렸습니다.

효종은 자의대비에게는 둘째 아들입니다. 하지만 왕이었기 때문에 여느 둘째 아들보다는 더 존중받아야 하는 존재였지요. 이 문제에 대해 송시열 등 서인들은 효종이 차남이므로 당연히 1년 동안 상복을 입는 기년상이어야 한다고 주장했습니다. 그러나 남인의 허목 등은 효종이 차남이지만 왕위를 계승했기 때문에 장남이나 다름없고 그래서 자의대비가 3년복을 입어야 한다고 주장했습니다. 이 문제로 왕실뿐만 아니라 전국이 떠들썩해졌습니다. 이때 현종은 기년상으로 확정하며 더 이상 거론하지 말라고 엄명을 내렸습니다. 이것이 제1차 예송논쟁입니다. 제1차 예송논쟁이 마무리 지어진 것은 현종 7년입

268

⬆ 숭릉은 정면에서 볼 때 당당하고 번듯하다는 느낌을 주는, 잘 정돈된 능이다.

니다. 효종이 별세한 후 7년이나 지났는데 그때까지 상복 입는 문제로 왈가왈
부하고 있었으니 예송논쟁이란 정말 의미 없는 공론으로 보입니다.

그런데 효종비 인선왕후가 세상을 떠나면서 예송논쟁이 다시 시작되었
습니다. 서인들은 인선왕후가 자의대비의 둘째 며느리임을 강조하며 9개월 동
안 상복을 입는 대공설을 주장하였습니다. 남인들은 둘째며느리이지만 왕비
였기 때문에 1년을 지켜야 한다는 기년설을 내세웠습니다. 이것이 제2차 예
송논쟁입니다.

현종은 이번에는 남인의 손을 들어 기년설을 받아들였습니다. 제1차 논쟁
때는 현종의 왕권이 아직 자리를 잡지 못한 때로서 당시 막강한 세력을 발휘
하던 송시열의 말을 들어준 것이지요. 하지만 제2차 논쟁 때는 자신의 아버지
가 차남임을 강조하여 정통성에 흠을 만드는 서인들을 용서할 수 없었기 때문

🔵 숭릉 양석의 주둥이는 앞으로 튀어나와 있고, 몸통은 돼지와 같이 통통하게 살이 올랐다.

입니다. 그래서 효종은 제1차 논쟁 때의 예론도 모두 수정하도록 했습니다. 이로써 송시열 등은 탄핵을 받아 유배되었고 서인들은 실각했습니다. 현종은 재위 기간을 거의 예송논쟁에 휩쓸려 살다가 1674년 34세에 세상을 떠났습니다.

명성왕후는 돈령부영사 김우명의 딸로 태어나 11세 때 세자빈으로 책봉되어 가례를 올렸으며, 현종 즉위와 함께 왕비로 책봉되었습니다. 현종이 별세한 후 왕위에 오른 숙종은 아직 미성년이었지만 명성왕후는 수렴청정을 하지 않았습니다. 숙종이 총명하기도 했지만 명성왕후의 친정아버지 김우명이 서인이었기 때문에 남인이 득세한 상황에서 수렴청정을 하겠다고 나설 수 없었던 것입니다.

이런 상황에서 '홍수(紅袖:궁녀)의 변'이라는 사건이 일어났습니다. 효종의 동생인 인평대군의 세 아들 복창군, 복평군, 복선군이 남인과 가까이 지내자

이에 불안해진 김우명은 세 왕손이 궁녀들과 불륜 관계를 맺었다고 주장한 것입니다. 그런데 이 세 사람을 심문하다 보니 그들은 죄가 없고, 오히려 김우명을 무고죄로 다스려야 한다는 여론이 형성되었습니다. 이 문제로 조정에서 회의를 하고 있는데 명성왕후가 휘장 뒤에서 통곡하는 소리가 들려왔습니다. 숙종은 대비의 뜻을 거스를 수 없어 왕손들과 궁녀들을 나눠서 귀양 보내는 것으로 이 일을 마무리 지었습니다. 그러나 이 일로 남인들은 대비에 대한 비난의 상소를 수없이 올렸습니다. 수렴청정을 하지 않는 대비가 정청에 나타난 것은 있을 수 없는 일이었기 때문입니다.

이후로도 남인들은 명성왕후가 숙종의 정사에 관여하는 것을 경계했고, 홍수의 변으로 망신을 당한 김우명은 얼마 안 있어 울화병으로 세상을 떠났습니다. 이런저런 이유로 명성왕후는 남인들과 원수가 되었습니다. 훗날 남인의 도움을 받아 대궐에 들어온 장옥정(장희빈)을 명성왕후가 내쫓았던 것도 그런 맥락에서였습니다. 명성왕후는 1683년 병석에 누운 숙종의 쾌유를 비는 치성굿을 드리다가 병을 얻어 42세로 세상을 떠났습니다.

숭릉은, 정면에서 볼 때 정말 당당하고 번듯하다는 느낌을 주는, 잘 정돈된 능입니다. 그런데 숭릉의 석물들은, 여주로 천장하며 파묻고 간 효종의 영릉 석물을 재사용한 것이 많습니다. 왕릉과 왕비릉은 병풍석 없이 난간석으로 이어지는 쌍릉으로 조성되어 있습니다. 난간석에는 좌향(무덤의 방향)을 나타내는 십이지 글자가 새겨져 있습니다. 곡장 안에는 양석과 호석 각 두 쌍씩과 망주석 한 쌍이 있고, 장명등석, 각 한 쌍씩의 문무석인이 배치되어 있습니다. 장명등석과 망주석의 기단에는 아름다운 꽃무늬가 새겨져 있고, 무석인의 갑옷의 조각도 무척 섬세하고 정교합니다. 양석의 주둥이는 앞으로 튀어나와 있고 몸통이 돼지와 같이 통통한 것도 인상적입니다. 예송논쟁을 제외하고는 태평성대를 이뤘던 현종 대의 인심을 숭릉의 석물들이 말해주는 것 같습니다. ✿

홍유릉·사릉·광해군묘

화려해서 더욱 서글픈 두 황제의 능

금곡릉이라는 이름으로 잘 알려져 있는 홍유릉에는 홍릉과 유릉 두 기의 능이 있습니다. 홍유릉은 다른 왕릉과 여러 가지 면에서 구조가 다릅니다. 이 두 능은 왕릉이 아니라 황제릉이기 때문입니다. 홍릉과 유릉의 홍살문에서 보이는 정면의 건물도 정자각이 아닌 일자각이고, 왕릉의 참도와 달리 홍유릉에는 가운데 신도를 두고 양옆으로 어도가 있는 세 단으로 구성되어 있습니다. 이 두 황제릉 에는, 왕릉 능상의 봉분 앞에 있던 석물들이 참도 좌우에 내려와 정렬해 있습니다. 문석인과 무석인 옆으로 기린, 코끼리, 사자, 해태, 낙타, 말이 서 있는데 마치 제향에 참석하기 위해 여러 조공 국가 의 왕들이 타고 온 교통 수단들을 보여주는 듯합니다. 하지만 우리의 왕실은 끊기고 조공국은 커녕 그 어느 나라의 왕도 이 참배의 길을 걷지 못했습니다.

29 🌸
홍릉

위치 경기도 남양주시 금곡동

지정 번호 사적 제207호

조성 시기 1919년

홍릉 洪陵

홍릉은 고종(高宗 : 1852~ 1919)과 명성황후(明成皇后 : 1851~1895) 민씨의 능입니다. 고종이 흥선군 이하응의 둘째 아들로 태어났을 당시의 조정은 안동 김씨의 세상이었습니다. 헌종의 어머니이자 추존왕 익종의 부인이었던 신정왕후는 안동 김씨의 세도 정치에 맞설 만한 사람을 찾고 있었습니다. 그 때 나타난 사람이 흥선군이었지요. 당시 왕실의 종친 중 쓸 만한 사람들은 모두 안동 김씨에 의해 제거되었는데 그나마 이하응이 살아남을 수 있었던 것은 그의 특별한 처세 덕분이었습니다. 이하응은 안동 김씨들을 방심하게 만들기 위해 일부러 건달들과 어울려 다니고 안동 김씨 가문을 찾아다니며 구걸을 하기도 했습니다. 심지어는 개 짖는 시늉까지 해서 '상갓집 개 궁도령'이라는 별명까지 얻었습니다. 그러다 철종이 위독해지자 흥선군과 신정왕후는 손을 잡게 된 것입니다.

철종의 별세 후 왕위 결정권을 가진 헌종의 모후 신정왕후는 고종을 양자로 삼았습니다. 고종이 신정왕후의 양자가 되었다는 것은 철종이 아니라 헌종의 뒤를 이어 왕위에 오른다는 뜻이지요. 새 왕의 나이가 어리므로 대비가 된 신정왕후가 수렴청정을 하고, 흥선군을 흥선대원군으로 높여 섭정을 하

275

게 했습니다.

　홍선대원군이 가장 먼저 시작한 개혁은 안동 김씨 세력을 몰아내고 땅에 떨어진 왕권을 회복하는 것이었습니다. 집안과 당파에 상관없이 인재를 고루 등용하였고, 당쟁의 근거지가 되는 서원을 철폐했습니다. 백성들의 부담을 줄이기 위해 이름 없는 세금과 궁중에 특산물을 바치는 진상 제도도 없앴습니다. 또 은 광산 개발하는 것을 허용해서 백성들의 경제에 도움이 되도록 하였습니다. 홍선대원군이 한 일 가운데 가장 대담한 일은 양반들에게서도 세금을 거둬들인 것입니다.

　그러나 홍선대원군이 잘못한 부분도 있었지요. 왕실의 권위를 세우기 위해 임진왜란 때 불타 버린 경복궁을 다시 세웠는데 그 과정에서 공사비를 마련하기 위해 당백전이라는 돈을 발행하는 바람에 화폐 가치가 폭락해버렸습니다. 또 도성의 사대문에서 통행세를 거두는가 하면, 주인의 허락도 없이 전국의 커다란 돌과 나무를 대궐 짓는 자재로 거둬들여 백성들의 원성을 사기도 했습니다.

　천주교 박해령을 내려 6년 동안 8천여 명의 신자를 학살한 것도 그의 커다란 과오였습니다. 종교 박해로 인해 민심을 흉흉하게 한 것도 문제였지만 프랑스 등 서양의 국가들이 조선을 침략하는 빌미를 제공했기 때문이지요. 미국은 신미양요를 통해, 프랑스는 병인양요를 통해 조선을 침략해왔습니다. 무력으로 침략해온 그들의 태도가 조선 사람들을 분노하게 하였고 홍선대원군은 나라의 문을 걸어 잠그는 쇄국 정책을 더욱 강화하기에 이르렀습니다.

　1868년 고종은 기다리던 왕자를 얻었습니다. 이씨 성을 가진 상궁이 낳은 완화군이었습니다. 홍선대원군은 완화군을 원자로 책봉하려 했습니다. 이때부터 명성황후와 홍선대원군 사이가 본격적으로 벌어지기 시작했습니다. 나중에 명성황후가 낳은 아들이 항문이 막히는 병으로 생후 5일 만에 죽었는데 명성황후는 자신이 임신했을 때 시아버지 대원군이 산삼을 많이 주었기 때문이라고 생각하고 대원군을 더욱 더 미워하게 되었습니다.

명성황후는 민치록의 딸로 태어났습니다. 9세 때 부모를 여의고 가난하게 자라다가, 16세에 흥선대원군의 부인 부대부인 민씨의 추천으로 왕비에 간택되었습니다. 흥선대원군이 명성황후를 며느리로 선택한 이유는 그녀가 부모형제 없는 고아인 데다 별로 힘을 쓸 수 없는 집안의 딸이었기 때문입니다. 외척의 세도 정치를 되풀이하지 않기 위해서였지요. 그러나 명성황후는 민씨를 최대한 많이 끌어들였습니다. 또 대원군에게 불만을 가지고 있는 풍양 조씨 조영하, 안동 김씨 김병기, 고종의 형인 이재면, 유림의 대학자인 최익현 등과 손을 잡았습니다. 대원군이 서원을 철폐하였기 때문에 유림은 대원군에 대해 무척 불만이 많던 상황이었습니다. 1873년 최익현은 대원군의 퇴진을 요구하는 상소를 올렸습니다. 경복궁 중건 사업으로 백성들이 도탄에 빠지게 된 책임을 묻고 고종이 22세로 친정할 때가 되었으니 흥선대원군은 물러나라는 내용이었지요. 무엇보다 두 번째 근거를 거스를 명분이 없었던 흥선대원군은 10년간의 섭정을 마치고 물러났습니다. 그리고 고종의 친정이 시작되었습니다.

그런데 흥선대원군이 물러나자 이번에는 명성황후의 친정인 민씨 일족들이 조정을 장악했습니다. 민씨 일가는 흥선대원군과는 달리 대외 개방 정책을 추구했습니다. 그러다가 1876년 일본군이 군함을 이끌고 조선의 바다에 들어와 대대적인 공격을 하는 바람에 조선은, 우리나라 최초의 근대적 조약이며 대표적 불평등 조약인 강화도조약을 맺게 되었습니다. 일본과 수교한 후 고종은 미국, 프랑스, 러시아 등과도 잇달아 조약을 맺었습니다. 열강의 힘에 밀려 조선의 문을 세계로 향해 활짝 연 것이지요.

그런데 국내에서는 개화파와 위정척사파의 대립이 극심해졌습니다. 위정척사파는 '바른 것을 지키고 옳지 못한 것을 배척한다'라는 뜻인데 여기서

⬆ 홍릉의 참도 양옆에 서 있는 돌 짐승들(사자, 해태, 말, 낙타, 코끼리). 왕릉의 양석, 호석과는 달리 괴수 같은 느낌을 자아낸다.

바른 것이란 성리학의 정신을 말하고 옳지 못한 것은 서양의 문화를 말하는 것입니다. 위정척사파는 고종의 이복형인 이재선을 왕위에 올리겠다는 역모를 꾀했다가 발각되었고, 고종은 이를 빌미로 위정척사운동을 간신히 잠재울 수 있었습니다.

1881년에는 신식 군대인 별기군을 창설했는데, 이 신식 군대는 구식 군대에 비해 훨씬 좋은 대우를 받았습니다. 구식 군대에게는 급료조차 제대로 주지 않았는데, 13개월이나 밀린 급료를 1개월치밖에 안 주면서 그나마 돌이 반이나 섞인 쌀을 지급했답니다. 분노한 구식 군대의 군인들은 자신들의 급료를 빼돌린 선혜청 당상 민겸호의 집을 습격했습니다. 이것이 임오군란의 시작입니다. 군인들은 자신들을 지원할 사람은 대원군밖에 없다고 생각하여 운현궁으로 몰려갔습니다. 대원군은 민씨 일파를 몰아낼 기회라 여기고 군인들

을 배후에서 조정했습니다. 군인들은 일본 공사관을 습격하고 명성황후를 잡으러 창덕궁으로 갔습니다. 명성황후는 창덕궁에서 간신히 도망 나와 경기도 장호원으로 몸을 피했습니다.

　　대궐로 들어간 대원군은 명성황후가 죽었다고 발표하고 국상 준비를 시켰습니다. 이미 이 세상 사람이 아니니 누구나 그녀를 죽여도 상관없다는 뜻이고, 그녀가 살아 있다 해도 다시 대궐에 들어오는 것을 막기 위해서였지요. 그런데 청나라가 대원군을 납치하고 명성황후를 대궐로 데려왔습니다. 그때부터 청나라도 조선에 적극적으로 간섭을 하기 시작했습니다. 또 1884년에는 김옥균 등 급진 개화 세력이 갑신정변을 일으켰습니다. 역시 청나라 군대에 의해 개화파의 3일 천하는 막을 내리고 조선은 청나라에 더욱 의존하게 되었습니다. 이때 일본은 조선과는 손해 배상을 위한 한성조약을 맺고 청나라와

🔼 사초지 위에는 능침과 혼유석, 장명등석, 망주석 한 쌍이 서 있고, 능침에는 병풍석과
난간석을 둘렀다.

는 톈진조약을 맺었습니다. 이 톈진조약은 이후로 두 나라가 조선에 파병·철
수할 때 서로 통고한다는 내용이었습니다.

이렇게 국내외 상황은 급박하게 돌아가고 있었는데 관리들은 여전히 부
정부패를 일삼고 있었습니다. 국가 경제는 파탄에 이르렀고 관직을 사고파는
매관매직이 성행하여 백성들은 도탄에 빠지게 되었습니다. 관직을 산 관리들
은 자신이 투자한 돈을 백성들에게서 벌충하려고 했기 때문입니다. 더 이상
견딜 수 없었던 백성들은 동학 농민 운동을 일으키게 되었습니다. 농민군들
의 기세가 전국적으로 확산되자 조정에서는 청나라에 원병을 청했습니다. 호
시탐탐 조선에 진출할 기회만 노리고 있던 청나라가 조선에 들어오자, 톈진조
약에 의해 일본군도 조선에 들어왔습니다. 일본은 민씨 정권을 몰아내고, 청
나라에서 돌아온 대원군을 내세워 내정 개혁을 단행했습니다. 이것이 1896

년의 갑오개혁입니다. 갑오개혁은 모든 분야에서의 근대적 개혁이었습니다만, 일본의 침략을 쉽게 하는 기초 작업이 되어버렸습니다.

조선의 정권을 장악한 일본은 청나라에 선전 포고를 하였고, 청일전쟁에서 승리한 일본은 청나라를 조선으로부터 완전히 몰아내는 데 성공했습니다. 일본은 청일 전쟁 승리의 전리품으로 요동반도를 받았는데, 일본이 강대해지는 것을 경계한 러시아가 이에 간섭을 하고 나섰습니다. 러시아가 독일과 프랑스를 끌어들였기에 이를 삼국간섭이라고 합니다. 일본은 동맹군의 힘을 이기지 못하고 요동반도를 슬그머니 도로 내놨습니다. 이때 조선 조정에서는 몇 백 년 동안 우리 민족에게 영향력을 행사해온 청나라를 이긴 일본, 그 일본보다 더 센 나라가 러시아라고 생각하게 되었지요. 그래서 친러 내각이 성립되었고 그 선두에 선 사람이 바로 명성황후였습니다. 여기에 위기감을 느낀 일본은 1895년 을미사변을 일으켜 조선의 국모인 명성황후를 살해했습니다.

일본의 낭인들은 대원군을 앞세우고 대궐로 쳐들어왔습니다. 명성황후는 궁녀의 옷으로 갈아입고 피신했는데 낭인들이 기어이 그녀를 찾아내서 무참히 살해하고 말았습니다. 심지어는 시신까지 불태워 훼손을 하는 천인공노할 만행을 저질렀지요. 그리고는 고종에게 "그간 중전 민씨가 국정을 어지럽혀 종묘사직을 위기에 처하게 했다. 변란이 일어나자 중전은 달아나 종적을 감추었으니 중전의 자격을 박탈하고 서민으로 쫓아낸다"라는 교지를 발표하게 하여 명성황후를 폐서인으로 만들었습니다. 하지만 국제 사회에 이 사실이 알려져 지탄을 받게 되자 일본은 형식적인 진상 조사를 했고 명성황후는 복위되어 동구릉의 숭릉 옆에 시신 없는 국장을 치르게 되었습니다. 이때 명성황후의 나이 45세였습니다.

을미사변 후 신변의 위협을 느끼고 있던 고종은 러시아 공사의 권유에 따라 러시아 공사관으로 옮겨가게 되었습니다. 이것이 아관파천입니다. '아관'

은 러시아 공사관을 말하고 '파천'은 임금이 피란 가는 것을 말하지요. 러시아 공사관에 도착한 고종은 친일파 대신들을 처형하도록 명하고, 친러 내각을 구성하였습니다. 러시아 공사관에서 나랏일을 보는 1년여 동안 나라의 모습이 마치 러시아의 보호국 같은 형국이 되어버렸습니다. 그래서 나라의 권위와 위신이 땅에 떨어져버렸지요.

1897년에 대궐로 돌아온 고종은 대한제국을 선포하며 연호는 광무라 하고 스스로 황제위에 올랐습니다. 명성왕후도 명성태황후로 추존되었고 동구릉에 있던 그녀의 능을 서울 청량리 천장산으로 천장하며 능호를 홍릉이라 하였습니다. 고종은 이 홍릉에 성묘하러 가기 위해 종로에서 청량리까지 전찻길을 놓았다고 합니다.

이후 러일전쟁에서 승리한 일본은 거칠 것 없이 조선을 침략해 들어왔습니다. 1905년에는 고종에게 군사력으로 압력을 가해 을사보호조약을 강제로 체결하게 했습니다. 이때 조선은 일본에 외교권을 빼앗겼으며 내정 간섭을 허용하게 되어 사실상 국권을 상실했습니다. 고종은 이 억울한 상황을 미국, 러시아 등 다른 나라에 알렸지만 도와주는 나라는 하나도 없었습니다. 그래서 네덜란드 헤이그에서 열리는 만국평화회의에 밀사를 파견했습니다. 그러나 이준, 이상설, 이위종 등의 밀사들은 일본의 방해로 회의장에 들어가지도 못했고 이준은 분노를 이기지 못하고 그곳에서 세상을 떠나고 말았습니다. 일본은 이 사건이 한일협약 위반이니 고종이 그에 대한 책임을 지고 물러나야 한다고 주장했습니다. 고종은 어쩔 수 없이 순종에게 통치권을 물려주고 자신은 태황제가 되었습니다. 고종은 한일합방 후 이태왕으로 격하되어 살다가 1919년 67세에 세상을 떠났습니다. 고종의 능을 현재 위치로 결정하게 되자, 터가 안 좋다고 천장설이 끊이지 않았던 명성황후의 홍릉도 이곳으로 옮겨와 합장릉을 만들었습니다. 이때 고종이 일본인에게 독살당했다는 설이 퍼져서 국민들

이 분노했고 고종의 장례일에 맞춰 대대적인 민족 독립 운동인 3·1운동이 일어나게 되었습니다.

왕릉과 황제릉의 차이점은, 사초지 위가 초계, 중계, 하계의 구분이 없고 석물들이 사초지 아래 참도 좌우로 늘어서 있다는 점입니다. 또 정자각 대신 일자형의 건물인 침전을 세웠습니다. 침전은 임금의 숙소라는 뜻입니다. 중국에서는 능이란 황제가 죽어서도 나라를 통치할 지하 궁전이라 믿었습니다. 그래서 중국 황제릉을 본떠 만든 홍릉과 유릉에는 침전이 있는 것입니다. 제사를 지내는 공간인 왕릉의 정자각과는 그 용도가 다른 건물이지요. 지붕 형식 또한 왕릉처럼 맞배지붕이 아니고 팔작지붕으로 바뀌었으며, 정면 다섯 칸, 측면 네 칸의 건물로 지어졌습니다. 사초지 위에는 능침과 혼유석, 장명등석, 망주석 한 쌍이 서 있을 뿐인데 능침에는 병풍석과 난간석을 둘렀습니다. 사각으로 만들어진 장명등석과 병풍석의 면석에는 꽃무늬가 새겨져 있습니다. 홍살문에서 침전까지 이르는 참도 양옆으로 문석인, 무석인, 기린(아프리카에 사는 기린이 아닌 상상의 동물), 코끼리, 사자, 해태, 낙타, 말 등의 석물들이 대칭으로 서 있습니다. 이 돌로 된 짐승들은 이빨을 드러내고 있어 능침을 지키던 양석, 호석과는 달리 괴수 같은 느낌을 자아냅니다.

들어가는 방향에서 볼 때 침전 오른쪽에 비각이 서 있고 비각 뒤로 우물인 어정이 있습니다. 사초지 아래에는 산신에게 제사 지내는 자리인 산신석과 제향 때 축문을 태워서 묻는 예감이 자리하고 있습니다. 참도는 삼단으로 되어 있는데, 가운데가 혼령들이 다니는 신도이고 어도 중 하나는 황제가, 다른 하나는 조공국의 왕이 다니는 길이라고 합니다. 홍릉에는 금천교 안쪽에 일반 재실보다 규모가 큰 제궁이라는 건물이 있습니다. 제궁은 행랑채까지 있는 살림집 형태의 건물로서 제관들이 제사를 준비하고 휴식을 취했던 장소입니다.

원래 홍릉은 명성황후의 능호입니다. 한일합방이 되면서 조선을 이왕가

❀ 들어가는 방향에서 볼 때 침전 오른쪽에 비각이 서 있고 비각 뒤에 우물인 어정이 있다.

(李王家)로 격하시켜버린 일본은 고종의 능호를 따로 만드는 것을 허락하지 않았습니다. 고종이 능호를 쓴다는 것은 대한제국 황제의 신분을 인정하는 것과 같았기 때문입니다. 그래서 명성황후와 합장하고 홍릉이라는 능호를 쓰게 되었습니다. 정말 많은 사건을 겪어내고 끝내 나라가 망하는 것까지 봐야 했던 고종. 망국의 황제가 능호를 갖는 방법은 이미 정해진 황후의 능호를 함께 쓰는 방법밖에는 다른 수가 없었습니다.

두 번이나 천장을 하고 결국 남편과 합장릉으로 꾸몄지만 명성황후의 능에는 시신이 없습니다. 생전에 입던 옷을 묻었을 뿐이지요. 이미 삭아버린 옷가지를 시신인양 고이 수습해서 엄숙하게 천장 절차를 치렀을 당시 모습을 상상하면 허망함을 감출 수가 없습니다. 이런저런 기구한 사연을 담은 홍릉은 화려하게 꾸며졌기에 보는 이를 더욱 쓸쓸하게 만드는 곳입니다. ❀

285

위치 경기도 남양주시 금곡동

지정 번호 사적 제207호

조성 시기 1926년

유릉 裕陵

홍유릉의 재실 앞에서 왼쪽으로 가면 금천교가 있습니다. 이 금천교 건너가 조선의 마지막 임금인 순종(純宗 : 1874~1926)과 순명효황후(純明 孝皇后 : 1872~1904) 민씨, 순정효황후(純貞孝皇后 : 1894~1966) 윤씨의 유릉입니다. 순종은 왕으로 강등되고 다스릴 나라도 없는 상태에서 세상을 떠났지만 그래도 능은 홍릉과 같은 황제릉의 모습을 갖추고 있습니다.

순종은 고종과 명성황후의 둘째 아들로 태어났습니다. 탄생 다음 해에 세자로 책봉되었고, 대한제국의 수립과 함께 황태자로 책봉되었습니다. 일본의 협박과 친일파 대신들의 강요로 물러나게 된 고종의 뒤를 이어 황제로 즉위했고, 연호를 광무에서 융희로 바꿨습니다.

순종은 3년 동안 황제의 자리에 있었습니다. 정말 복잡다단했던 고종 재위 시절과 달리 오히려 순종 때는 폭풍 전야처럼 사건이 많지는 않았습니다. 이미 조선에 미치는 모든 힘이 일본에 집약되어 일본의 계획적인 침략만이 착착 진행되었을 뿐입니다. 순종 즉위 직후인 1907년, 일본은 조선을 병합하기 위해 한일신협약(정미7조약)을 강제로 체결하였습니다. 이로써 국정 전반을 일본인 통감이 간섭하고 정부 각부의 장관을 일본이 임명하는 차관 정치를 행

하기 시작했습니다. 또 경제 수탈을 위한 동양척식주식회사를 설립하고, 재정 부족을 이유로 조선의 군대를 강제 해산시켰으며, 사법권마저 빼앗아버렸습니다. 이렇게 순종은, 한일합방 이전부터 정치, 경제, 사회 모든 면에서 허수아비 황제가 되어버렸습니다.

1909년 하얼빈에서 안중근 의사가 일본 총리 이토 히로부미를 암살하자, 이를 계기로 일본은 조선을 무력으로 점령할 계획을 세웠습니다. 일본은 조선 점령을 위해 이완용, 송병준 등으로 구성된 매국 단체 일진회를 앞세워 조선인의 요구에 따라 한일합방을 하는 형식으로 1910년 8월 29일 대한제국을 멸망시켰습니다. 이로써 조선 왕조는 27대 519년 만에 멸망하고, 한반도는 일본의 식민지가 되었습니다.

　　한일합방 후 순종은 황제에서 이왕(李王)으로 강등되어 창덕궁에서 살게
되었습니다. 일본은 순종에게 왕에 해당하는 예우를 해주고 이름뿐인 왕위
는 세습되도록 했습니다. 순종은 폐위된 후 16년 동안 망국의 한을 달래다가
1926년 53세에 세상을 떠났습니다. 그해 6월 10일 순종의 발인 날을 기하여
6·10 만세 운동이 일어났습니다.

　　순명효황후는 여은부원군 민태호의 딸로 태어나 11세에 세자빈으로,
1897년에는 황태자비로 책봉되었습니다. 그러나 순종이 황제로 즉위하기 전
인 1904년에 33세의 나이로 세상을 떠났습니다. 당대의 학자 황현이 쓴《매천
야록》에는 순명효황후에 대해 다음과 같은 기록이 실려 있습니다.

황태자(순종)가 아이를 낳지 못하는 불구자라 우울하게 세월을 보내던 황태자비는 화병에 걸려 매일 경대와 책상을 부수어 민영소가 하루에 하나씩을 새로 들여보냈다. 이렇게 몇 년을 지내자 핏덩이가 응어리졌는데, 의관이 잘못 진단하여 태기가 있는 것으로 알았다. 그래서 보약을 계속 복용하다 승하한 것이다. 을미사변 때에는 일본 낭인들에게 감금당한 채 명성황후가 있는 곳을 밝히라는 협박을 받다가 그들이 휘두르는 칼자루에 맞아 기절하고, 누구의 것인지도 모를 피를 뒤집어쓰는 등 커다란 정신적인 충격을 받기도 하였다.

순종의 계비 순정효황후는 해풍부원군 윤택영의 딸로 태어났습니다. 13세에 황태자의 계비로 책봉되었다가 순종이 즉위하자 황후가 되었습니다. 국권을 빼앗길 때 위기감을 느낀 순정효황후는, 덕수궁에 갇혀 있던 고종에게 이를 알리기 위해 전화를 걸었지만, 이미 일본군이 전화선을 끊은 뒤였습니다. 내시가 옥새가 든 상자를 들고 어전회의장으로 가는 것을 보고 따라가 병풍 뒤에서 어전회의를 엿듣던 그녀는, 한일합방조약에 날인하는 것을 막으려고 옥새를 치마 속에 감추고 내놓지 않았다고 합니다. 그러나 숙부인 윤덕영에게 옥새를 강제로 빼앗겼고 윤덕영은 그 옥새로 합방조약에 날인을 했습니다.

순정효황후는 순종이 세상을 떠나자 창덕궁 낙선재로 거처를 옮겨서 살면서 광복을 맞았고 이후 6·25 등 시련의 한국 현대사를 지켜보아야 했습니다. 만년에 불교에 귀의하여 대지월이라는 법명을 받은 순정효황후는, 최후까지 기품을 잃지 않고 황실의 어른으로 지내다가 1966년 72세로 생을 마감하였습니다.

선왕이 세상을 떠나면 새로운 왕은 선왕의 장례를 진행하는 것으로 첫 업무를 시작합니다. 그러나 조선의 마지막 황제인 순종에게는 뒤를 이을 새로

○ 유릉은 조선 왕릉 중 유일하게, 봉분 하나에 세 사람이 합장된 동봉삼실형의 능이다.

운 황제가 없었기에 조선 왕실 관련 업무를 맡아 할 이왕직이라는 새로운 관청이 만들어졌습니다. 이 관청에서 순종의 장례를 주관하였습니다.

순종 역시 고종과 마찬가지로 일본의 방해로 능호를 받을 수 없었습니다. 그래서 역시 고종과 같은 편법을 사용하였습니다. 순종이 즉위하기 전에 별세하여 경기 용마산에 안장되었던 순명효황후의 묘소 유강원을 유릉으로 추봉했는데 이 유릉을 지금의 금곡으로 천장하여 순종과 함께 합장하여 간신히 순종도 유릉이라는 능호를 얻게 된 것입니다. 훗날 순종의 계비 순정효황후도 유릉에 합장되어, 유릉은 조선 왕릉 중 유일하게 봉분 하나에 세 사람이 합장된 동봉삼실형의 능이 되었습니다.

유릉의 홍살문에 들어서면 오른쪽에는 수복방이, 왼쪽에는 우물인 어정이 있습니다. 유릉에도 정자각 대신 침전이 자리하고, 삼단으로 이뤄진 참도 좌우로는 문석인, 무석인, 돌로 된 기린, 코끼리, 사자, 해태, 낙타가 각각 한 쌍, 말 두 쌍이 늘어서 있습니다. 홍릉보다 능역은 조금 좁고, 문무석인은 실제 사람을 모델로 한 듯 사실적인 모습을 보이고 있습니다. 침전의 내부 천장에는 두 마리의 용이 그려져 있고, 화려한 황제의 침상이 놓여 있습니다. 능침의 곡장은 홍살문에서 정면이 아닌 오른쪽으로 열려 있습니다. 능침에는 꽃무늬가 새겨진 병풍석과 난간석이 둘러져 있고 그 앞에 혼유석과 사각 장명등석이 서 있습니다. 능침 양 옆에 한 쌍의 망주석이 서 있는데 망주석에 새겨진 세호의 꼬리가 소용돌이치듯 생동감을 주던 다른 왕릉의 것과 달리 아래로 축 처져 있습니다. 이제 더 이상 역사를 지탱할 힘이 없다는 표시로도 보입니다. 사초지 아래에는 축문을 태우는 소전대가 있는데 마치 벽돌 굴뚝을 그대로 옮겨온 듯한, 물색없는 모습입니다.

순종은 별세하기 전 다음과 같은 유언을 남겼습니다.

한 목숨을 겨우 보존한 짐은 병합 인준의 사건을 파기하기 위하여 조칙하노니 지난 날의 병합 인준은 강린(强隣 : 일본)이 역신의 무리들과 더불어 제멋대로 선포한 것이요, 다 나의 한 바가 아니라. 오직 나를 유폐하고 협박하여 나로 하여금 명백히 말을 할 수 없게 한 것으로, 내가 한 것이 아니니…… 고금에 어찌 이런 도리가 있으리오. 나 구차히 살며 죽지 못한 지가 지금에 17년이라, 종사에 죄인 되고 2000만 국민의 죄인이 되었으니 한 목숨이 꺼지지 않는 한 잠시도 이를 잊을 수 없는지라. 깊은 곳에 갇힌 몸이 되어 말할 자유가 없이 금일에까지 이르렀으니, 지금의 병이 위중하니 한마디 말을 하지 않고 죽으면 짐은 죽어서도 눈을 감지 못하리라. 이 조칙을 중외에 선포하여 내가 최애 최경하는 백성으로 하여금 병합이 내가 한 것이 아닌 것을 분명히 알게 하면 이전의 소위 병합 인준과 양국의 조칙은 스스로 파기에 돌아

⬆ 침전의 내부 천장에는 두 마리의 용이 그려져 있고, 화려한 황제의 침상이 놓여 있다.

가고 말 것이리라. 백성들이여, 노력하여 광복하라. 짐의 혼백이 명명한 가운데 여러분을 도우리라.

순종을 유약하고 무능하기 짝이 없는 임금으로만 여겼는데 이 유언을 접하고 그에 대한 생각이 달라졌습니다. 식민 통치 시절 서슬 퍼런 일본의 감시 아래서 숨을 거둔 순종이 이런 유언을 남길 수 있었다는 사실만으로도 그나마 마지막 황제 순종의 용기를 짐작할 수 있었습니다. 백성들은 이제 그의 유언대로 죽을 듯이 노력하여 광복을 맞이하였습니다. 순종에 대해 다시 생각하게 되면서 우리 민족이 광복을 맞이한 것이 순종의 혼백이 도운 결과라는 새삼스러운 생각이 머리를 떠나지 않습니다. ❈

31 ❀
사릉

위치 경기도 남양주시 진건읍 사능리

지정 번호 사적 제209호

조성 시기 1521년(중종16)

사릉 思陵

사릉은 단종의 비 정순왕후(定順王后 : 1440~1521) 송씨의 능입니다. 입구에 들어서면 홍살문부터 정자각을 비롯하여 능침 위까지 한눈에 다들어올 정도로 사릉은 작고 아담한 능입니다. 정순왕후는 여산 송씨인 판돈녕부사 송현수의 딸로 태어나 14세에 왕비로 간택되었고 이듬해에 15세로 왕비에 책봉되었습니다.

정순왕후가 궁궐에 들어올 때는 단종이 왕위에 오른 후였고 숙부 수양대군이 계유정난을 성공시키고 그 세력을 떨치고 있을 때였습니다. 정국이 어수선하기도 했지만 당시는 선왕 문종의 상중이었기 때문에 혼인 잔치를 치를 상황이 아니었습니다. 그런데 영의정이었던 수양대군이 가례를 서둘렀습니다. 궁중이 공허하고 후계를 잇는 것이 중요하니 빨리 왕비를 맞아야 한다는 주장이었습니다. 단종은 상중임을 들어 몇 차례나 혼인을 거절했지만 무서운 숙부 수양대군의 청을 끝내는 물리칠 수 없었습니다. 이렇게 정순왕후의 결혼 생활은 뭔가 비정상적인 상태에서 시작이 되었습니다.

가례를 치른 이듬해 수양대군은 또 다른 동생인 금성대군을 비롯하여 단종과 가까운 여러 종친과 신하들을 죄인으로 몰아 유배시켰습니다. 이 일

○ 사릉은 입구에 들어서면 홍살문, 정자각을 비롯하여 능침 위까지 한눈에 다 들어올 정도로 작고 아담한 능이다.

로 두려움을 느낀 단종은 수양대군에게 왕위를 물려주고 상왕으로 나앉아 수강궁에 살게 되었습니다. 또 그 이듬해 단종을 복위시키려는 움직임이 일기 시작했습니다. 이 사건의 주요 인물들로 사육신으로 불리는 집현전 학사들은 사형을 당했고 단종은 노산군으로 강봉되어서 영월 청령포로 귀양을 가게 되었습니다. 이때 의덕왕대비였던 정순왕후도 노산군부인으로 강봉되어 단종과 영 이별을 했습니다. 이때 단종의 나이 열일곱, 정순왕후의 나이 열여덟이었습니다. 이때 부부가 이별한 다리가 청계천에 있는 영도교라고 합니다. 단종이 영월로 귀양갈 때 정순왕후가 이 다리까지 따라왔지만 더 이상 따라가지 못하고 다리 위에서 이별을 했다고 하지요. 두 사람이 이 다리에서 이별한 후 다시는 만나지 못했다 하여 영영 이별한 곳, '영 이별 다리'라고 불렸는데, 성종 때 다리를 보수하면서 '영원히 건너가신 다리'라는 의미로 영도교라는 이름을 붙였답니다.

대궐에서 쫓겨난 열여덟 살의 정순왕후는 서울 동대문 밖 숭인동 작은 산 기슭에 정업원이라 이름 붙인 초막을 짓고 살았습니다. 먹을 것도 제대로 없어서 시녀들이 해오는 동냥으로 끼니를 잇는 비참한 삶을 살았습니다. 이 소문을 들은 세조가 집도 지어주고 식량을 제공하겠다고 했지만 정순왕후는 이를 끝내 거절했습니다. 훗날 자줏물을 들이는 염색업을 하며 여생을 보냈습니다. 그래서 그 동네를 '자줏골'이라고도 한답니다.

이 비운의 왕비에 관해서는 여러 가지 이야기가 전해져 옵니다. 단종이 억울하게 죽었다는 소식을 접한 정순왕후는 소복을 하고 아침마다 산에 올라 유배지 영월이 있는 동쪽을 향해 서럽게 통곡을 했답니다. 그래서 그 산봉우리의 이름이 동쪽을 바라본다는 뜻의 동망봉이 되었다지요. 또 정순왕후의 울음소리가 산 아래까지 들리면 마을의 여인네들이 땅을 치며 함께 우는 동정곡을 했답니다. 또 영도교 부근에는 금남(禁男)의 채소시장이 있었다는데, 이 시장은 일부러 주변을 시끌벅적하게 만들려는 속임수였습니다. 정순왕후를 동정한 부녀자들이 끼니마다 채소를 가져다주었는데 궁에서 이를 말리자 정순왕후의 거처 가까운 곳에 시장을 열고 혼잡한 틈을 타 몰래 정순왕후에게 채소를 전해주었다고 합니다.

이렇게 비극적인 삶을 살았지만 정순왕후는 82세까지 장수하고 1521년에 세상을 떠났습니다. 그런데 정순왕후는 세상을 떠난 후에도 고달픈 지경을 겪게 되었습니다. 자식이 없어서 제대로 장사와 제사를 지내줄 사람도 없었던 것입니다. 그래서 단종의 누이 경혜공주의 시집인 해주 정씨 집안에서 그 시신을 거두어 문중 선산에 안장하였습니다. 그곳이 바로 현재의 사릉 자리입니다.

훗날 중종은 정순왕후를 대군 부인으로 복위시켜주었습니다. 또 숙종 때 노산군이 단종대왕으로 복위되면서 사릉도 왕후의 능으로 추봉되었습니

○ 사릉은 복위되었을 때 대군부인의 묘로 만들어졌기 때문에 다른 능에 비해 아담하고
간소하다.

다. 복위되었을 때 대군부인의 묘로 만들어졌기 때문에 다른 능에 비하여 아
담하고 간소합니다. 능침의 규모도 작고, 병풍석, 난간석, 무석인은 없으며, 문
석인과 마석, 양석과 호석, 망주석이 한 쌍씩 있을 뿐입니다. 정자각도 있고
비각도 갖추고 있지만 능 전체가 초라하고 쓸쓸해 보이는 것만은 분명합니다.

사릉에 가면 조금 의아한 모습을 볼 수 있습니다. 바로 능침 양옆에, 또
위쪽에 다른 민간인들의 무덤이 있다는 것입니다. 원래 왕릉이 조성되면 그
주변 10리 안에 있는 민간인의 묘는 모두 다른 곳으로 옮겨야 했는데 말입니
다. 이 민간의 묘들은 모두 해주 정씨 집안 사람들의 묘입니다. 숙종 24년 정
순왕후가 단종과 함께 복위되자, 사릉총리사 최석정은 숙종에게 '사릉은 본
래 문종의 외손자이며 경혜공주의 아들인 정미수 개인 땅이고, 왕후께서 살
아서 후사를 부탁했으므로, 능으로 봉해졌다 해도 정씨 묘소를 옮기면 정순

왕후도 마음이 편치 않을 것'이라고 정씨 묘역을 그대로 둘 것을 청했답니다. 이에 숙종은 그대로 두라고 허락하여 정순왕후의 능은 민간의 묘에 둘러싸 여 있게 되었습니다.

사릉(思陵)은 평생 단종을 생각하며 일생을 보냈다 하여 붙여진 애틋한 사연이 담긴 능호입니다. 단종의 영월 장릉과 정순왕후의 사릉. 살아서 애틋 하게 이별한 어린 부부의 한을 죽어서나마 풀어주도록 두 능을 합치자는 의 견이 더러 있었지만 문화재 보존의 차원에서 그 의견은 받아들여지지 않았 습니다. 그러나 남양주시와 영월군은 단종과 정순왕후의 애틋한 사랑을 간 직하기 위해 자매 결연하고, 사릉과 장릉에 소나무를 교차 식수했다고 합니 다. 사릉에 찾아가면 영월 장릉에서 온 소나무가 어떤 모습을 하고 있는지 찾 아볼 만합니다.

이 소나무들이 아니더라도 사릉에는 유난히 소나무가 많고 또 백송, 미선 나무 등 여러 가지 천연기념물, 희귀식물, 전통 수종의 식물들이 자라고 있습 니다. 그 이유는 사릉에 문화재청이 관할하는 궁과 능·원의 고건물 복원 목 재용으로 쓸 나무를 기르는 양묘사업소 묘포장이 있기 때문입니다.

사릉은 현재 비공개 능입니다. 그러나 경건한 마음으로 조용히 참배만 하 고 나온다면 간단한 절차를 거쳐 들어갈 수 있습니다. ❀

32 ❀
광해군묘

위치 경기도 남양주시 진건읍

지정 번호 사적 제363호

조성 시기 1641년(인조19)

광해군묘

광해군묘를 찾아가려면 영락동산이라는 교회 공원묘지를 찾아 그 안으로 들어가야 합니다. 영락동산 내부의 길 옆 철조망 울타리 쳐진 곳에 '광해군묘'라는 표지판과 쪽문이 하나 있는데 그 울타리 바로 밑에 있는 초라한 무덤이 제15대 임금 광해군(光海君 : 1575~1641)과 문성군부인 유씨(1598~1623)의 묘입니다.

광해군은 선조와 공빈 김씨의 둘째 아들로 태어났습니다. 어린 시절 광해군은 다른 왕자들에 비해 총명하고 학문에도 힘쓰는 착실한 왕자였습니다. 선조가 왕자들 앞에 여러 가지 물건을 늘어놓고 마음대로 고르게 하니 왕자들은 보물을 골랐는데 광해군만 붓과 먹을 골라 선조를 기쁘게 했다는 기록이 있습니다. 또 선조가 왕자들에게 "반찬감 중에 무엇이 으뜸이냐?"라고 묻자 광해군은 '소금'이라고 대답하였고, 그 이유를 물으니 '소금이 아니면 백 가지 맛을 이루지 못하기 때문'이라고 했다 합니다. 선조가 "너희들에게 부족한 것이 무엇이냐?"라고 묻자 광해군은 "어머니가 일찍 돌아가신 것을 마음 아프게 생각합니다"라고 대답하여 선조가 기특해했다는 기록도 있습니다.

선조에게는 광해군을 포함하여 아들이 열네 명이나 있었습니다. 그러나

🔵 어머니의 무덤 발치에 묻어달라는 유언대로 광해군은 어머니 공빈 김씨의 무덤 근처에 묻혔다.

모두 후궁의 소생이고 광해군이 세자로 책봉될 때까지 적자는 하나도 없었습니다. 아들들이 나이를 먹어 몇몇은 성년이 되었음에도 불구하고 선조는 다음 왕위 계승자인 세자 책봉을 미루기만 했습니다. 자신이 적장자 출신이 아닌 방계 혈통으로 왕이 되었다는 사실에 부담감을 느꼈는지 선조는 한사코 적자가 태어나길 기다리고 있었던 것입니다.

그러나 선조의 나이 40세가 넘자 대신들은 세자 책봉 문제를 더 이상 미룰 수 없다고 주장했습니다. 이 문제를 가장 적극적으로 내세운 사람은 좌의정 정철이었습니다. 그는 다른 신하들과 상의한 끝에 광해군을 세자로 밀기로 하고 이를 선조에게 주청하기로 했습니다. 그런데 서인의 중심 인물이었던 정철을 궁지에 몰기 위해 동인들은 은밀한 계획을 짜고 있었습니다. 선조가 인빈 김씨의 소생인 신성군을 총애한다는 것을 알고 있던 동인의 이산해는 인빈 김씨를 찾아가 정철의 동향을 알려주었습니다. 그리고 광해군이 세자가 되면 인빈 김씨와 신성군은 죽은 목숨이 될 것이라는 말도 덧붙였지요. 이 말을 들은 인빈 김씨는 당장 선조에게 달려가 정철이 자기 모자를 죽이려 한다고 말했습니다. 선조는 이 말을 듣고 화를 내며 정철을 단단히 벼르게 되었습니다. 그런데 이런 상황을 알지 못한 정철은 대신들과의 논의대로 선조에게 광해군을 세자로 옹립하자는 주청을 하였습니다. 신성군을 염두에 두고 있던 선조는 정철과 그에 동조하는 대신들을 귀양 보냈고 이후로 한동안 세자 책봉 문제는 거론되지 못했습니다.

그러다 임진왜란이 일어났습니다. 선조가 의주까지 몽진을 가고 분조(分朝 : 임진왜란 때 선조가 본조정과 별도로 설치한 임시 조정)를 두어야 하는 국가 비상사태에 처하게 된 것입니다. 선조는 대신들의 요청을 받아들여 광해군을 세자로 책봉했습니다. 서장자 임해군은 성격이 포악하고 자질이 부족하다는 이유로 제외되었고 선조가 총애했던 신성군은 병으로 죽은 후였기 때문에 광해군은 별다른 장애 없이 세자가 될 수 있었습니다.

세자 광해군은 18세였지만 분조에서 왕위 계승자로서의 자질을 유감없이 발휘했습니다. 전란 중에 백성들에게 아직도 조정이 건재하다는 사실을 알려 희망을 갖게 했고 평안도, 황해도, 함경도, 강원도 등을 옮겨 다니며 의병을 독려하고 군량을 수집하는 등 활발한 활동을 했습니다.

당시에는 세자를 책봉하면 명나라에 보고하고 고명을 받아야 정식으로 세자로 확정할 수 있었습니다. 전란 중인 1594년 선조는 명나라에 광해군의 세자 책봉을 알렸습니다. 그런데 명나라에서는 큰아들인 임해군이 있다는 이유로 고명을 거부했습니다. 그리고 광해군에게는 세자 자리에서 물러나라고 다섯 번이나 종용을 했답니다. 명나라가 이렇게 남의 나라 세자 책봉에 적극적으로 관여한 까닭은 자기 나라 내부 사정과 관련이 있었습니다. 당시 명나

303

라 황제였던 만력제 신종이 귀비에게서 얻은 아들을 염두에 두고 맏아들의 황태자 책봉을 미루고 있었습니다. 그런 상황에서 조선 왕의 차남의 세자 책봉을 섣불리 승인해주면 신종이 장자를 제치는 명분을 줄 수 있기 때문에 명나라의 조정은 이를 우려했던 것입니다.

그러던 중 선조의 원비였던 의인왕후가 숨을 거두었습니다. 이듬해 선조는 51세의 나이로 재혼을 했는데 새로 들어온 왕비는 19세의 인목왕후였습니다. 그로부터 4년 후 인목왕후는 아들 영창대군을 낳았습니다. 그렇게도 기다리던 적통의 왕자가 태어난 것입니다. 이때부터 대신들은 영창대군이 왕위를 잇기 원하는 소북파와 광해군을 지지하는 대북파로 갈라지게 되었습니다. 소북파는 광해군이 서자이고 차남이어서 명나라의 고명을 받지 못했다며 세자로서 인정하려들지 않았던 것입니다.

그러나 몸이 쇠약해져 죽음이 임박했음을 느낀 선조는 병석에서 광해군에게 왕위를 물려주겠다는 선위 교서를 내렸습니다. 그런데 영의정 유영경이 이를 공표하지 않고 자기집에 감췄습니다. 곧 대북파의 정인홍, 이이첨에게 발각되었지만 유영경의 죄를 묻는 과정에서 선조가 세상을 떠나고 말았습니다. 새 왕을 정하는 결정권은 대비가 된 인목왕후에게 넘어가게 되었습니다. 유영경은 인목대비에게 얼른 영창대군을 왕위에 올리고 수렴청정을 하라고 종용했습니다. 그러나 인목대비는 선왕의 뜻을 따르는 동시에 유영경의 제안에 현실성이 없다는 판단을 하여 광해군에게 보위를 잇게 한다는 언문 교지를 내렸습니다.

1608년 왕위에 올랐을 때 광해군의 나이는 34세였습니다. 그런데 명나라에서는 오히려 광해군의 세자 책봉 과정을 조사하는 사신을 보냈습니다. 명나라 사신들은 임해군을 면담한 뒤 막대한 뇌물에 만족하고 돌아갔습니다. 그럼에도 불구하고 임해군은 왕위를 도둑맞았다면서 불평불만을 늘어놓다

○ 곡장 안 두 봉분 앞에 각각 비석과 상석이 있고, 장명등석과 한 쌍씩의 망주석과 문석인이
설치되어 있다.

가 모반죄로 귀양을 가게 되었습니다. 그 후 임해군은 유배지인 강화도에서
변사체로 발견되었습니다. 이렇게 해서 광해군은 선왕의 장자가 되었고 명나
라에서는 비로소 광해군의 책봉을 허락하는 황제의 칙서를 보내주었습니다.

이렇게 광해군은 왕위에 오르기까지 파란만장한 과정을 겪었습니다. 광
해군은 왕위에 오르자 파당을 없애기 위해 초당파적 입장을 가진 대신들을
등용했습니다. 그는 임진왜란으로 파탄에 이른 국가 재정을 확보하고 흐트
러진 조정의 기강을 바로잡는데 최선을 다했습니다. 또 전쟁으로 도탄에 빠
진 백성들을 구제하고 나라를 안정시키기 위해 과감한 정책을 내놓았습니
다. 대동미(大同米)의 출납을 위해 선혜청을 설치하고 경기도에 대동법(왕실이나
관청에서 필요한 공물을 현물이 아닌 쌀로 받아들이는 제도)을 실시해서 백성들의 세금
부담을 줄여주었습니다. 또 양전 사업으로 경작지를 넓혀 국가 재원을 확보

했고 전란으로 불타버린 대궐들을 수리하며 왕실의 권위를 되찾는 데도 힘을 썼습니다.

광해군의 업적 중 가장 획기적인 것은 외교 정책이었습니다. 당시 중국에서는 여진족의 누르하치가 후금이라는 나라를 세우고 명나라를 강하게 압박하고 있었습니다. 수세에 몰린 명나라는 조선에 원병을 요청해왔습니다. 광해군은 후금의 세력이 만만치 않으므로 함부로 적대시할 수 없다고 판단했지만 명나라의 요청을 거절할 수도 없었습니다. 기울고 있다고는 하지만 명나라의 세력은 여전히 건재했고 임진왜란 때 명나라가 원병을 보내온 은혜도 저버릴 수는 없었기 때문입니다.

광해군은 강홍립을 도원수로 임명하고 다음과 같이 지시했습니다.

"그대는 조선국의 정예 병력을 이끌고 있으니 명군 지휘부의 명령에 일방적으로 따르지 말고 신중하게 처신하여 패하지 않도록 하라."

이 전쟁에서 명나라 군대는 후금에게 크게 졌고 이 과정에서 강홍립은 후금에 항복했습니다. 강홍립이 오랑캐에게 항복했다는 소식이 전해지자 그의 처자를 죽이라는 상소가 빗발쳤지만 광해군은 들은 척도 하지 않았습니다. 오히려 그 가족에게 물품을 하사하고 편히 지낼 수 있게 해주었습니다. 명나라에서는 강홍립이 고의로 항복했다며 원군을 다시 보내라고 강요하기도 했습니다. 이에 광해군은 후금과 싸우다 전사한 김응하를 추모하는 사당을 세워 조선군이 그 전투에서 얼마나 치열하게 싸웠는지 선전하며 상황을 무마했습니다.

광해군의 적은 내부에도 대단히 많았습니다. 1611년 유림의 오랜 숙원이었던 사림5현의 문묘 종사가 이루어졌습니다. 그런데 광해군 등극의 공로자이

❂ 초라한 광해군묘는 패배자가 어떤 대접을 받게 되는지 깨닫게 해주는 살아 있는 역사 교육장이다.

며 당시 조정의 실세였던 정인홍이, 이언적과 이황의 문묘 종사를 반대했습니다. 정인홍은 이황의 라이벌이었던 남명 조식의 제자였기 때문입니다. 사림과 성균관 유생들은 이런 조치에 크게 반발하여 정인홍을 탄핵하고 나섰지만 광해군은 오히려 정인홍의 편을 들어 유생들을 가두어버렸습니다. 이 사건으로 많은 유생이 광해군에게 등을 돌리게 되었습니다.

1613년에는 '칠서의 옥'이라는 사건이 발생했습니다. '칠서'란 일곱 명의 서자를 일컫는 말입니다. 칠서의 옥은 일곱 명의 서자가 문경세재에서 상인을 죽이고 은 수백 냥을 약탈한 강도 사건으로부터 시작되었습니다. 당시 서자들은 벼슬길이 막혀 있었기에 공부를 열심히 해도 써먹을 데가 없었지요. 그래서 돈 많은 명문가의 서자들은 할 일 없이 몰려다니며 울분을 달랠 방도를 찾을 수밖에 없었습니다. 광해군 즉위 초에 이들이 서얼의 차별을 없애달라는 상소를 올렸다가 거부당한 적이 있었습니다. 이들은 이때 불만을 품고 당을 조직하고 장사꾼 행세를 하며 전국에서 화적질을 일삼았습니다. 그러다 급기야 문경세재 사건으로 붙들리게 되었지요.

그런데 이 사건은 단순 강도 사건으로 끝나지 않았습니다. 이들이, 훔친 돈을 어디에 사용하려 했느냐는 심문에 영창대군을 추대하는 거사에 쓰려 했다는 자백을 한 것입니다. 이 자백에 이어 인목대비의 아버지 김제남이 자신들의 우두머리이며, 인목대비 또한 역모에 가담했다는 자백까지 나오게 되었습니다. 그래서 김제남은 사사되고 영창대군은 강화도에 위리안치(圍籬安置:유배된 죄인이 거처하는 집 둘레에 가시로 울타리를 쳐 가두어두는 일)되었다가 이듬해 대북파의 명을 받은 강화 부사 정항에 의해 증살되었습니다. 열두 살짜리 영창대군을 방에 가두고 불을 때서 그 안에서 질식하여 죽게 한 것입니다. 이 사건을 '계축옥사'라고 합니다.

정적을 제거하려는 대북파의 다음 목표는 능창군이었습니다. 능창군은 선조의 다섯 번째 서자 정원군의 아들로서 선조의 총애를 받아 세자가 될 뻔했던 신성군의 양자였습니다. 능창군 제거의 움직임은 '신경희의 옥'에서 시작되었습니다. 신경희는 수안군수였는데 역모 혐의로 하옥되었고 자신이 추대하려 한 사람이 능창군이었다는 자백을 했습니다. 이에 당시 17세이던 능창군은 큰 화를 당할 것이 두려워 자결을 하고 말았습니다. 이 능창군의 형이 후일 반정을 일으켜 인조가 된 능양군입니다. 이 사건이 반정에까지 이어지게 된 것이지요.

1618년 대북파는 인목대비를 서궁인 경운궁에 유폐시켰습니다. 또 이이첨 등 17인이 '폐비절목'을 만들어 대비의 특권과 예우를 박탈하였습니다. 하지만 명나라에서 폐서인의 고명이 내려오지 않아 인목대비는 대비의 신분을 계속 유지하게 되었습니다. 이때 강경파들은 인목대비를 사사할 것을 주장했지만 광해군의 반대로 인목대비는 목숨을 지킬 수 있었습니다. 그러나 효를 인간의 가장 중요한 도리로 여기고 있던 조선 사회에서 어머니 인목대비의 존호를 깎고 유폐시킨 것은 반정의 가장 확실한 빌미를 제공한 커다란 실수였습니다.

　　인조반정의 명분은 명에 대한 의리를 저버리고 사대를 하지 않았다는 점과 폐모살제(어머니를 가두고 동생을 죽임)였습니다. 하지만 두 가지 명분 다 폐위를 당할 사안은 아니었습니다. 첫 번째 명분은 오히려 광해군의 치적으로 꼽힐 수 있는 일입니다. 인조는 국제 정세를 파악하지 못하고 망해가는 명나라를 섬기고 청나라를 무시하다가 병자호란이라는 치욕스러운 역사를 초래했으니 말입니다. 또 두 번째 명분도 태종이나 세조 등 역대 왕들의 행적을 감안하면 특별히 극악스러운 일도 아니었습니다. 광해군은 전쟁으로 피폐해진 나라를 이어받아 민생 구제에 온 힘을 쏟았으며 백성을 돌아볼 줄 아는 왕이었습니다. 다만 곳곳에 만들어놓은 정적들에 의해 옴짝달싹 못하고 왕 자리에서 쫓겨난 것입니다. 광해군이 이렇게 많은 적을 만드는 데 한몫한 사람들은 바로 대북파였습니다. 대북파가 조정 세력을 독점함으로써 광해군은 세상 돌아가는 형세를 균형 있게 보지 못한 것입니다. 결국 대북파의 끝없는 욕심과 제어되지 않은 오만이 자신들이 모시던 왕을 파멸로 몰고 간 것입니다. 반정이 일어난 다음 날 능양군은 경운궁으로 가서, 11년 동안 유폐되어 있었지만 왕실의 가장 큰 어른인 인목대비에게 옥새를 바쳤습니다. 인목대비는 광해군 폐립의 교지를 내리고 경운궁 별당에서 능양군을 즉위시켰습니다. 그 후 인목대비가 광해군을 죽여 아들의 원수와 지난날의 원한을 갚으려 하자 인조가 '광해군이 매우 무도하기는 하나 군림했던 사람을 처치해서는 안 된다'며 이를 만류했습니다.

🔸 교회 묘지 울타리의 쪽문을 통해 나가면 바로 밑에 따로 묘역도 없이 광해군 부부의 초라한 무덤이 있다.

광해군과 나란히 묻혀 있는 문성군부인 유씨는 문양부원군 유자신의 딸로 태어나 16세에 광해군과 혼인을 했습니다. 19세의 인목왕후가 왕비로 간택되었을 때 남편 광해군은 28세였고 유씨도 시어머니 인목왕후보다 열한 살이나 나이가 많은 서른 살이었습니다. 이때 광해군과 유씨는 세자와 세자빈으로 책봉은 되었지만 명나라로부터 고명을 받지 못해 아직 그 자리가 확고하지 못한 상태였습니다. 그런 가운데 인목왕후가 적자 영창대군을 낳는 바람에 그들의 입지는 더욱 더 좁아지게 되었습니다. 선조가 광해군의 문안조차 받으려 하지 않았기 때문에 궁에서는 노골적으로 이 부부를 무시하는 사람들도 생겨났습니다. 인목왕후와 유씨와의 사이도 좋을 수가 없는 분위기였지요.

그러던 어느 날 광해군의 아들이 병들자 유씨는 동궁 약방이 아닌 대전 약방에서 약을 가져다 사용하려고 했습니다. 그런데 약을 구하러 간 궁녀가 울면서 돌아왔습니다. 대전 약방에 있는 궁녀로부터 거절을 당했던 것입니다. 어쩔 수 없이 동궁 약방에서 들인 약을 아들에게 먹였는데 공교롭게도 그 약의 효과를 보지 못하고 아들이 세상을 떠나고 말았습니다. 유씨는 원통하게 아들을 잃은 것이 모두 시어머니 인목왕후의 탓이라고 생각하고 원한을 품게 되었습니다.

그로부터 얼마 후 광해군이 즉위하자 유씨는 왕비로 책봉되었습니다. 이와 함께 유씨 친정 집안의 세도도 갈수록 커졌습니다. 유씨 집안 사람들은 왕실을 배경으로 삼고 비리를 일삼기 시작했습니다. 또 당시에는 임진왜란 때 소실된 궁궐의 재건 사업이 한창이었는데 그에 들어가는 막대한 비용을 백성들이 세금으로 부담하는 수밖에 없었습니다. 백성들에게 닥치는 대로 재물을 바치게 하고 그 대가로 관직을 주기도 했습니다. 공공연하게 매관매직이 이루어지고, 어떤 사람은 광해군에게 잡채 한 그릇을 바치고 호조판서가 되고 또 누구는 산삼 한 근을 바치고 정승이 되었다는 말과 함께 다음과 같은 시가 떠돌기도 했습니다.

산삼 같은 정승은 사람마다 사모하는데
잡채 같은 판서의 세력은 당할 길이 없구나.

세상은 이렇게 질서도 무너진 상태로 흉흉한 분위기가 휩쓸고 있는데 농사는 이상하게 해마다 풍년이 들었습니다. 이 때문에 대궐 생활은 더욱 호화로워지고 표면적으로는 태평성대를 이루는 것처럼 보였습니다. 그러나 광해군 정권은 곳곳에 도사린 상처 때문에 속으로 곪아 들어가고 있었습니다. 결국 능양군에 의한 반정이 일어나고 광해군은 왕의 자리에서 쫓겨나고 말았습니다.

정변이 일어났을 때 유씨는 궁녀들과 어수당으로 피신했는데, 반정군이 포위하자 그 안에서 이틀 동안 숨어 있었습니다. 더 이상 희망이 없다고 생각한 유씨는 궁녀들에게 자신이 그곳에 있음을 알리고 목숨을 구하라고 명령하였습니다. 처음엔 아무도 나서는 궁녀가 없다가 한보향이라는 궁녀가 "중전께서 여기 계시오!" 하고 외쳤습니다. 달려온 반정군들에게 한보향은 유씨의 뜻에 따라 이렇게 물었습니다.

"우리 주상께서 나라를 잃었으니 새 임금은 누구시오?"

반정군이 감히 그 이름을 댈 수 없다고 하자 한보향은 "그렇다면 오늘 이 일이 종사를 위한 것이요, 부귀를 위한 것이요?" 하고 다시 물었습니다. 반정군이 "종사가 위태하므로 우리가 부득이 새 임금을 받들어 반정한 것이지 부귀를 위한 일이 아니오"라고 답변하자 한보향이 다시 "의거하는 마음으로 반정을 하였다면 어찌 전왕의 왕비를 굶겨 죽이려 하오? 이것이 소위 의거란 것이오?"라고 질책했습니다. 할 말을 잃은 반정군은 이를 인조에게 알렸고 인조는 즉시 물과 음식을 들여보내라고 지시했습니다. 유씨는 비굴함 없이 패배를 깨끗하게 인정한 것입니다.

유씨는 광해군이 명나라와 후금 사이에서 줄타기 외교를 벌일 때 남편에게 후금과의 관계를 끊고 명나라를 도우라는 편지를 보내기도 했고, 반정 후에는 광해군과 함께 귀양 가는 길에 남편에게 목숨을 끊으라고 몇 번이나 종용했다는 말도 전해집니다. 문성군부인 유씨는 나름대로 자신의 소신이 확실한 기개 있는 여인이었던 듯합니다.

강화도에서 구차한 삶을 영위해가던 광해군 부부에게 다시 한 번 시련이 닥쳤습니다. 폐세자가 반정을 꿈꾸며 몰래 땅굴을 파서 탈출을 시도하다가 발각된 것입니다. 탈출에 실패하자 세자빈은 목을 매 자결을 했고, 그로부터 한 달 뒤 폐세자도 사사되었습니다. 유씨도 그해를 넘기지 못하고 세상을 떠났습니다.

아내와 아들 며느리를 다 먼저 보내고 외롭게 홀로 남은 광해군은 그로부터 18년 더 귀양 생활을 했습니다. 처음에는 강화도에 위리안치되었는데 병자호란과 삼전도의 치욕을 겪은 인조는 청나라가 혹시 광해군의 복위를 요구해올까 두려워 그를 제주도로 옮겼습니다. 광해군은 제주도에서 자신을 데리고 다니는 별장이 윗방을 차지하고 자신을 아랫방에 기거하게 하는 모욕을 당하면서도 꿋꿋하게 귀양 생활을 버텨냈습니다.

광해군은 제주도에서 쓸쓸한 말년을 보내고 1641년 67세에 '어머니의 무덤 발치에 묻어달라'라는 유언을 남기고 세상을 떠났습니다. 그의 유언이 이루어져서 광해군은 어머니 공빈 김씨의 무덤 근처에 묻혔습니다. 공빈 김씨의 묘는 광해군 즉위 직후 성릉이라는 왕비릉으로 호화롭게 꾸며졌습니다. 반정 이후 성묘로 격하되었지만 웅장한 시설은 아직도 그대로 남아 있습니다.

광해군묘는 군묘(君墓)의 형식으로 간소하게 조성되었습니다. 봉분이 두 개인 쌍분인데 묘를 바라보고 왼쪽이 광해군의 묘입니다. 곡장 안 두 봉분 앞에 각각 비석과 상석이 있고, 사각 장명등석과 한 쌍씩의 망주석과 문석인이 설치되어 있습니다. 묘가 초라한 것은 당시의 예법을 따른 것이니 어쩔 수 없다고 하지만 묘역이 따로 조성되지도 않고 공원 묘지 울타리 밑 산비탈에 덩그러니 남아 있는 봉분 두 기는 비감함을 자아냅니다. 그래서 광해군묘는, 패배자는 어떤 대접을 받게 되는지, 승리한다는 것이 얼마나 중요한 것인지 역사의 가르침을 확실히 깨달을 수 있게 하는 살아 있는 교육장 역할을 해주고 있습니다. ❀

선정릉 · 헌인릉

번잡한 도시의 삶 속에서 뜻밖에 만나는 울창한 녹지

선정릉은 서울 강남의 한복판에 있습니다. 지하철 2호선의 선릉역이라는 이름은 이 선정릉에서 따온 것이지요. 능이 세 기가 있다고 하여 삼릉공원으로도 불리는 이곳에는 선릉과 정릉이 있습니다. 능호는 둘인데 삼릉으로 불리는 이유는 선릉이 동원이강릉으로 각각 다른 언덕에 있는 왕릉과 왕비릉이 별도의 능으로 보이기 때문입니다. 선정릉은 서울에서도 가장 번잡하고 고층 빌딩이 숲을 이루는 곳에 있지만 조선 왕릉이 있었기에 자연 그대로의 숲을 간직할 수 있었습니다. 하여 번잡한 일상 가운데 뜻밖에 만날 수 있는 선정릉의 고적한 분위기와 울창한 녹지는, 조선의 임금들이 후대의 우리에게 남겨주는 하나의 선물로 여겨집니다.

33 🏛
선릉

위치 서울 강남구 삼성동

지정 번호 사적 제199호

조성 시기 1495년(연산군1)

선릉 宣陵

선정릉 입구로 들어가자마자 만나는 능은 선릉입니다. 선릉은 제9대 임금 성종(成宗: 1457~1494)과 제2계비 정현왕후(貞顯王后: 1462~1530) 윤씨의 능입니다. 성종은 세조의 맏아들 의경세자와 훗날 소혜왕후가 되는 세자빈 한씨의 둘째 아들로 태어났습니다. 자을산군으로 불린 성종은 태어난 지 두 달도 안 되어 아버지 의경세자를 여의었습니다.

세조가 세상을 떠나자 성종의 숙부인 예종이 즉위하였지만 예종은 불과 14개월 만에 세상을 떠났습니다. 그런데 예종이 세상을 떠난 날 세조비 정희왕후는 의경세자의 둘째 아들 자을산군을 왕위에 올렸습니다. 조선 역사상 왕의 서거 당일에 다음 왕이 즉위하는 예는 없었고 더구나 자을산군은 왕위 계승 서열에서도 뒤로 밀리는 왕자였습니다. 예종의 적자인 제안대군이 있었고 세조의 적장손을 꼽는다 해도 자을산군의 형인 월산대군이 있었기 때문입니다. 제안대군은 당시 4세의 어린아이였기 때문에 제외되었다고 하지만 16세였던 월산대군이 왕위를 잇지 못한 것은 조금 의아하게 느껴집니다. 정희왕후는 세조가 자을산군의 기상과 도량이 태조와 견줄 정도라 했다며 세조의 뜻이라고 했지만, 세조는 월산대군도 총애했던 것으로 보아 이도 설득력이 없었

317

습니다. 또 월산대군이 병약해서 왕위를 이을 수 없었다고 하지만 그가 특별히 어디가 아팠다는 근거도 없습니다. 결국 이 결정은 정희왕후가 자을산군의 장인인 당대 최고 권력자 한명회와 결탁하여 만든, 정치적 의도에 의한 것이었다는 평가를 받게 했습니다.

일설에 의하면 어린 왕을 몰아내고 왕위에 오른 세조의 예를 교훈으로, 어리거나 병약한 왕은 절대 세우지 않으려는 정희왕후의 의지 때문에 이런 결정이 내려졌다고도 합니다. 즉위 초 종실의 중심 세력이었던 구성군을 유배시킨 것도 앞의 교훈을 염두에 둔 것이라 볼 수 있습니다. 구성군은 세종의 넷째 아들 임영대군의 아들입니다. 문무를 겸비한 인물로 세조도 그를 총애했고 공도 많이 세워 28세에 영의정이 되기도 했습니다. 그러나 이런 유능한 종친은 어린 왕에게는 위협적인 존재였습니다. 단종과 수양대군과의 관계를 연상시킨 것이지요. 구성군을 경계하던 대신들은 결국 그가 어린 성종을 몰아내고 왕이 되려 한다고 탄핵하여 경상도로 유배를 보냈습니다.

성종이 20세가 되던 해 정희왕후의 수렴청정이 거둬지고 친정이 시작되었습니다. 성종은 즉위하자마자 원로 대신이 왕의 업무에 관여했던 원상 제도를 폐지하고 훈구 세력을 견제하기 위해 신진 사림 세력을 끌어들였습니다. 사림파의 대표적 인물이 김종직이었는데 3사를 중심으로 세력을 확립한 이들은 요순의 태평성대를 이상으로 삼는 도학 정치를 표방하였습니다. 사림파는 유자광, 이극돈 등 훈구파를 불의와 타협하여 권세를 얻은 소인배라며 멸시했습니다. 훈구파는 사림파를 잘난 체하는 야심가라며 맞대응하여 이 두 세력은 서로 심하게 반목을 하는 관계가 되었습니다. 성종은 훈구파와 사림파의 대립을 이용하여 조정의 세력 균형을 이룸으로써 왕권을 안정시켰습니다.

물론 정치적 목적에서 사림파를 중용한 것만은 아닙니다. 성종 자신도 학문을 좋아하는 왕이었습니다. 경연을 통하여 학자들과 자주 토론하고 홍

🔵 선릉은 번잡한 도시에 있지만 왕릉이 있었기에 자연 그대로의 숲을 간직할 수 있었다.

문관과 독서당을 만들었으며, 성균관과 각 도의 향교에 토지와 서적을 하사하여 학문과 교육을 장려하였습니다. 또 젊은 관료들에게 휴가를 주어 집에서 독서와 저술에 전념하게 하는 호당 제도를 통해 학자들이 문화 발전에 이바지할 수 있게 하였습니다. 그 결과 《동국여지승람》, 《동국통감》, 《동문선》, 《오례의》, 《삼국사절요》, 《악학궤범》 등 조선 전기의 문화를 집대성한 서적들이 속속 편찬 간행되었습니다.

성종은 문치에만 치중하지 않고 국방에도 힘을 쏟았습니다. 도원수 윤필상, 함경도 관찰사 허종 등으로 하여금 압록강, 두만강 건너의 야인을 무찌르게 하였고, 왜구들을 외교적으로 관리하여 국경과 민생이 안정되게 하였습니다. 또 지방 선비들로 이뤄진 자치 기구 유향소를 활성화하여 지방 관리의 부패를 막기도 하였습니다.

○ 현재 선릉 안에는 성종의 유해가 없다. 임진왜란 때 왜군이 선정릉을 훼손했기 때문이다.

성종의 가장 두드러진 업적은 역시 《경국대전》의 완성입니다. 《경국대전》은 조선의 국가 조직과 정치, 사회, 경제 활동에 대한 기본 법전입니다. 세조 때부터 편찬이 시작된 《경국대전》은 20여 년 후 1470년에 완성되었고, 이후 조선 왕조 500년의 기본 법전으로서의 자리를 지켰습니다. 이로써 조선의 정치 제도가 자리를 잡았고 조선은 유교적인 법치 국가로서 그 면모를 갖추게 되었습니다. 성종은, 세종 때 시작된 문물 제도의 정비 사업을 완결 지은 점을 인정받아 이룰 성(成) 자가 들어가는 묘호를 받은 것입니다.

성종 시대는 학문이 발달하고 유교 문화가 꽃을 피웠던 태평성대였습니다. 그러나 성종의 치적에도 오점은 있었습니다. 바로 폐비 윤씨의 문제였습니다. 성종은 자을산군 시절 한명회의 딸인 공혜왕후와 가례를 올렸습니다. 하지만 공혜왕후가 별세하자 후궁이었던 제헌왕후가 계비가 되었습니다. 이

320

제헌왕후가 바로 훗날의 폐비 윤씨입니다. 폐비 윤씨는 원자(연산군)를 낳았지만 질투심이 무척 강했다고 합니다. 다른 후궁을 해하려고 극약인 비상을 숨겨두었다가 발각되어 빈으로 강등될 뻔했지만 성종의 선처로 무마된 일도 있었습니다. 그로부터 2년 후, 윤씨는 성종이 대궐 밖 규방 출입이 잦고 자신을 멀리 한다고 부부 싸움을 하다가 성종의 얼굴에 손톱자국을 내고 말았습니다. 임금의 몸에 상처를 내는 사람은 역적이나 다름없어 죽음을 면치 못하던 시대였습니다. 그러나 원자를 낳은 왕비였기에 그나마 폐서인이 되어 쫓겨나는 것에 그칠 수 있었습니다. 당시 많은 대신이 윤씨가 원자의 생모라는 이유로 폐비를 반대했지만 성종과 그 모후 인수대비의 입장은 단호했습니다. 대신들은 폐비를 만들더라도 원자의 어머니를 민간인과 같이 살게 해서는 안 되니 별궁에 머무르게 하자고 주장했지만 성종은 대비의 뜻이라며 윤씨를

누추한 친정에서 살게 하며 생활비도 안 대주고 외부와 연락도 못하게 감금했습니다.

  3년 후 나라에 기근이 들자 윤씨가 굶어 죽을까 염려된 대신들은 다시 윤씨의 별궁 안치를 주장했습니다. 이때 윤씨에 대한 동정심이 일었던 성종은 내시 안중경에게 윤씨가 어떻게 사는지 보고 오라고 하였습니다. 그때 윤씨는 대궐에서의 자신의 행위를 뉘우치고 근신하며 지내고 있었습니다. 그런데 인수대비의 밀명을 받은 안중경은 윤씨가 반성의 빛을 전혀 보이지 않고 호의호식하고 있다고 거짓 보고를 하였습니다. 결국 성종은 그해 윤씨에게 사약을 내리고 말았습니다. 성종은 윤씨를 동대문 밖에 매장하고 묘비도 세우지 못하게 하다가 7년 후에야 세자의 앞날을 고려해 '윤씨지묘'라는 묘비명을 내렸습니다. 그리고 자신이 죽은 후 100년 동안 폐비 문제를 거론하지 말라는 유명까지 남겼습니다. 그러나 세상에 완전한 비밀은 없지요. 폐비의 죽음은 감추어지기는커녕 정치적 문제로 확대되어 훗날 연산군의 폭정의 계기가 되었습니다.

조선 초기의 문화를 꽃피우고 태평성대를 이뤘던 성종은 이렇게 커다란 불씨를 남긴 채 1494년 38세로 세상을 떠났습니다.

정현왕후는 우의정 영원부원군 윤호의 딸로 태어났습니다. 후궁으로 간택되어 대궐에 들어와 숙의에 봉해지고, 제헌왕후가 폐위되자 이듬해 왕비로 책봉되었습니다. 정현왕후는 투기 때문에 쫓겨난 윤씨의 예를 거울 삼아 성종의 여성 편력에도 매우 관대하여, 성종이 "아녀자로서 투기하지 않는 사람이 드문데 다행히 어진 왕비를 얻어 마음이 평안하다"라고 말할 정도였습니다.

정현왕후는 훗날 중종이 되는 진성대군을 낳았지만 연산군을 친아들처럼 키웠고 연산군 역시 그녀를 친어머니로 알고 자랐습니다. 연산군은 즉위 후 성종의 묘지문을 제작하는 과정에서 폐비 윤씨의 아버지 윤기견이라는 이름을 처음 접하고는, 친어머니로 알고 있는 정현왕후의 아버지 윤호를 잘못 표기한 것이 아니냐는 질문을 던질 정도였습니다. 이 질문에 승지들이 폐비 윤씨에 대해 이야기하였고 연산군은 비로소 자신의 친어머니가 폐비 윤씨임을 알게 되었다고 합니다.

이때의 《연산군 일기》에는 '왕이 비로소 윤씨가 죄로 폐위되어 죽은 줄을 알고 수라를 들지 않았다'라고 기록되어 있습니다. 친어머니로 알고 있었던 사람이 계모였고 자신의 친어머니는 죄인이었다는 두 가지 사실 모두 연산군에게는 받아들이기 힘든 충격이었겠지요. 갑자사화 때 연산군이, 폐비 윤씨의 죽음과 관련된 성종의 후궁들을 때려 죽인 뒤 장검을 들고 정현왕후의 처소로 쳐들어가 어서 밖으로 나오라며 횡포를 부렸다는 기록도 있습니다. 그러나 연산군은 정현왕후를 해치지는 않았습니다. 정현왕후의 아버지 윤호가 폐비 윤씨의 복위 문제를 앞장서서 반대했을 때도 정현왕후에 대한 예우는 계을리 하지 않았다고 합니다. 아무리 포악무도했던 연산군이라도 자신을 친아들처럼 길러준 정현왕후의 은혜는 저버리지 않았던 것이지요.

정현왕후는 아들 진성대군이 왕위에 오른 뒤 1530년 69세에 세상을 떠났습니다.

동원이강릉으로 조성된 선릉의 왼쪽(정면에서 보았을 때) 언덕에는 성종의 능, 오른쪽 언덕에는 정현왕후의 능이 배치되어 있습니다. 정현왕후의 능이 유난히 떨어져 있어 완전히 다른 능으로 보이지만 선릉이라는 같은 능호를 쓰는 부부의 능입니다. 성종의 능침에는 병풍석과 난간석이 세워져 있고 병풍석에는 십이지신상이 새겨져 있습니다. 선릉의 석물은 유난히 심하게 닳아 보이지만 덩치가 큰 무석인의 자애로운 표정이 성종 때의 태평함을 말해주는 듯합니다. 문석인의 이목구비는 사실성이 없지만 미소를 머금고 있어 해학적 분위기를 느끼게 합니다. 그 밖에 혼유석이나 장명등석, 양석, 호석, 망주석, 문무석인 등의 상설은 모두 《국조오례의》를 따랐습니다.

능에 병풍석을 세우지 말라는 세조의 유교에 따라 세조의 광릉 이후 왕릉에서 사라졌던 병풍석을 선릉부터 다시 세우기 시작했는데, 병풍석을 세우자는 의견은 중신 윤필상이 내놓았다고 합니다. 이를 인수대비가 승낙하여 세운 것이지만 윤필상이 왜 그런 제의를 했는지는 알 수가 없습니다. 다만 태평성대로 나라 살림이 좀 나아지니까 그 정도의 사치는 부려도 된다는 판단에서 내놓은 주장이 아닐까 짐작할 뿐입니다.

정현왕후의 능에는 병풍석 없이 열두 칸의 난간석만 둘렀습니다. 다른 상설은 왕릉과 같은데, 왕릉 무석인의 표정이 안온한 데 비해 왕비릉의 무석인은 그 표정이 살아 있는 듯 생동감이 있습니다.

성종이 살아서 태평성대를 이뤘던 것과는 대조적으로 선릉은 커다란 수난을 겪었습니다. 바로 임진왜란 때 왜군이 선정릉을 훼손한 것입니다. 《선조실록》에는 '왜적이 선릉과 정릉을 파헤쳐 재앙이 재궁에까지 미쳤으니 신하로서 차마 말할 수 없이 애통합니다'라는 경기좌도 관찰사 성영의 치계가 기록되어 있습니다. 그뿐만 아니라, 누구의 시체인지 모를 시신이 정릉 근처에 버려져 있어 이를 왕의 옥체라고 짐작하고 이 옥체를 봉안하는 공을 세우기 위해 몇몇 군사가 경쟁하였다는 보고도 기록되어 있습니다.

어쨌든 현재 선릉 안에는 성종의 유해가 없습니다. 유해를 끝내 찾지 못하자 새로 관을 짜서 부장품으로 넣었던 옷을 태운 재를 담아 다시 안장했습니다. 값진 부장품을 넣지 않은 덕분에 조선 왕릉들은 도굴을 면할 수 있었는데, 성종의 선릉과 홍릉의 명성황후 능에는 유해가 들어 있지 않습니다. 고종의 왕비인 명성황후는 을미사변 때 일본 낭인에 의해 살해되어 그 시신까지 훼손되었기 때문입니다. 참람하기 짝이 없는 두 사건이 모두 일본에 의해 저질러졌다는 점이 일본과의 풀어지지 않는 역사의 매듭을 새삼 떠올리게 합니다. 일본과 화해하고 가까이는 지내되 용서할 수 없는 문제에 대해서는 절대로 잊어줘서는 안 된다는 점도 왕릉에서 깨닫는 교훈입니다.

현재 성종의 능에는 참배객들이 능침 가까이 다가갈 수 있도록 양옆으로 계단을 만들어놓았습니다. 또 하루에 세 번 능상을 개방하여 능침 앞까지 들어갈 수 있고 그때마다 전문가로부터 능과 역사에 대한 설명도 들을 수 있습니다. ❀

34 🎗️
정릉

위치 서울 강남구 삼성동

지정 번호 사적 제199호

조성 시기 1562년(명종17)

정릉 靖陵

선정릉의 입구에서 오른쪽으로 난 소나무 숲길을 따라 언덕을 넘으면 정릉이 있습니다. 정릉 역시 사방이 고층 건물로 둘러싸여 있지만 언덕을 넘어와야 한다는 부담 때문인지 사람들의 발길은 뜸해 보입니다.

정릉은 제11대 임금 중종(中宗 : 1488~1544)의 능입니다. 중종은 성종과 계비 정현왕후의 아들, 연산군의 이복동생으로 태어났습니다. 왕이 되기 전 진성대군이었던 중종은 폭군인 형 연산군의 치하에서 숨죽이며 살아야 했습니다. 누구라도 역모를 하다가 발각되어 추대하려는 인물로 자신의 이름을 거론하기만 하면 그것은 곧 죽음으로 이어졌기 때문입니다.

재위 말기 연산군의 폭정은 날이 갈수록 심각해지고 있었습니다. 반대 세력을 모두 제거해 조정에는 연산군에게 간언을 하여 그의 기행을 막을 사람이 남아 있지 않았기 때문입니다. 이처럼 민생과 국정은 뒷전으로 미루고 광태만 부리자 연산군을 몰아내야 한다는 움직임이 전국에서 일기 시작했습니다. 결국 연산군은 박원종, 성희안, 유순정 등이 일으킨 반정에 의해 폐위되었습니다. 성희안 등은 성종비이며 진성대군의 어머니인 정현왕후를 찾아가

🔵 정릉의 주인 중종은 파란만장한 일생을 살았고 임진왜란 때 능이 훼손되는 수난까지 겪었다.

연산군 폐위를 승인해줄 것과 진성대군으로 왕위를 잇도록 하라는 교지를 내려줄 것을 요청했습니다. 대비였던 정현왕후는 처음에는 진성대군보다는 연산군의 아들 세자가 장성하였으니 세자로 하여금 왕위를 잇게 하라며 이들의 청을 거절하였습니다. 그러나 결국 반정군의 요청을 받아들여 연산군을 왕자의 신분으로 강등시켜 강화도 교동에 안치하고 진성대군이 왕이 되도록 허락하는 교지를 내렸습니다.

중종은 왕위에 올랐지만 새로 세력을 구축한 반정 공신들에 밀려 조정의 주도권을 장악하지 못했습니다. 그러나 나름대로 소신을 가지고 개혁을 통해 새로운 왕도 정치를 실현하려고 노력했습니다. 중종은 우선 연산군의 폐정으로 문란해진 나라 기강을 바로잡는 데 역점을 두었습니다. 왕의 자문을 담당하던 홍문관의 기능을 강화하고 경연을 중시하며 과거 시험 등을 엄격히 시

○ 높이 3m가 넘는 정릉의 석인들은 둥그스름한 얼굴 윤곽에 후덕한 느낌을 주는 인상이다.

행하여 과거의 공보다는 실력을 갖춘 사람들을 가까이 두려고 하였습니다. 중종의 이같은 정책은 훈구파의 세력이 커지는 것을 견제하기 위함이었습니다.

　그러나 세자로서 왕이 되기 위한 교육을 받지 못한 중종은 정치를 이끌 경륜도 없었고, 자신을 도와줄 정치 세력도 만들지 못해 공신들에 맞서기가 쉽지 않았습니다. 그런 가운데 즉위한 지 4년이 흐른 후 중종은 공신 세력을 견제하기 위해 신진 사림 세력이자 급진 개혁론자인 조광조를 끌어들였습니다. 엄격한 도학 사상가인 조광조를 앞세워 중종은 철인군주정치(철학자가 나라를 다스리는 통치 형태)를 표방하여 훈구파를 견제하고 철저한 유교 정치를 펴나가기 시작했습니다.

　중종은 조광조의 주장에 따라 여러 가지 개혁을 시행했습니다. 우선, 민간에 유교적 도덕관을 전파하기 위해 유교 사상을 기반으로 한 자치 규율 '여

🔵 단경왕후는 온릉에, 장경왕후는 희릉에, 문정왕후는 태릉에 묻히고 왕비를 셋이나 두었던
중종은 정릉에 홀로 잠들어 있다.

씨 향약'을 전국적으로 실시했습니다. 또 일반적인 과거제로는 인재를 등용하는 데 한계가 있다며 사림의 천거에 의한 등용제인 현량과를 실시하였습니다.

그러나 대학자 조광조에게도 단점은 있었습니다. 그것은 너무 과격하고 너무 급진적이었다는 점입니다. 이런 단점 때문에 조광조가 실시한 개혁은 훈구 세력의 엄청난 반발을 불러일으키며 수많은 적을 만들어냈고, 급기야는 중종까지도 그에게 등을 돌리게 되었습니다. 그러던 중 조광조는 반정 공신 가운데 76명은 뚜렷한 공로도 없이 상을 받았으니 이를 삭제해야 한다는 '정국 공신 위훈 삭제'를 주장하였습니다. 조광조에 대한 중종의 불편한 심중을 눈치 챈 훈구파는 그 사건을 계기로 조광조를 몰아낼 계획을 세웠습니다.

어느 날 훈구파 중 한 사람인 홍경주는, 중종의 후궁이었던 자신의 딸을 통해 중종에게 나뭇잎 하나를 보여주도록 하였습니다. 그 나뭇잎에는 벌레가 갉아먹은 자국이 있었는데 그 자국은 '走肖爲王(주초위왕)'이라는 글자를 만들고 있었습니다. 走肖爲王의 走 자와 肖 자를 합하면 趙 자가 되는데, 그렇게 읽으면 '趙씨가 왕이 된다'라는 내용이었습니다. 당시 정세로 보아 여기서의 조씨는 조광조를 말하는 것이라 쉽게 단정할 수 있었습니다.

이 글자는 원래, 나뭇잎에 꿀로 글자를 써서 벌레들이 꿀 주변을 집중적으로 갉아먹게 하여 만든 것입니다. 사람이 일부러 만든 것인데 똑똑한 중종이 이를 눈치채지 못했을 리 있겠습니까? 다만 조광조의 지나친 언행에 염증을 느끼던 중종의 입장에서는 울고 싶은데 뺨 맞은 상황이 되어버린 것이지요. 이런 얼토당토않은 증거물(?) 때문에 중종은 조광조를 비롯한 신진 사림 세력을 숙청해버렸습니다. 이 사건이 조선 4대 사화 중 하나인 기묘사화입니다. 이로써 4년에 걸친 중종의 개혁 정치는 막을 내렸고 중종 치세 중반 이후에는 훈구파들이 정국의 주도권을 쥐게 되었습니다.

조광조의 죽음으로 개혁은 실패로 끝났지만 그 영향은 조선 사회에 남았습니다. 전국적으로 향약이 보급되어 유교적 향촌 질서가 자리를 잡았으며, 인쇄술의 발달로 많은 서적이 편찬되었습니다. 조광조의 도학 정신은 이황·이이 등의 유학자에게 계승되어 큰 영향을 주었고, 사림파의 정치 이념이 받아들여져 수많은 선비가 정치에 진출하게 되었습니다.

이후에도 중종은 저화와 동전의 사용을 장려하고 도량형의 통일을 꾀하였으며, 사치를 금하는 등 민생 안정을 위해 많은 노력을 했습니다. 또 변방에 진을 설치하고 성곽을 보수하게 하는 한편, 국경 지대의 야인들을 추방하는 등 국방에도 힘을 쏟았습니다.

중종에게는 원비 단경왕후와 제1계비 장경왕후, 제2계비 문정왕후, 이렇게 세 명의 왕비가 있었습니다. 단경왕후는 연산군의 처남이며 반정에 반대했던 신수근의 딸이었습니다. 그녀는 조강지처였지만 역적의 딸이라는 이유로 왕비 책봉 7일 만에 폐비가 되었습니다.

반정에 성공하여 새 왕이 즉위하자 반정 공신들은 너도나도 자신의 서녀나 양녀들을 후궁으로 들여보냈습니다. 대궐 안에 줄을 대서 자신의 세력을 확고히 하기 위해서였지요. 그 후궁들 중 장경왕후는 정실의 소생이었던 덕에 왕비가 될 수 있었습니다. 그녀는 훗날 인종이 되는 아들을 낳지만 산후병으로 출산 7일 만에 25세의 나이로 세상을 떠났습니다. 장경왕후가 세상을 떠난 후 중종은 경빈 박씨를 염두에 두고 새 왕비를 맞이할 생각을 하지 않았습니다. 그러나 경빈 박씨는 낮은 신분 때문에 왕비에 오르지 못했습니다. 당시 왕실의 위엄과 왕손의 지위 때문에 미천한 신분의 여성은 세 번째 후궁에나 오를 수 있었을 뿐입니다. 왕비 없이 3년을 지내고 간택령을 내려 뽑아들인 왕비가 바로 명종의 어머니인 문정왕후입니다.

중종은 1544년 자신의 병세가 위중해지자 세자에게 왕위를 물려주고 그 다음 날 57세의 나이로 세상을 떠났습니다. 아들 인종은 현재 서삼릉 능역 내에 있는 장경왕후의 희릉 오른쪽 언덕에 중종의 능을 새로 조영하고, 능호를 정릉이라 붙였습니다. 그런데 명종 때 문정왕후가 서삼릉 내 능지가 명당이 아니라며 다른 자리를 찾기 시작했습니다. 그리고는 현재 선정릉의 정릉 자리가 풍수상 길지라 하여 왕릉만 천장을 했습니다. 표면상으로는 길지를 찾아 옮긴 것이라고 하지만, 여기에는 문정왕후가 죽어서라도 자신이 중종 곁에 묻혀 남편을 독점하겠다는 속셈이 들어 있었습니다.

실제로 새 능 자리는 명당이 아니었습니다. 지대가 낮아 여름철에 홍수라도 나면 한강 물이 재실까지 차올라오는 흉당이었습니다. 그래도 문정왕후는 자신도 정릉에 묻혀야 했기 때문에 매년 능에 흙을 돋우는 데 많은 돈을 쏟아부었습니다. 이런 눈물겨운 노력에도 불구하고 문정왕후는 중종 곁에 묻히지 못했습니다. 문정왕후가 세상을 떠난 해 홍수가 나서 정릉에 장사를 지

낼 수가 없었기 때문입니다.

결국 단경왕후는 장흥의 온릉에, 장경왕후는 서삼릉 내 희릉에, 문정왕
후는 서울 공릉동의 태릉에 각각 묻히고 왕비를 셋이나 두었던 중종은 정릉
에 홀로 잠들어 있습니다. 명당을 찾아 옮겨온 자리이지만 정릉이 명당이 아
님은 분명한 것 같습니다. 천장 후 임진왜란 때 선릉과 함께 왜적에 의해 능이
파헤쳐지고 재궁이 불타는 수난을 겪었기 때문입니다.

정릉에는 십이지신상이 새겨진 병풍석을 세웠고 그 주변에 열두 칸의
난간석을 둘렀습니다. 별로 높지 않은 사초지에 혼유석, 장명등석이 있고 망
주석, 문석인, 무석인이 각 한 쌍씩, 마석, 양석, 호석이 두 쌍씩 설치되어 있
습니다. 높이 3m가 넘는 정릉의 무석인은 눈이 휘둥그레져 있지만 둥그스름
한 얼굴 윤곽에 후덕한 느낌을 주는 인상을 하고 있습니다. 무석인 중 하나

는 코가 깨져 없어졌는데 아들 낳기를 바라는 여인들이 코를 갈아갔기 때문이라고 합니다.

중종은 재위 38년 동안 정비 셋을 포함한 열 명의 아내 사이에서 9남 11녀의 자녀를 두었습니다. 그중 적자 두 명이 모두 왕위에 올랐고 서자 한 명은 왕의 아버지가 되었습니다. 얼핏 무척 다복한 사람인 것처럼 보이지만 중종만큼 파란만장한 삶을 살다간 왕도 흔치 않습니다. 형 연산군 재위 시절에는 목숨을 부지하기 위해 숨죽이며 살았고, 친할머니와 부왕의 후궁들, 이복동생들이 연산군에 의해 참살당하는 패륜적 사건도 목격해야 했습니다. 왕이 된 지 7일 만에 조강지처와 생이별하고 다시 얻은 아내와는 사별하는 아픔도 겪었습니다. 또 선비들이 떼죽음을 당한 무오사화, 갑자사화, 기묘사화가 모두 중종의 생존 기간에 일어났으니 그는 일생을 피비린내 속에서 살았다 해도 지나친 말이 아닙니다.

중종의 파란만장한 인생은 죽어서도 계속되었습니다. 함께 묻히기 원했던 여인 곁에서 강제로 떠나면서 조작된 명당에 자리 잡고 두고두고 물난리를 겪으면서, 전란 중에 큰 훼손까지 당했으니 중종의 영혼이 얼마나 뒤숭숭한 잠자리에 있었을지 안쓰럽기까지 합니다. 그러나 세월이 흘러 능이 있는 땅의 가치가 새롭게 평가되는 지금, 정릉은 도심 한가운데서 후손들이 나날이 번창해나가는 것을 지켜볼 수 있는 명당 중의 명당이 되었지요. 뒤늦게라도 중종의 영혼이 편안하고 안락한 잠을 이루고 있기를 기대해봅니다. ❀

35 헌릉

위치 서울 서초구 내곡동

지정 번호 사적 제194호

조성 시기 1420년(세종2)

헌릉 獻陵

헌인릉은 서울 강남구 양재동에서 성남 가는 길에 있습니다. 대로변에서 헌인릉 입구 간판을 보고 들어가면 능보다는 정면에 서 있는 큰 건물과 그 앞을 가로막는 바리케이드가 더 먼저 눈에 들어옵니다. 길을 잘못 들어왔나 하고 생각할 무렵 바리케이드 옆으로 난 좁은 길이 눈에 띕니다. 이 좁은 길로 들어가면 바로 헌인릉의 담장이 보입니다. 헌인릉에 들어서면 정면에 제23대 임금 순조와 순원왕후의 능인 인릉이 보입니다. 그 인릉 입구를 지나쳐 헌릉으로 먼저 가보겠습니다. 역사의 순서로 보나 능의 볼거리로 보나 헌릉을 먼저 보는 것이 더 나을 것 같아서입니다.

헌릉 방향으로 가다보면 정면에 보이는 건물이 헌릉의 신도비각입니다. 곧이어 오른쪽으로 정자각이 보입니다. 현재 헌릉은 정자각 옆으로 들어가도록 되어 있습니다. 왕릉은 홍살문을 통해 들어가는데 헌릉의 경우 홍살문 바깥쪽에 입구가 없어서 부득이 능의 허리 쪽에서 진입할 수밖에 없습니다.

헌릉은 제3대 임금 태종(太宗 : 1367~1422)과 원경왕후(元敬王后 : 1365~1420) 민씨의 능입니다. 태종은 태조와 신의왕후 한씨의 다섯째 아들로 태어났습니다. 이름은 방원입니다. 고려시대에 문과에 급제하여 밀직사대언이 되었는데, 이로써 조선의 왕 중 유일하게 과거에 급제한 왕이 되었습니다. 태종은 태조가 조선 왕조를 건국하는 데 큰 공을 세웠습니다. 우선 고려 말 역성혁명을 반대하는 고려개혁론자 정몽주와 담판을 지었습니다. 혁명을 어느 쪽으로 진행할지 최종 결정을 해야 할 무렵 이성계의 아들 이방원은 정몽주의 의견을 알아보기 위해 그와 마주 앉았습니다. 그리곤 다음과 같은 시조 '하여가'를 읊어 정몽주의 생각을 떠보았지요.

이런들 어떠하며 저런들 어떠하리.
만수산 드렁칡이 얽혀진들 어떠하리
우리도 이같이 얽혀져 백년까지 누리리라

왕조야 고려의 왕씨면 어떻고 이씨면 어떠냐, 백성들과 함께 편안히만 살면 되는 것 아니냐는 내용이었지요. 여기에 정몽주는 '단심가'라는 시조를 읊어 자신의 주장을 밝혔습니다.

이 몸이 죽고 죽어 일백 번 고쳐 죽어
백골이 진토 되어 넋이라도 있고 없고,
임 향한 일편단심이야 가실 줄이 있으랴

이 시에서 '임'은 당연히 고려 왕조를 일컫는 것이지요. 정몽주는 이날 집으로 돌아가다가 이방원이 보낸 자객에 의해 선죽교라는 다리 위에서 철퇴에 맞아 세상을 떠났습니다. 이 이야기만 들으면 정몽주는 충직한 선비로서 이방원 일당의 무력에 일방적으로 당한 것으로 보입니다만, 이 사건은 정몽주가 먼저, 말에서 떨어져 중상을 입은 이성계를 제거하려고 시도하면서 시작

🔵 왼쪽의 건물은 신도비각이다. 신도비는 현재 조선 왕릉 중 태조의 건원릉과 헌릉 두 군데에만 있다.

된 일이었습니다. 이때 아들 이방원 덕택에 이성계는 위기를 모면했지만 정몽주가 이성계에게 충분히 위협이 될 만한 인물이었음은 짐작할 수 있습니다.

이렇게 눈부신 활약을 했건만 태조는 이방원을 세자로 책봉하지 않았습니다. 태조의 계비인 신덕왕후와 정도전의 계략으로 신덕왕후의 아들인 11세의 이방석이 세자가 되었습니다. 이방원은 조선 건국에 공이 많은 자신이 왕위를 이어야 한다고 생각하고 있었습니다. 그런데 세자 책봉에서 밀려난 이방원은 이에 불만을 품고 1398년 제1차 왕자의 난을 일으켜서 세자 이방석과 그 형 이방번을 제거해버렸습니다. 그리고는 둘째 형 영안군 이방과를 왕위에 올렸습니다. 이 사람이 제2대 임금 정종입니다.

그로부터 2년 후, 제1차 왕자의 난 때의 논공행상에 불만을 품은 박포가 태조의 넷째 아들 회안군 이방간을 부추겨 제2차 왕자의 난을 일으켰습니다.

339

❂ 헌릉에는 조선 왕릉 가운데서 유일하게 석물의 수가 다른 왕릉에 비해 두 배나 많다.

이방원은 이를 평정하여 박포는 사형시키고 이방간은 유배를 보냈습니다. 제2차 왕자의 난을 지켜본 정종은 신변에 위협을 느끼게 되었습니다. 그래서 정종은 왕위를 이방원에게 넘겨주었고 이방원는 제3대 임금 태종으로 즉위하게 되었습니다.

태종은 실질적인 조선의 건국자라고 해도 될 정도로 조선이라는 나라의 기반을 확립하는 데 많은 업적을 남겼습니다. 무엇보다 강력한 왕권을 확립하기 위하여 자신이 왕위에 있는 동안은 물론, 아들 세종이 왕이 되었을 때까지 걸림돌이 될 만한 존재들은 가차 없이 제거해버렸습니다. 국가 전반에 걸친 체제를 정비하고 여러 가지 개혁을 단행하여 세종 대의 태평성대와 문화 발전의 발판을 만들어놓은 것입니다. 왕이 육조를 직접 관리하는 육조직계제를 추진하여 중앙 집권 체제를 굳건히 만들었고, 개인의 군사인 사병을 없애고 군사권을 장악했습니다. 또 숭유억불 정책을 확립하고 노비 제도와 관제를 개혁했으며, 신문고를 설치하여 백성들의 억울한 사정을 들으려 했습니다. 전

국의 인구를 파악하여 조세 징수와 군역 부과에 활용하는 호패법을 실시하는 등 국가의 기틀을 다지기 위해 많은 일을 해냈습니다.

1405년에는 개경에서 한양으로 천도하였습니다. 1394년 한양에 도읍을 정했지만 정종이 한양을 버리고 다시 개경으로 수도를 옮겼습니다. 한양은 시설이 제대로 갖춰져 있지 않아, 백성들이 개경을 그리워한 것도 있지만 제1차 왕자의 난이라는 골육상쟁의 참변을 잊고 싶었기 때문입니다. 그런데 태종이 즉위하고 창덕궁이 준공되자 다시 천도를 했습니다.

강력한 왕권을 행사하며 거칠 것 없이 나라를 다스려나가던 태종에게도 뜻대로 되지 않는 일이 있었습니다. 그것은 바로 자식 문제였습니다. 태종은 28세에 맏아들 양녕대군을 얻고 적장자 계승의 원칙을 스스로 이뤄보려고 일찍부터 대군에게 제왕 수업을 시켰습니다. 한양으로 천도하여 새로 지은 경복궁에서 세자 책봉을 하였고 절대 왕권을 물려주기 위해 태종 자신도 많은 힘을 기울였습니다. 그런데 양녕대군은 태종의 뜻과는 전혀 다른, 방탕의 길로 빠져들었습니다. 태종은 그래도 양녕대군에 대한 기대를 버리지 않았습니다. 1416년에는 군사권과 인사권을 제외한 국정 전반을 양녕대군에게 맡기기도 했습니다. 그 과정에서도 부자간의 갈등이 끊이지 않았고 양녕대군은 다시 바깥으로 나돌기 시작했습니다. 급기야 태종은 양녕대군을 폐세자하고 셋째 아들인 충녕대군을 세자로 삼아 2개월 후에 왕위를 물려주었습니다. 태종은 자신이 상왕으로 앉아 아들 세종이 왕으로서 자리를 잡을 때까지 뒤에서 돌보아주다가 1422년 56세에 세상을 떠났습니다.

태종이 세상을 떠나기 전 몇 년 동안 극심한 가뭄으로 온 백성이 고통을 당했습니다. 태종은 임종을 맞이할 때, "내가 죽어 영혼이 있다면 마땅히 상제께 비를 내리시도록 청하여 백성들의 근심을 덜어주리라"라는 말을 남겼다고 합니다. 태종이 눈을 감은 후 정말 비가 내려 오랜 가뭄이 풀렸을 뿐 아니라 그 뒤부터도 태종이 별세한 음력 5월 10일이 되면 항상 비가 내렸으므로 이 비를 '태종우(太宗雨)'라고 불렀다고 합니다. 태종우는 200년 동안 한 번도 거르지 않다가 임진왜란이 일어나기 전 해인 1591년부터 멈췄다고 하는데, 당시 사람들은 태종우가 멈춘 것은 전쟁에 대한 태종의 경고라고 전하기도 했습니다.

원경왕후는 여흥부원군 민제의 딸로 태어나 이방원과 혼인하고, 태종이 왕위에 오르자 정비에 진봉되었습니다. 원경왕후는 태종이 왕위에 오르기까지 많은 도움을 준 적극적인 성격의 여인이었습니다. 이방원은 사병을 기르고 있었는데 이를 경계한 정도전 일파는, 제1차 왕자의 난이 일어나기 열흘 전 왕자들이 거느리고 있던 사병을 혁파하였습니다. 이때 원경왕후는 만일의 사태를 대비하여 사병과 무기를 친정집으로 빼돌려 숨겼습니다. 열흘 후, 태조가 왕자들을 대궐로 모이도록 명을 내렸습니다. 이 명령은 정도전이 이방원 등 정적을 제거하기 위해 만든 함정이었습니다. 정도전의 음모를 눈치챈 이방원은 준비해두었던 사병을 데리고 역습을 하였고 결국 제1차 왕자의 난은 원경왕후의 공으로 성공할 수 있었던 것입니다.

그러나 왕위에 오른 태종은 권력 분산과 왕권 강화를 위해 많은 후궁을 거느리게 되었습니다. 이 때문에 태종과 원경왕후 사이에는 불화가 그치지 않았습니다. 더구나 태종은 친족 배척 정책을 썼는데, 분위기 파악을 못한 원경왕후의 동생 민무구와 민무질은 태종이 왕위에 오른 것이 자신들의 공이라고 떠벌리고 다녔습니다. 또 민씨 집안은 권력을 유지하기 위해 양녕대군이 왕위에 오르기도 전부터 싸고도는 일이 많았습니다.

어느 날 태종은 양녕대군과 민씨 집안의 관계를 알아보기 위해 왕위를 양녕대군에게 선위한다고 선언하였습니다. 이때 대신들은 왕을 말려야 하는데 민무구, 민무질 형제는 아무 의견도 내놓지 않았습니다. 이에 화가 난 태종은 그들 형제에게 어린 세자를 빌미로 집권을 꾀했다는 죄명을 씌워 유배를 보냈고 그곳에서 자진케 하였습니다. 그뿐이 아닙니다. 민무휼, 민무회 형제가 형들의 억울함을 호소하자 태종은 그들에게도 사약을 내렸습니다. 원경왕후는 동생들을 구하려고 안간힘을 썼지만 국모의 자리도 별 도움이 되지는 못했습니다. 원경왕후의 아버지 민제는 아들들이 귀양 가자 병을 얻어 시름시름 앓다가 세상을 떠났습니다. 원경왕후는 자신이 왕비가 됨으로써 친정을 번성시키기는커녕 멸문지화를 당하게 한 것입니다. 대신들은 민씨 집안은 역적의 집안이니 원경왕후도 폐서인으로 만들어야 한다고 주장하였습니다. 그러나 태종은 원경왕후는 내쫓지 않았습니다. 그녀의 아들이 세자의 자리에 있었고, 어차피 태종의 목적은 외척 세력을 뿌리 뽑는 것일 뿐이었기 때문입니다.

친정이 멸문되고, 막내 성녕대군까지 세상을 떠나자 원경왕후는 아들의 묘 앞에 대자암이라는 암자를 지어놓고 그의 명복을 빌며 말년을 보내다가 1420년 56세로 세상을 떠났습니다. 헌릉은 원경왕후 별세 후 태종의 명으로 대모산 기슭에 조성되었습니다. 그로부터 2년 후, 태종이 세상을 떠나자 세종

343

은 어머니 능침 옆에 아버지 태종을 장사 지내고 난간석으로 연결하여 쌍릉을 만들었습니다. 태종의 산릉 공사를 위해 미리 파놓은 광(壙)을 여니 모퉁이에서 물이 솟아올랐습니다. 물이 나오는 묏자리에 왕을 묻을 수는 없었지요. 세종이 크게 놀라 지신사 김익정에게 살펴보라고 했지만 김익정은 빗물이 스며든 것이라고 보고했습니다. 그래서 태종의 능을 그대로 조성하였지만 훗날 그 곁에 만들었던 세종의 능은 물이 차는 것 때문에 여주로 천장하게 되었습니다.

헌릉은 남한에 있는 조선 왕릉 가운데서 유일하게 석물들이 다른 왕릉의 두 배나 많습니다. 능침에는 병풍석과 난간석을 두르고 병풍석의 각 면에는 방위별로 십이지신상을 새겼습니다. 혼유석이 각 능침 앞에 하나씩 있고 그 앞에 장명등석도 각각 하나씩 서 있습니다. 다른 쌍릉에는 장명등석을 중앙에 하나만 세웠는데 말입니다. 혼유석을 받치는 고석은 다섯 개입니다. 망주석은 한 쌍이지만 마석, 양석, 호석은 다른 왕릉의 두 배인 각 네 쌍이 서 있습니다. 망주석에는 세호가 있을 자리에 구멍 뚫린 손잡이 같은 것이 붙어 있습니다. 두 쌍씩 서 있는 문석인의 얼굴은 눈꺼풀이 강조되어 약간 서양인의 느낌이 듭니다. 무석인은 눈이 퉁방울만 하고 광대뼈가 강조되어 고양이와 같은 느낌을 주기도 합니다. 무석인의 투구는 공을 반으로 잘라 만든 것 같은 모습이고 귀 부분에 날개가 달렸습니다.

간소하게 능을 조영하라는 태종의 명 때문인지 참도는 신도와 어도 구분 없이 좁은 길로 만들어져 있습니다. 사초지 위 오른쪽에는 절하는 자리인 배석이 있고 아래의 왼쪽에는 소전대가 있습니다. 소전대는 제향을 올릴 때 돈을 태우는 돌인데 요즘 제향 때는 그곳에서 축문을 태웁니다. 배석과 소전대는 헌릉 이후 왕릉에서 사라졌습니다. 소전대가 없어진 후 조금 기능은 다르지만 예감이라는 구조물이 생겨났습니다. 예감은 말 자체가 '묻는 구덩이'라는 뜻을 가지고 있습니다. 축문을 쓴 나무판을 묻는 구덩이지요. 해마다 이전

獻陵

해의 축판을 파내고 그해 사용한 축판을 묻었다고 합니다. 태우는 것은 불교의 화장 문화이고, 묻는 것은 유교의 매장 문화입니다. 조선의 숭유배불 정신에 따라 소전대가 없어지고 예감이 등장한 것이지요.

헌릉 이후 사라진 것이 하나 더 있습니다. 바로 신도비입니다. 신도비는 조선 왕릉 중 태조의 건원릉과 헌릉 두 군데에만 있습니다. 문종 때부터 신도비를 세우지 않는데 세종의 신도비는 천장하기 전 헌릉 옆 원래의 터에 묻혀 있던 것을 1973년에 발굴하여 현재는 서울 동대문구 홍릉동 세종대왕기념사업회 입구에 있을 뿐 여주의 영릉에서는 볼 수 없기 때문입니다.

헌릉의 신도비는 두 개입니다. 하나는 세종이 세운 것이고 다른 하나는 숙종이 세운 것입니다. 임진왜란 때 신도비가 파괴되고 글씨가 마모되자 숙종은 다시 비를 세우면서 "차마 옛비를 묻지 못해 그냥 둔다"라고 하여 한 비각 안에 두 개의 신도비가 있는 것입니다. 옛 비는 비석을 받치고 있는 거북이의 머리가 떨어져 나갔지만 거북이 등의 육각형 하나하나에 새겨진 임금 왕(王)자들을 비롯하여 위엄과 웅장함에 있어 새로 세운 비를 압도합니다.

태종은 원경왕후 곁에 자신의 신후지지를 정하면서 자신의 장례는 검소하게 치르라고 하였습니다. 그런데 신하들이 석곽을 하나의 큰 돌로 만들어야 된다고 주장하자 태종은, "큰 돌을 나르려면 백성들이 너무 힘들다. 두 조각이면 어떻고 세 조각이면 어떠냐?"라며 반대하였습니다. 그럼에도 불구하고 신하들이 안암동 석산에서 큰 돌을 다듬고 있다는 말을 들은 태종은 그 돌을 깨버리도록 명했다고 합니다. 이렇게 명분보다는 실리를 추구하는 태종의 성격은 역사의 여러 부분에서 나타납니다. 보통 자신이 죽어야 내놓는 왕위를 건강한 52세에 미련 없이 내놓은 것도 그렇고, 제2차 왕자의 난 때 주모자 박포의 목만 베고 형의 목숨은 살려준 일에서도, 대신들의 종용에도 불구하고 원경왕후를 폐비시키지 않은 것에서도 명분에 밀려 쓸데없는 에너지 낭비를 하지 않겠다는 태종의 의지가 엿보입니다. 또 그는 고려의 왕족 왕씨들의 씨를 말리자는 대신들의 주장에 "왕씨들을 죽인 것은 우리 태조의 본의가 아니었다. 왕씨의 후예로서 생존한 자들은 그들로 하여금 각각 생업에 안정하게 하라"라고 명하는 관대함도 지닌 왕이었습니다.

헌릉에는 사초지 위쪽까지 계단이 있어 평소에도 위까지 올라가 웅장한 능의 모습을 볼 수 있습니다. 또 매일 일정한 시간에 능상을 개방하니 시간을 잘 맞추면 능침 앞까지 가서 참배할 수도 있습니다. ⊛

36 ㉘
인릉

위치 서울 서초구 내곡동

지정 번호 사적 제194호

조성 시기 1856년(철종7)

인릉 仁陵

헌인릉 입구 정면에 인릉의 홍살문이 있습니다. 인릉은 제23대 임금 순조(純祖 : 1790~1834)와 순원왕후(純元王后 : 1789~1857) 김씨의 합장릉입니다.

순조는 정조의 둘째 아들로 태어났고, 어머니는 후궁 수빈 박씨입니다. 정조는 정비인 효의왕후로부터 아들을 얻지 못하고 의빈 정씨가 낳은 문효세자를 후계자로 정했습니다. 그런데 문효세자가 요절하자, 둘째 아들을 세자로 책봉했습니다. 바로 그해 정조가 세상을 떠나자 11세 어린 세자가 왕위에 올랐습니다. 그가 바로 순조입니다. 그 후 5년 동안 영조의 계비였던 대왕대비 정순왕후가 수렴청정을 하였는데, 그녀는 조선의 문화부흥기를 일궜던 선왕 정조의 치적에는 역행하는 정치를 행했습니다. 이 시기에 정순왕후를 등에 업은 벽파와 시파가 대립하고, 이는 신유사옥이라는 대규모 천주교 박해로 이어졌습니다. 신유사옥은 겉보기에는 조선의 지배 윤리인 유교 정신을 근본적으로 부정하는 천주교에 대한 경계였지만 사실은 정적을 제거하기 위한 정치 탄압이었습니다. 천주교를 공부하거나 믿는 사람들 중에 반대파인 시파나 남인이 많았기 때문입니다.

정순왕후는 안동 김씨가 아니라 경주 김씨입니다. 그런데 시파인 안동

349

김씨 김조순의 딸을 순조의 왕비로 맞이하게 되었습니다. 그 왕비가 순원왕후입니다. 1804년에 대왕대비가 수렴청정을 거두고, 순조가 친정을 시작하였습니다. 그러나 진정한 의미의 친정이 이루어진 것은 아닙니다. 정국의 주도권은 순조의 장인 김조순에게 돌아가고 안동 김씨의 세도 정치가 시작되었기 때문입니다. 김조순은 본래 정조 편인 시파계 인물이었지만 탕평을 건의하는 등 당색을 드러내지 않은 덕분에 벽파가 득세할 때도 중요한 자리를 차지할 수 있었습니다. 김조순은 어떤 벼슬도 사양하며 일생 동안 오직 순조를 돕는 데만 전념했다고 합니다.

조정의 요직은 안동 김씨, 반남 박씨 등 혈연을 중심으로 독점되어 그들을 견제할 세력이 없었습니다. 견제 세력이 없는 정권은 부패하게 마련입니다. 여기저기서 뇌물 수수에, 매관매직이 성행했고 과거 제도가 문란해졌으며 신

🔼 제향을 시작하기에 앞서 제향을 봉행하는 헌관들이 입장하였다.

분 질서가 갑작스럽게 붕괴하면서 사회 기강이 무너지게 되었습니다. 심지어는 수해와 전염병도 끊이지 않았습니다. 순조의 재위 기간 34년 동안 19년에 걸쳐 수재가 일어났을 정도입니다. 천재지변에 탐관오리들의 수탈까지 겹쳐 백성들은 굶주리고 민심이 피폐해져 여기저기서 민란이 일어나기 시작했습니다.

그중 대표적인 민란이 1811년에 일어난 홍경래의 난입니다. 평안도 사람들을 차별한 것이 직접적인 원인인데 여기에 몰락 양반과 유랑 지식인, 서민 지주층 등이 합세하여, 단순 농민 반란이 아니라 체제 변혁까지를 원하는 정치적 반란으로 발전하였습니다. 홍경래의 난은 새로운 개혁의 방향을 제시하지 못하고 결국 실패로 끝났지만 농민층을 일깨우는 계기가 되었고 이후 민중 운동에 큰 영향을 끼쳤습니다.

순조 역시 세도 정치의 폐단을 모를 리 없었습니다. 안동 김씨의 세력을 견제하고자 여러 가지 노력을 했지요. 우선 며느리를 풍양 조씨 집안에서 데려왔습니다. 그러나 권력의 중심이 한때 풍양 조씨 집안으로 넘어갔을 뿐 세도 정치 자체가 해결되지는 않았습니다. 또 아들인 효명세자에게 대리 청정을 시켜 분위기를 바꿔보려고도 했지요. 그러나 이것도 효명세자가 요절하는 바람에 뜻을 이루지 못했습니다. 이렇게 순조는 재위 34년 동안 세도 정치에 이리저리 치이며 치적다운 치적을 남기지 못하고 1834년 45세로 세상을 떠났습니다.

순원왕후는 영안부원군 김조순의 딸로 태어나 1802년 왕비로 책봉되었습니다. 순원왕후는 아버지와 오빠 김좌근으로 이어지는 안동 김씨의 세도 정치에 중심축이 되었습니다. 한때 세자빈의 친정인 풍양 조씨 가문에 주도권을 빼앗겼다가 효명세자가 요절하고 헌종이 즉위하자 수렴청정을 하며 친정에 권력을 되찾아 주었습니다. 그러다 헌종이 젊은 나이에 자식도 없이 갑자기 별세하자 누가 왕위를 이을 것인지에 대한 결정권을 순원왕후가 가지게 되었습니다. 순원왕후는 풍양 조씨 집안에서 나서기 전에 재빨리 사도세자의 증손자인 강화도령 원범을 데려다 왕위를 잇게 하였습니다. 그 후 자신의 친정 가문의 딸을 왕비에 책봉함으로써 안동 김씨의 세도 정권은 절정기를 맞았습니다.

순원왕후는 헌종 즉위년부터 6년 동안 수렴청정을 했고, 철종이 즉위한 후 다시 2년 동안 수렴청정을 했습니다. 순원왕후의 수렴청정 기간은 곧 안동 김씨의 집권기나 다름이 없었습니다. 안동 김씨는 60년 동안 권력을 쥐고 있었는데 이에 대적할 견제 세력이 없었기 때문에 부패할 대로 부패할 수밖에 없었습니다. 그 와중에 고통을 당하는 건 백성들이었고 조선은 급격하게 쇠락을 길을 걷게 되었습니다. 순원왕후는 두 왕에 대한 수렴청청으로 친정 안의 권력 기반을 굳건히 만들어놓은 후 1857년 69세로 세상을 떠났습니다.

순조의 능은 원래 파주 교하의 인조 장릉 오른쪽에 있었습니다. 그런데

🔵 높지 않은 사초지, 크지 않은 석물들이 검소하고 온화한 순조의 성품과 조용했던 삶을 보여주는 것 같다.

철종 때 자리가 불길하다는 주장이 있어 지금의 자리로 옮겨왔고, 순원왕후가 별세하자 이곳에 합장되었습니다. 합장릉에는 봉분은 하나라도 혼유석을 두 개를 놓아 두 분을 모셨다는 표시를 하는데 인릉에는 혼유석이 하나뿐입니다. 인릉의 능침에는 열두 칸의 난간석을 둘렀고 양석과 호석 각 두 쌍, 팔각등 양식의 장명등석 한 개, 망주석, 문석인과 무석인 각 한 쌍, 두 쌍의 마석이 배치되어 있습니다. 인릉의 석물 중에는 여주로 천장할 때 파묻고 간 세종의 영릉 석물을 재사용한 것이 많습니다. 그 덕분에 인릉의 석인상에는 세종 시대 찬란한 문화의 단면이 나타나 있습니다. 문석인과 무석인의 허리를 잘록하게 표현하는 등 인체의 굴곡을 자연스럽게 나타냈고 의복도 잘 정돈된 것이 세종시대 문화의 사실성을 드러내고 있습니다. 그러나 망주석의 세호 꼬리는 힘이 빠진 듯 아래로 축 처져 있습니다. 소용돌이치듯 역동감을 주던 앞

354

시대의 세호와는 다른 모습이 역시 기운이 빠져버린 왕권을 상징하는 듯합니다. 정자각 오른쪽의 비각에는 두 개의 비석이 있는데, 하나는 조영 당시의 것이고, 하나는 고종 때 순조숙황제로 추존되면서 세운 것입니다.

예식이 아니면 비단 옷을 입지 않을 정도로 매우 검소했던 순조는 화를 잘 내지 않고 말이 드문 온화한 성격이었다고 합니다. 농사의 어려움을 알고 떨어진 밥알을 주워 먹을 정도였고 음식도 간소하게 차리도록 했다는 순조의 성품을 말해주듯이 인릉은 소박해 보입니다. 높지 않은 사초지에 크지 않은 석물들이 조용히 살았던 그의 삶을 보여주는 것 같습니다. 사초지 오른쪽에 계단이 있어 위까지 올라가볼 수는 있지만 능침 앞까지 가서 참배하려면 관리소의 허락을 받아야 합니다. 특히 인릉의 언덕 너머로 중요 국가 기관이 있어 사초지 위에서 사진을 찍는 것은 철저히 금지되어 있습니다. ❀

융건릉·장릉 김포 제9일 88

천리를 가도 그만한 곳은 없고 천년에 한 번 만날 수 있는 곳

융건릉에는 비운의 왕자였던 사도세자의 융릉과 효자이고 성군이었던 그 아들 정조의 건릉이 있습니다. 원래 지금의 융릉 자리는, 효종이 세상을 떠난 후 윤선도가 보고 "세종의 영릉에 비할 바는 아니지만 천리를 가도 그만한 곳은 없고 천년에 한 번 만날 수 있는 곳"이라고 보고했던 자리입니다. 그래서 효종의 능역 공사를 시작했는데 갑자기 송시열이 반대하고 나서면서 동구릉을 추천하여 왕의 결정을 뒤집어 버렸습니다. 그런데 동구릉의 자리가 좋지 않다고 하여 효종의 영릉은 다시 여주로 천장되었지요. 정조는 동구릉에 있는 효종의 파묻자리에 영조를 묻고, 효종의 자리로 추천된 명당에 사도세자를 장사 지냈습니다. 두 능 자리를 결정한 정조의 의도가 확연히 드러나 보이지요? 융건릉에 들어서면 삼림욕장에 들어선 것 같은 느낌을 줄 정도로 울창한 소나무 숲길을 만날 수 있습니다.

37 88
융릉

위치 경기도 화성시 안녕동

지정 번호 사적 제206호

조성 시기 1789년(정조13)

융릉 隆陵

융건릉의 재실을 지나 오른쪽으로 숲길을 걷다보면 앞쪽에 돌로 된 다리가 보이는데 이것이 융릉 금천교입니다. 융릉은 사도세자로 알려져 있는 추존왕 장조(莊祖 : 1735~1762)와 혜경궁 홍씨로 알려져 있는 헌경왕후(獻敬王后 : 1735~1815) 홍씨의 능입니다. 장조는 조선 제21대 임금 영조의 둘째 아들로 태어났고 어머니는 영빈 이씨로, 영조가 마흔이 넘어 얻은 아들입니다. 후계자 지정이 늦었다고 생각하여 마음이 급해진 영조는 사도세자가 3세 되던 해에 부랴부랴 세자로 책봉했습니다. 사도세자는 어려서부터 매우 총명하고 효심과 우애도 두터웠으며 도량과 덕도 갖추고 있었습니다. 서예를 좋아해서 수시로 글을 쓰고 시를 지어 대신들에게 나눠주기도 했으니 영조의 기대가 클 만도 했습니다.

그런데 주위 사람들이 사도세자를 너무 받들어 준 까닭이었는지 그는 당돌한 면을 보였고, 그런 점을 경계하여 영조가 근신령을 내리게 되었습니다. 그때 세자 주변에서 세자를 위로해준 궁녀들은 영조에 의해 밀려난 소론 측 사람들이었습니다. 그들은 영조가 선왕 경종을 독살하고 왕위에 올랐다며 영조가 불의하다고 세자에게 주입을 시켰고 세자는 부왕에 대한 반감을 가지게

● 다른 능보다 두 개 더 많은 처마마루 잡상들은 아버지에 대한 정조의 효심을 드러내고 있다.

되었습니다. 세자의 그런 생각은 사사건건 태도에서 드러났고 그것을 눈치챈 영조도 세자를 곱게 볼 수가 없었습니다.

사도세자는 대리 청정을 시작하면서 아버지를 왕위에 올린 노론보다는 남인, 소론, 소북 세력 등을 가까이하기 시작했습니다. 이에 불안을 느낀 노론은 사도세자에 대한 온갖 모략을 다 했습니다. 거기에 영조의 계비 정순왕후, 숙의 문씨, 사도세자의 동복동생인 화평옹주, 화완옹주까지 힘을 합해 이간질을 했지요. 안타깝게도 사도세자 주변에는 거의 적밖에 없었습니다. 심지어는 자신의 생모 영빈 이씨, 장인 홍봉한까지도 사도세자의 편이 아니었습니다. 이들이 공모해서 세자의 비행을 수시로 영조에게 고하니 영조는 전후 사정 헤아릴 것 없이 세자를 불러 꾸짖었습니다. 급기야 사도세자는 정신병을 얻게 되어 궁녀를 죽이고 여승을 대궐에 불러들이거나 몰래 관서 지역을 유람하는 기행을 저지르곤 했습니다. 세자의 기행에 대해 세자빈이었던 혜경궁 홍씨는 《한중록》에 다음과 같이 기록하였습니다.

> 대저 옷을 한 가지 입으려 하시면 열 벌이나 스물, 서른 벌이나 하여 놓으면, 귀신인지 무엇인지 위하여 놓고, 혹은 불사르기도 하고, 한 벌을 순하게 갈 아입으시면 천만다행이요, 시중 드는 아이가 조금만 잘못하면 옷을 입지 못 하여 당신이 애쓰시고 사람이 다 상하니 이 아니 망극한 병이냐.

> 신사년(1761년) 미행 때 여승 하나, 관서 미행 때 기생 하나 데려다가 궁중에 두시고 잔치한다 할 제는 사랑하시는 궁중의 천한 계집들과 기생들이 들어 와서 잡되게 섞어서 낭자하였으니 만고에 그런 광경이 어디 있으리오.

> 갑자기 땅을 파고 집 세간을 짓고 사이에 장지문을 만들어 닫아서 마치 광 중(시체를 묻는 구덩이)같이 만들고, 드나드는 문은 위로 내고 널판자 뚜껑을 하여, 사람 하나가 겨우 다닐 만하고 그 판자 위에 떼를 덮었다. 그 땅속 집 이 지은 흔적이 없자 아주 좋아하시며 그 속에 옥등을 켜 달고 앉아 계셨다. 그것은 부왕께서 오셔서 당신을 찾으셔도 찾지 못하시도록 감추고자 하시는 것이지 다른 뜻이 없었다.

1762년에는 형조판서 윤급의 청지기였던 나경언이 노론의 사주를 받아 세자의 비행 10조목을 상소하였습니다. 그때 영조가 얼마나 크게 화를 냈는 지는 《영조실록》에 기록되어 있습니다.

> 세자가 뜰에 엎드렸는데 임금이 문을 닫고 한참 동안 보지 않으므로, 승지

가 문 밖에서 아뢰었다. 임금이 창문을 밀치고 크게 책망하기를, "네가 왕손(王孫)의 어미를 때려 죽이고, 여승을 궁으로 들였으며, 몰래 관서에 다녀오고, 북성(北城)으로 나가 유람했는데, 이것이 어찌 세자로서 행할 일이냐? 사모를 쓴 자들은 모두 나를 속였으니 나경언이 없었더라면 내가 어찌 알았겠는가? 왕손의 어미를 네가 처음에 매우 사랑하여 우물에 빠진 듯한 지경에 이르렀는데, 어찌하여 마침내는 죽였느냐? 그 사람이 아주 강직하였으니, 반드시 네 행실과 일을 간(諫)하다가 이로 말미암아서 죽임을 당했을 것이다. 또 장래에 여승의 아들을 반드시 왕손이라고 일컬어 데리고 들어와 문안할 것이다. 이렇게 하고도 나라가 망하지 않겠는가?" 하니, 세자가 분함을 이기지 못하고 나경언과 대질하기를 청하였다. 그날부터 세자는 시민당 뜰에서 영조를 뵙기를 청하나 영조는 허락하지 않았다. 영조는 이미 세자를 폐하기로 결심했으나 차마 입 밖에 내지는 못했는데 20여 일이 지난 윤5월 13일 유언비어가 대궐 안에서 일어나 영조가 놀라고 세자를 자결하라 명한다.

자결하라는 영조의 명을 세자가 따르지 않자 폐서인한 후 뒤주에 가두어 8일 만에 숨지게 하였습니다. 이때 세자의 나이는 28세였습니다. 이때의 상황은 《한중록》에 다음과 같이 쓰여 있습니다.

대조(大朝 : 영조)께서 휘령전에 앉으시고, 칼을 안고 두드리오시며 그 처분을 하시게 되니, 차마 차마 망극하니, 이 광경을 내 차마 기록하리오? 섧고 섧도다. 사도세자가 나가시자, 즉시 대조께서는 노하신 성음으로 나무라시는 소리가 들리오니, 휘령전이 덕성합과 머지 아니하니, 담 밑에 사람을 보내어 보니, 벌써 세자께서 용포를 벗고 엎드려 계시더라 하니, 대처분(사도세자가 죽임을 당하는 일)이 오신 줄 알고, 천지 망극하야 가슴이 무너지고 찢어지

❍ 비각 안 두 개의 비석 중 옛 비는 정조가 친히 글을 쓴 현륭원비이고, 새 비는 1900년에 세워진 장조의황제의 융릉비이다.

는지라. 거기에 있어 부질없어, 세손(정조) 계신 데로 와 서로 붙들고 어찌해야 할 줄을 모르더니, 신시 즈음에 내관이 들어와 바깥 소주방(대궐 안에서 음식을 만드는 곳)에 쌀 담는 궤를 내라 한다 하니, 어찌된 말인고? 마음이 급하고 정신이 없어 내지 못하고, 세손궁이 망극한 조처가 있는 줄 알고 문정전에 들어가, "아비를 살려주옵소서" 하니, 대조께서 나가라 엄히 하오시니, 나와 왕자 재실(왕자가 공부하던 집)에 앉아 계시니, 내 그 때 정경이야 고금 천지간에 없으니, 세손을 내어 보내고 일월이 깜깜해지니, 내 일시나 세상에 머물 마음이 있으리오? 내가 칼을 들어 자진하려 했더니, 옆의 사람이 빼앗아서 뜻 같지 못하고, 숭문당을 거쳐서 휘령전 나가는 건복문이라 하는 문 밑에를 가니, 아무것도 뵈지 않고, 다만 대조께서 칼 두드리오시는 소리와, 소조(사도세자)께서, "아바님 아바님, 잘못하였사오니, 이제는 하라 하옵시는 대

○ 융릉은 원래 세자의 묘인 원이었지만 아들 정조는 '무엇이든 최고의 제도'를 써서 왕릉처럼 조영하였다.

로 하고, 글도 읽고 말씀도 다 들을 것이니, 이리 마오소서" 하시는 소리가 들리니, 간장이 마디마디 끊어지듯 하고 앞이 막히니, 아무리 가슴을 두드린들 어찌하리오?

1761년 세상을 떠난 사도세자는 양주 배봉산 아래의 언덕에 안장되었습니다. 세자가 죽었다는 소식을 들은 영조는 '이미 이 보고를 들은 후이니, 어찌 30년에 가까운 부자간의 은의를 생각하지 않겠는가? 세손의 마음을 생각하고 대신의 뜻을 헤아려 그 호를 회복하고, 겸하여 시호를 사도세자라 한다'라는 전교를 내렸고, 묘호는 수은묘라 하였습니다. 그의 아들 정조가 즉위하자 아버지에게 '장헌'이라는 시호를 올리고, 수은묘를 원으로 격상시켜, 영우원으로 부르게 되었습니다.

헌경왕후(혜경궁 홍씨)는 영의정 홍봉한의 딸로 태어나 세자빈에 책봉되었고, 그 아들 정조가 즉위한 후 혜경궁이 되었습니다. 헌경왕후의 집안은 노론으로서, 외척이면서도 세자와 적이었습니다. 그녀의 숙부 홍인한은 앞장서서 세손이 왕위에 오르는 것을 반대하기도 했습니다. 그러니 정조 즉위 후 홍씨 집안은 왕의 외가이었음에도 불구하고 멸문을 면치 못했습니다. 헌경왕후가 쓴 회고록 《한중록》은 네 차례에 걸쳐 집필되었습니다. 처음에는 환갑을 맞이하여 친정 조카 홍수영의 청으로 〈한가로운 가운데 한 많은 지난날〉을 썼고 나머지는 순조 때 손자 왕에게 자신의 친정에 대한 옹호와 변명을 하기 위해 쓴 것입니다.

정조는 영우원을 현륭원으로 고치고 능을 현재의 위치로 천장하였으며, 1815년 헌경왕후가 81세로 세상을 떠나자 현륭원에 합장하였습니다. 장헌세자가 장조로 추존된 것은 고종 때의 일입니다. 이때 능 이름을 융릉이라 했으며, 이후 황제로 추존하여 장조의황제라 했습니다. 헌경왕후도 헌경의황후로 추존되었습니다.

영우원을 천장할 때 금성위 박명원은 상소를 올려서 '영우원이 첫째는 띠가 말라죽는 것이고, 둘째는 청룡이 뚫린 것이고, 셋째는 뒤를 받치고 있는 곳에 물결이 심하게 부딪치는 것'이라며 천장을 촉구하였습니다. 이에 풍수에 일가견이 있던 정조는 내심 정해놓았던 수원부 화산으로 옮기라 하였습니다. 풍수에서 좌청룡은 후손을, 우백호는 재물을 의미하는데 좌청룡이 빈약하다는 것은 왕실의 가장 중요한 후사에 문제가 생긴다는 것이니 묏자리를 옮기지 않을 수 없었습니다.

융릉은 경기도 화성에 있습니다. 왕릉을 만들 때는 임금의 행차를 고려하여 80리(지금의 100리, 40㎞) 안에 만드는 것이 원칙이었습니다. 또 임금의 원행도 80리를 넘을 수가 없었답니다. 그런데 정조는 융릉 성묘를 위해 88리였던 수원을 노상 왔다 갔다 했습니다. 그래서 지금도 '수원 80리'라는 말이 있지요.

융릉이 있는 화산(花山)은 말 그대로 지형이 꽃봉오리가 둘러싼 형태를 가지고 있습니다. 정조는, 무덤이 자리할 혈(穴)과 좌향까지 몸소 다 지시했습니다. 그리고 현명한 성군답게 정조는 국가의 큰 공사에 백성을 공짜로 부역시키던 전례를 없애고 동원된 백성들의 급료, 양식은 물론, 의복까지 지급하였습니다. 또 융릉에 쓸 석재를 운반하는 일에 백성이 고생할까 봐 가까운 곳에서 가져오게 하였습니다. 정조가 천장 능역을 하면서, 또 그 이후에 백성들을 얼마나 배려했는지는 《정조실록》의 다음과 같은 기록을 보면 알 수 있습니다.

> 장용영(정조의 친위부대)의 돈 4만 냥을 경기 감영에 꿔주어 현륭원 화소(산불을 막기 위해 능, 원 등의 금천교 밖의 초목을 불살라버린 곳) 안에 있는 백성들의 전답 값을 보상해주고 그 나머지로는 임금이 행차할 때의 경비 및 나무 심는 비용으로 쓰도록 하였다(1792년 윤 4월 7일).

> 왕이 현륭원을 뵈러 가는 길에 낮에 과천에서 머물렀다. 인덕원 들녘을 지나다 길가의 노인들을 불러서 위로하며 고통스러운 것이 무엇인지를 물었다(1793년 1월 12일).

이외에도 정조의 깊은 효심을 알게 해주는 일화는 몇 가지 더 있습니다. 어느 날 현륭원을 찾은 정조가 소나무에서 송충이를 발견하고 "네 아무리 미물일망정 어떻게 내 아버지의 묘를 지키는 소나무를 갉아먹을 수 있느냐?"라며 송충이를 잡아 입에 넣어버렸답니다. 또 한양으로 돌아올 때 고개를 넘어오는데 그 고개를 넘으면 현륭원이 있는 수원이 안 보이므로 자꾸 돌아보느라 그 고개 위에서 행차가 지체되었답니다. 그래서 그 고개는 지금도 지지대

隆陵

⭕ 융릉의 사초지에는 문무석인이 한 쌍씩 서 있는데 문석인 뒤에는 마석을 세우지 않았다.

고개라 불리고 있습니다. '더디다, 늦다'라는 뜻이 있는 한자 지(遲)자를 두 번 이나 썼으니 그 행차가 얼마나 더뎌졌는지를 짐작할 수 있습니다.

1795년에 8일간의 정조의 현륭원 행차 기록을 담은《원행을묘정리의궤》가 간행되었습니다. 이때 정조는 헌경왕후의 회갑을 맞아 어머니를 모시고 화성에 행차했습니다. 성묘를 마치고 화성행궁에서 모후의 회갑연을 열었는데 그에 대한 기록도 이 책에 담겨 있습니다. 이 회갑연은 조선 왕실 행사 중 가장 크고 화려했던 행사로 꼽힙니다. 주변에 모인 구경꾼들에게도 잔치상이 차려졌고 백성들도 기쁨을 함께 나눌 수 있게 하였습니다.

융릉은 원래 세자의 묘인 원이었지만 병풍석이 설치되어 있고, 상계 공간과 하계 공간으로 나누어 왕릉처럼 조영하였습니다. 현륭원을 만들 때 정조는 "선조들께서 난간석이나 병풍석 등을 설치하지 말라고 원칙을 정했지만,

나는 무엇이든 최고의 제도를 쓰려다 보니 준수하지 못하였다. 그러나 가르침에 따라 난간석은 쓰지 않겠다"라고 말하며 병풍석을 세운 것이 자신의 욕심과 정성이었음을 밝혔습니다. 참도 주변에 넓게 박석을 깔아놓은 것도 호사의 하나였다고 보입니다.

　병풍석의 면석에는 모란과 연꽃 무늬가 조각되어 있고 인석의 열두 방위 연꽃 형의 조각도 융릉만의 독특한 형식입니다. 융릉은 합장릉이지만 혼유석은 하나입니다. 양석과 호석, 망주석이 각 한 쌍씩 있고 문무석인이 한 쌍씩 서 있는데 문석인 뒤에는 마석을 세우지 않았습니다. 대신 융릉의 문석인은 이전 왕릉에서와 달리 관리의 예복인 금관조복을 입고 있습니다. 문석인의 목이 가슴에 파묻힌 기존 왕릉과는 달리 시원하게 드러난 것도 특징입니다. 중앙에는 다리가 따로 달리고 화려한 꽃무늬가 조각된 팔각 장명등석이 서 있습니다. 참도 왼쪽에는 수라간 건물이 서 있고 오른쪽에는 비각이 있는데 비각 안에는 옛 비와 새 비가 나란히 서 있습니다. 옛 비는 정조가 친히 글을 쓴 현륭원비이고 새 비는 1900년에 세워진 장조의황제의 융릉비입니다. ❀

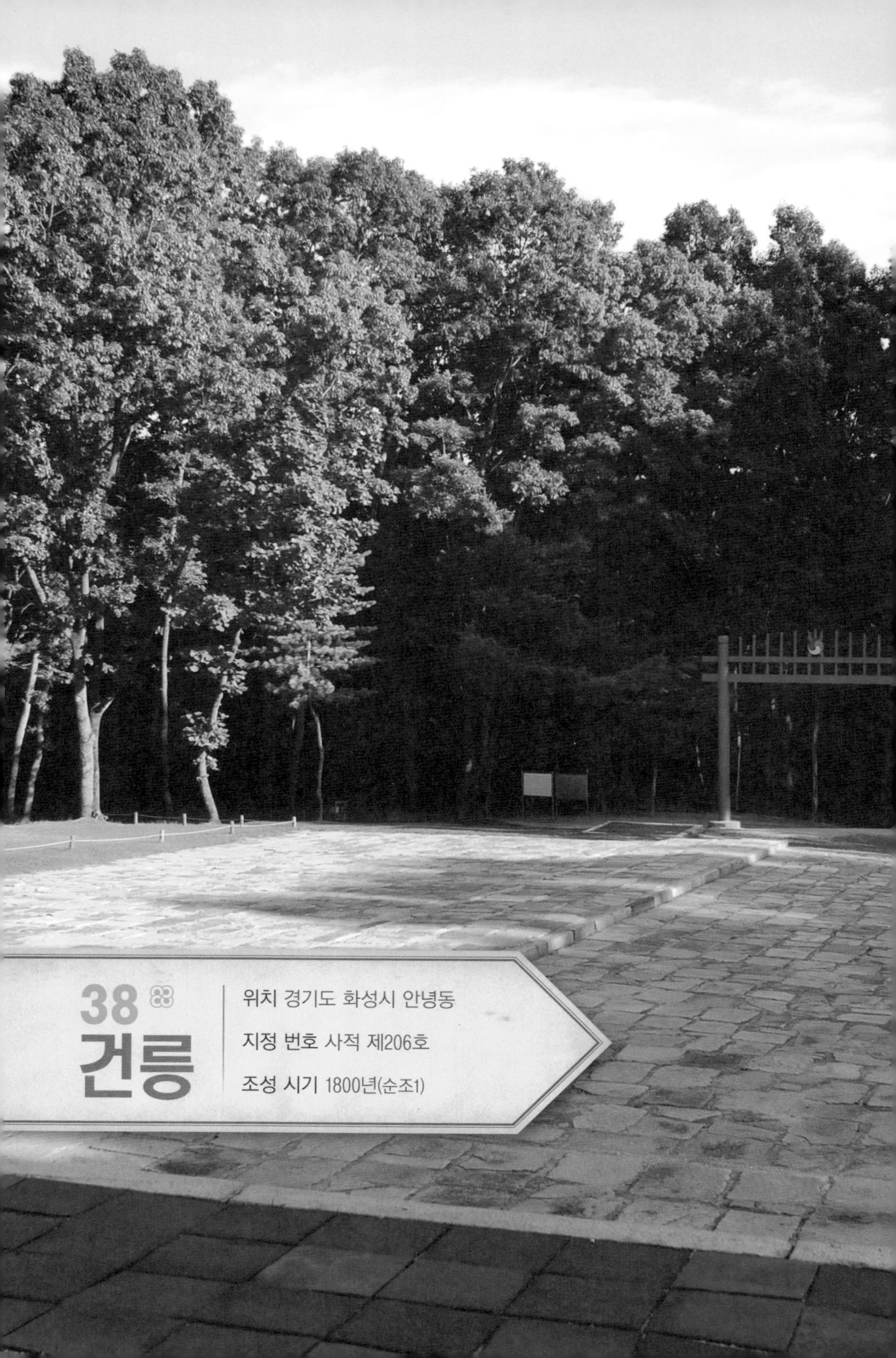

38 건릉

위치 경기도 화성시 안녕동

지정 번호 사적 제206호

조성 시기 1800년(순조1)

건릉 健陵

건릉은 제22대 임금 정조(正祖 : 1752~1800)와 효의왕후(孝懿王后 : 1753 ~1821) 김씨의 능입니다. 정조는 훗날 장조로 추존되는 사도세자와 혜경궁 홍씨의 둘째 아들로 태어나 8세에 세손으로 책봉되었습니다. 정조가 세손으로 책봉된 해에 사도세자는 뒤주에 갇혀 세상을 떠났고 두 해 뒤에 영조는 세손을 자신의 맏아들인 효장세자의 양자로 삼았습니다. 당시는 아버지가 죄인이면 자식들도 처벌받는 연좌제가 엄격히 지켜지고 있던 때라 죄인으로 죽은 사도세자의 아들로 남아 있다가는 왕위 계승은커녕 목숨을 부지하기도 어려웠을 테니까요. 1775년 이미 82세가 된 영조를 대신하여 대리 청정을 시작하였고, 다음 해 임금으로 즉위하였습니다.

정조가 즉위하자마자 다음과 같은 윤음(임금의 말씀)을 발표함으로써 자신이 효장세자의 아들이 아닌 사도세자의 아들임을 밝혔습니다.

"과인은 사도세자의 아들이다. 선왕이 종통을 중히 여겨 나로 하여금 효장세자의 뒤를 잇도록 명하였던 것인데, 내가 선왕께 올린 글월을 보면 근본이 둘이 아니라는 내 뜻을 충분히 짐작할 것이다. 예(禮)를 엄밀히 지키지 않으면 안 되지만, 정(情) 역시 풀지 않고는 안 되는 것이니, 제사 모시는 절차를 당연히 대부의 예대로 해야 할 것이나 태묘(종묘: 역대 임금의 위패를 모시는 왕실의 사당)의 예와는 달라야 하고, 혜경궁 역시 경외에서 공헌하는 바가 있어야 하나 대비와는 차등을 두어야 할 것이다."

그리고는 왕권을 위협하는 노론 벽파에 대한 숙청을 단행했습니다. 정조는 고질화된 붕당의 폐습을 없애고 탕평 정치를 구현하는 데 힘쓰면서 조선 왕조의 중흥과 문화 정치를 이룩하려고 노력했습니다. 또 규장각을 설치하여 신분의 제약 없이 능력과 학식 위주로 인재를 등용하였으며, 세손 시절부터 자신을 지켜주었던 홍국영을 도승지로 삼고 날쌘 병사들을 따로 뽑아 왕궁을 호위하는 숙위소를 창설하였습니다.

이때 숙위대장까지 겸직한 홍국영은 자신의 누이동생을 정조의 후궁으로 들이기까지 하여 권력을 독점하게 되었습니다. 모든 관리가 그의 명령에 따라 움직인다 하여 '세도'라는 말이 생겨나기도 했습니다. 그러나 홍국영의 세도는 오래 가지 못했습니다. 정조도 그에게 권력이 집중되는 것을 경계하고 있었기 때문입니다. 정조가 홍국영에게 스스로 물러날 것을 권유했지만 홍국영은 오히려 효의왕후를 독살하려 했다가 집권 4년 만에 가산을 몰수당하고 유배를 가게 되었습니다.

규장각은 정조를 배척하는 세력에 맞설 인재를 양성하는 기관이었습니다. 정조는 이곳에서 이른바 근위 세력을 키우려 했던 것이지요. 규장각에서 인재가 어느 정도 길러졌다고 여겼을 때 정조는 홍국영을 몰아냈습니다. 당시 당파는 시파와 벽파로 나뉘어 있었습니다. 영조 때 시작된 외척 중심의 노론은 벽파가 되고 정조의 편을 들었던 남인과 소론, 노론 일부는 시파로 뭉쳤던 것입니다. 정조가 주로 등용한 사람은 남인 계열의 실학자들이었습니다.

🔵 정조는 유언대로 아버지의 융릉 동쪽 언덕에 안장되었다가 효의왕후 별세 후 현 위치로 옮겨졌다.

당파 중심으로 인재를 등용해서가 아니라 정조의 개혁적인 통치 이념에 맞는 사람들을 찾다보니 시파 중심이 되었습니다. 유명한 실학자 정약용도 그중에 포함되어 있지요.

정조 시대는 중국에 대한 사대주의 사상이 사라지고 민족주의에 의한 독자적인 문화가 이룩된 문예부흥기였습니다. 그림에서는 진경산수가, 글씨에서는 동국진체라는 독자적인 풍이 유행했습니다. 이전까지는 그림을 그려도 중국의 화첩을 베끼는 수준이었는데 이때부터 진짜 우리 산천의 풍경을 그리게 된 것입니다. 이런 문화적 발전은 양반층에만 한정된 것이 아니라 중인 이하 평민들에게까지 영향을 미쳐 이른바 '진경 시대'라는 문화적 황금기를 이뤘습니다.

健陵

정조의 역사적 사업 가운데 가장 눈에 띄는 것은 신도시 화성 건설이었습니다. 정조는 사도세자의 묘를 화산으로 이장하면서 수원에 신도시를 건설하고 성곽을 쌓았으며 수원에 화성행궁을 지었습니다. 화성은 현륭원을 원래 수원부가 있던 화산으로 이전하기 위해 만든 신도시입니다. 거기에 서울 남쪽의 교통 요지에 경제적으로 탄탄한 도시를 새로 건설하여 왕권의 배후 도시로 삼으려는 정치적 목적이 더해진 대역사였습니다.

정조는 현륭원 천장 이후 열두 차례에 걸친 능행을 하였고 이때마다 화성행궁에 머물면서 여러 가지 행사를 거행하였습니다. 1795년에 정조는 5000여명의 인원과 800필의 말을 동원한 대행차를 했습니다. 화성 행차 중 가장 규모가 컸던 이 을묘원행은 아버지 능과 가까운 화성에서 어머니의 환갑 잔치를열기 위한 행차였습니다. 정조는 이 행차에서 군복 차림으로 말을 탄 채 행렬을 이끌었는데, 행렬에 동원된 3000여 명의 군사는 정조가 창설한 친위부대 장용영의 소속이었습니다. 정조는 군복을 입고 장용영 군사를 지휘함으로써강력한 왕권과 뚜렷한 개혁 의지를 나타냈던 것입니다.

정조는 그로부터 몇 년 정도 더 통치를 하다가 세자가 15세 되는 해에 왕위를 물려주고 자신은 상왕으로 물러앉을 계획이었습니다. 화성은 은퇴 후 어머니 혜경궁 홍씨와 함께 머물려고 건설했다고 합니다. 그러나 1800년 정조가49세로 갑작스러운 죽음을 맞자, 정조의 계획이 다 틀어지고 말았습니다. 나이 어린 순조의 수렴청정을 했던 영조의 계비 정순왕후가 정조 치하에서 숨죽이며 때를 기다리던 벽파와 함께 정조의 개혁을 모두 반대 방향으로 돌려놓았기 때문입니다.

효의왕후는 좌참찬 김시묵의 딸로 태어나 10세의 나이로 세손빈에 책봉되었다가 정조가 즉위하자 왕비로 책봉되었습니다. 효성이 지극하여 홀로 된시어머니 혜경궁 홍씨를 어찌나 지성으로 모셨는지 궁에서 감탄하지 않은 사

람이 없었다고 합니다. 또한 일생을 검소하게 지내서 그녀가 가진 옷이나 물건 중 좋은 것이 하나도 없었답니다. 반찬이 더러 마음에 맞지 않을 때 주변에서 담당자를 치죄할 것을 청하면 "어찌 먹고 배불리는 것 때문에 사람을 치죄할 수 있겠는가?"라고 하였습니다. 효의왕후는 1821년 69세의 나이로 세상을 떠났습니다.

정조는 유언대로 아버지의 능인 현륭원 동쪽 두 번째 언덕에 안장되었습니다. 그로부터 21년 후 효의왕후가 별세하여 건릉 부근에 안장하려고 할 때 순조 비 순원왕후의 아버지 김조순이 당시의 건릉이 풍수지리상 좋은 자리가 아니므로 천장해야 한다고 주장했습니다. 길지를 물색한 결과 정조의 능을 현 위치에 이장하고 효의왕후와 합장했습니다.

건릉은 병풍석이 없고 난간석을 두른 것이 다를 뿐, 융릉의 상설과 거의 비슷합니다. 합장릉이지만 혼유석은 하나인 점이나, 향로와 같은 다리를 가진 팔각의 장명등석도 융릉과 같습니다. 실제 사람 크기만 한 문석인과 무석인, 망주석이 각 한 쌍씩 서 있고, 두 쌍씩의 양석, 호석이 있습니다. 건릉의 문석인도 금관조복을 입고 있습니다.

홍살문에 들어서면 융릉과 마찬가지로 참도 주변에까지 박석이 깔려 있고 왼쪽에는 수라간 건물이 서 있습니다. 오른쪽에 있는 비각 안에는 고종이 어필로 '대한 정조선황제 건릉 효의선황후 부좌'라고 쓴 비석이 세워져 있습니다. 대한제국 수립 후 추존된 존호입니다. ✿

39 ⊛

장릉

위치 경기도 김포시 김포읍 풍무리

지정 번호 사적 제202호

조성 시기 1627년(인조5)

장릉 章陵

장릉은 인조의 아버지로서 추존된 임금 원종(元宗 : 1580~1619)과 인헌왕후(仁獻王后 : 1578~1626) 구씨의 능입니다. 원종은 선조의 다섯째 아들로 태어나 11세에 가례를 올렸습니다. 원종은 어린 나이에 임진왜란을 당해 피란을 다니면서도 의연하고 당당한 태도를 잃지 않아 사람들이 기특하게 여겼다고 합니다. 의주로 몽진 가던 선조가 정원군(원종)을 영변으로 피란시키라고 신하들에게 명하였습니다. 영변에 간 정원군은 울면서 "지금 왜적의 형세가 날로 성하고 임금의 행차는 날로 멀어지니, 만에 하나 일이 잘못된다면 임금과 신하가 죽음과 삶을 같이 하지 못할 것인데, 이 몸이 간들 어디로 가겠습니까?"라고 말했답니다. 이 이야기를 들은 선조는 기특하게 여겨 정원군을 다시 불러왔고, 정원군은 그 뒤로 전쟁이 끝날 때까지 선조 곁을 떠나지 않았다고 합니다.

1608년에 원종의 이복형인 광해군이 왕위에 올랐습니다. 그로부터 7년 후 황해도 수안군수 신경희가 원종의 셋째 아들 능창군을 왕으로 추대하려 했다는 무고로 옥사가 발생하였습니다. 능창군은, 선조가 가장 총애하는 아들이며 광해군 대신 세자 후보로 거론되었던, 원종의 동복동생 신성군의 양

379

⬆ 장릉은 대원군의 원이었는데, 원종이 왕으로 추존된 후 문무석인 등 석물들이 더 세워지며 왕릉으로 모습이 바뀌었다.

자였습니다. 신성군은 임진왜란 때 사망했지만 그 양자 능창군은, 광해군에게 여전히 위험 인물로서 제거해야 하는 존재였습니다. 또 원종의 집이 있던 새문동에 왕기가 서려 있다는 소문이 돌아 광해군을 더욱 불안하게 만들었습니다. 이 사건으로 능창군은 강화도로 유배를 갔는데 살해당할 위험에 처하자 스스로 목숨을 끊었고, 그 친아버지인 원종의 집안까지 풍비박산이 났습니다. 그 일로 원종은 화병으로 몸져누웠고 1619년 40세의 나이로 세상을 떠났습니다.

　인헌왕후는 능안부원군 구사맹의 딸로 태어나 정원군과 가례를 올리고 연주군부인에 봉해졌습니다. 첫째 아들 능양군이 왕위에 오르자 연주부부인으로 진봉되었지만 1626년 49세의 나이로 세상을 떠났습니다. 훗날 남편인 정원군이 원종으로 추존됨에 따라 인헌왕후로 추봉되었습니다.

　인조는 아버지를 왕으로 추존하기까지 정말 많은 우여곡절을 겪었습니다. 반정을 통해 왕위에 올랐던 인조가 누구의 대통을 이은 것이냐는 정통성 문제는 간단한 문제가 아니었습니다. 당시의 대신 김장생은, 할아버지 선조의 종통을 잇고 선조를 아버지로, 정원군을 백부로 불러야 한다고 주장했고 박지계 등은 정원군을 아버지로 해야 한다며 서로 대립하였습니다. 선조의 대통을 잇자는 주장을 받아들이면 정원군을 왕으로 추숭할 수 없어지지요. 그러나 인조는 이 논쟁에서 박지계의 손을 들어주고 아버지를 대원군으로 추숭하고 양주군 곡촌리에 있던 정원군 묘를 흥경원으로 격상했습니다. 인헌왕후가 별세하자 인조는 염과 빈전을 국장에 준하여 거행하라고 명하며 지금의 장릉에 장지를 정하고, 다음 해에는 원종의 흥경원을 김포로 천장하였습니다.

　1628년에는 이조판서 이귀와 최명길 등 반정공신들이 정원군의 추숭을 거론하기 시작했습니다. 흔히 반정으로 왕이 되거나 어머니가 후궁인 왕은 왕위 계승의 정통성 문제 때문에 자신의 친부모를 추숭하려고 더욱 더 애를 씁니다. 그러나 지나친 추숭은 오히려 자신의 정통성을 훼손하는 사례가 되기도 하지요. 왕자에 불과한 정원군을 왕으로 추숭한다는 것은 전례가 없던 일이라 대신들과 성균관 유생들은 거세게 반발했습니다. 그러나 인조는 끝내 정원군을 원종으로 추숭하였습니다. 추숭이 결정되었음에도 반대는 여전해서 인조가 즉위한 지 13년 만에야 겨우 원종의 위패가 종묘에 봉안될 수 있었습니다. 그때야 비로소 조선 최초의 추존왕릉인 장릉이 탄생한 것이지요.

　대군이나 세자가 아닌 왕자로 추존왕이 된 사람은 조선 왕조에서 원종이 유일합니다. 그러니 얼마나 반대가 심했겠습니까? 당시 인조의 결정을 반대하는 여러 언관을 유배 보냈는데, 정언이라는 사람이 이를 번복시키기 위해 다음과 같은 상소를 올렸습니다.

《예기》에 '아버지를 여읜 후 갑자기 존귀해졌을 때 아버지를 위하여 시호를 짓지 않는다' 하였고, 여중(呂中)은 '아버지의 벼슬이 낮을 경우에도 그 당사자에게 합당한 시호를 만들어야 하니, 이는 자신의 벼슬로써 그 아버지에게 가할 경우 높이려 했으나 도리어 낮추는 꼴이 되어 부모를 공경하는 도리가 못되기 때문이다'라고 하였습니다. 이것으로 보건대 전하께서 시호를 추증하는 일도 이미 지당한 도리가 못되는데, 곧장 열성의 지위에 올리려 하신다면 그것은 예경의 본의가 아니리라 생각됩니다. (……) 아, 전하께서는 오늘날의 일이 과연 어떻다고 여기십니까. 이목을 맡은 삼사는 거의 다 쫓아내었고, 정원은 후설(喉舌)을 맡은 자리인데 오래 전에 가두어버렸으며, 고굉(股肱)을 맡은 대신은 내팽개치듯 버렸습니다. (……) 삼가 원하건대 전하께서는 서슴없이 길을 바꾸어 예경의 가르침을 따르고 역대의 득실을 귀감으로 삼아 속히 예에 맞지 않는 예를 중지시키고 유배하라고 한 명을 거두어 들이소서.

그런데 인조는 이 상소를 보고 아무런 답도 하지 않았습니다. 《인조실록》에 실린 이 글은 원종의 추숭이 인조에게 얼마나 힘겨운 싸움이었는지 짐작할 수 있게 하는 기록입니다.

장릉은 쌍릉으로 조영되어 있는데 능침에는 병풍석과 난간석은 없고 호석(봉분 주위를 둘러 막는 돌)만 둘렀습니다. 이는 애당초 대원군의 원(園)의 형식으로 만들었다가 왕으로 추숭한 후 능침은 그대로 두고 문무석인 등 다른 석물들만 세웠기 때문입니다. 사초지 위에는 양석과 호석, 마석이 두 쌍씩 있고, 문무석인은 각 한 쌍씩 서 있습니다. 다른 석물들은 다 밋밋한 모양인데 팔각 지붕의 장명등석은 꽃무늬 조각으로 장식되어 있어 눈에 띌 정도로 화려합니다. 홍살문에서 정자각까지 이르는 참도는 다른 왕릉과는 달리 계단식 오르막길로 되어 있습니다. 정자각이 상대적으로 조금 높은 곳에 지어졌기 때문인

🔵 김포라는 입지 조건 때문에 능상 쪽 하늘을 바라보면 비행기가 왼쪽에서 떠오는 것을 수시로
볼 수 있다.

데 정작 정자각의 높이는 다른 왕릉 정자각에 비해 조금 낮습니다. 정자각도
원의 형식을 따랐기 때문입니다.

사초지 아래서 능상 쪽 하늘을 바라보면 왼쪽에서 비행기가 거의 1분에
한 대씩 뜨는 것을 볼 수 있습니다. 김포라는 입지 조건 때문에 볼 수 있는 풍
경입니다. 모처럼 고개를 들어 하늘도 보고 여러 모습의 비행기를 구경하는
것도 장릉 참배의 묘미입니다. ❀

영녕릉·장릉 영월 제10일 ⓒ

도성 80리 안에 있어야 한다는 원칙을 벗어난 왕릉들

왕이 능행을 떠났다가 유사시에 빨리 환궁해야 하는 것을 감안하여, 왕릉은 도성 80리(지금의 100리, 약 40㎞) 안에 있어야 한다는 원칙이 있었습니다. 그런데 여주는 서울에서 70㎞ 정도 떨어져 있습니다. 당시 단위로는 140리나 되는 여주는 어떻게 왕릉 자리가 되었을까요? 예종 때 세종의 영릉을 천장하면서 지금의 영릉 자리가 최고의 명당이라 물길로 가면 하룻길이라는 논리로 합리화하여 능 자리를 잡은 것입니다. 세종의 영릉은 사초지 위까지 개방해서 참배객의 발길이 끊이지 않습니다. 관광길에 들러 큰절로 참배하는 참배객들을 보면 세종이 우리 민족에게 얼마나 큰 영향을 미친 왕인지 실감할 수 있습니다.

40 영릉

위치 경기도 여주군 능서면 왕대리

지정 번호 사적 제195호

조성 시기 1469년(예종1)

영릉 英陵

영릉(英陵)은 제4대 임금 세종(世宗 : 1397~1450)과 소헌왕후(昭憲王后 : 1395~1446) 심씨의 합장릉입니다. 영릉에 가면 일단 다른 능에 비해 넓은 주차장과 잘 정돈된 능역에 감탄하게 됩니다. 그만큼 많은 참배객이 찾는다는 얘기이지요.

세종은 태종과 원경왕후의 셋째 아들로 태어났습니다. 양녕대군이 폐세자가 된 후 세자로 책봉되었으며, 그해에 태종이 상왕으로 물러앉음에 따라 세종이 22세의 나이로 왕위에 올랐습니다. 태종은 재위 기간 중 네 번이나 선위를 선포했습니다. 가장 큰 이유는 건강상의 문제였고 또 자신이 상왕으로 물러 앉아 후계 임금이 완전히 왕으로서 자리를 잡을 때까지 확실하게 밀어주겠다는 계획도 있었지요. 태종은 충녕대군에 대해 "천성이 총민하고 학문에 독실하며 정치하는 방법 등도 잘 안다"라고 평가했습니다. 물론 충녕대군을 세자로 삼을 때 적장자 계승의 원칙을 내세워 반대한 사람들도 있었지만 태종은 그들을 물리치고 세종이 정치를 편안하게 할 수 있도록 주변 정리까지 깔끔하게 해주었습니다. 그 덕분에 세종은 조선 역사상 가장 훌륭한 왕이 될 수 있었습니다.

387

○ 영릉 덕분에 조선 왕조가 100년 더 연장됐다고 말하는 풍수가들이 있을 정도로 영릉은 최고의 명당이라고 한다.

세종 시대는 정치, 경제, 문화, 국방, 과학 등 사회 전반에 걸쳐 기틀을 확립하고 찬란한 문화가 꽃을 피운 시기입니다. 물론 세종의 업적 가운데 가장 우선 꼽아야 하는 것은 한글 창제입니다. 한글의 우수성으로 여러 요소를 들수 있지만 그중 가장 자랑스러운 것은 한글이 애민 정신을 바탕으로 만들어졌다는 점입니다. 역사를 보면 동서양을 막론하고 대부분의 지배자는 자신이 통치하는 피지배자가 똑똑해지는 것을 원치 않았습니다. 백성들이 똑똑해지면 그만큼 지배자에게 요구하는 것도 많아지고 불만도 많아져 통치하기 어려워진다고 생각했기 때문입니다. 그런데 세종이 훈민정음 서문에서 '나라 말이 중국과 달라서 문자가 서로 같지 않다. 그래서 어리석은 백성이 이르고자 할 것이 있어도 그 뜻을 펴지 못하는 자가 많다. 내가 이를 가엾게 여겨 새로 스물여덟 자를 만들었으니, 사람마다 쉽게 배워 사용함에 편하게 하고자 할 따

❍ 훈민문을 들어서면, 손질이 너무 잘 돼서 도심 한복판의 공원 같은 느낌이 드는 영릉이 펼쳐진다.

름이다'라고 밝힌 것처럼 백성들을 위해 글자를 만들었습니다. 이렇게 한글은 백성을 중히 여기는 민본적 이념이 담긴 글자인 것입니다.

당시 집현전 학사였던 최만리가 한글 창제에 반대하는 상소문을 올리자 세종은 "그대들이 운서(韻書)를 아느냐? 4성(四聲)과 7음(七音)을 알며 자모가 몇인지 아느냐? 만일 내가 운서를 바로잡지 않는다면 누가 바로잡는단 말이냐?"라고 하면서 당당하게 그를 꾸짖었습니다. 세종은 집현전을 설치하여 인재를 양성하고 학문을 발전시켰으며 유교 정치의 기반이 되는 의례 제도를 정비하였습니다. 훈민정음 반포 후 다양한 분야의 서적 편찬 사업을 펼쳐 문화 발전의 원동력이 되게 했습니다. 또 세계 최초의 강우량 계측기인 측우기, 공중 해시계인 앙부일귀, 물시계인 자격루 등을 만드는 등 과학 기술 분야에 커다란 발전을 이뤄냈습니다. 국방에도 힘을 기울여, 대마도를 정벌하여 왜구를 물

389

리쳤고, 김종서로 하여금 4군6진을 개척하게 하여 두만강과 압록강으로 이어지는 오늘날의 국경선을 확보하였습니다. 또 박연 등을 시켜 아악기와 아악보를 만들게 했고 각종 제례아악도 정리하게 하였습니다. 이외에도 농업과 의학, 법률 등 다양한 분야에서 세종의 업적을 찾아볼 수 있습니다. 정치도 안정되어 개국 공신 세력보다는 과거를 통해 새로 정계에 진출한 능력 있는 새 인재를 중용하였고 학자들이 학문에 전념할 수 있도록 배려와 후원을 아끼지 않았습니다.

세종은 1442년부터 스물아홉 살의 세자(훗날의 문종)에게 섭정을 하게 하였습니다. 이런 세자의 섭정은 문종이 즉위할 때까지 8년 동안 계속되었습니다. 문종은 왕위에 오른 지 2년 4개월 만에 세상을 떠났으니 문종의 경우 왕으로서보다 세자로서의 통치 기간이 더 길었던 셈입니다. 세종은 1420년 31년 6개월의 재위를 끝내고 54세로 세상을 떠났습니다.

소헌왕후는 청천부원군 심온의 딸로 태어나 충녕대군과 가례를 올렸습니다. 충녕대군이 세자에 책봉되자 경빈에 진봉되었다가 1432년에 왕비로 책봉되었습니다. 소헌왕후는 한때 쫓겨날 위기에 처하기도 했습니다. 아버지 심온이 영의정 때 사은사로 명나라에 간 적이 있는데, 그때 그의 아우 심정이 병조판서 박습에게 군국 대사를 상왕인 태종이 처리한다고 불평을 했답니다. 그런데 박습이 이를 고자질하여 옥사가 일어났고 심온은 그 수괴로 지목되었고 귀국 길에 의주에서 체포되어 사사되었습니다. 이때 소헌왕후도 폐위시켜야 한다는 여론이 있었으나 세종을 내조한 공이 컸다 하여 무사할 수 있었습니다. 이 사건은 외척인 청송 심씨 집안의 세력이 커지는 것을 견제하려는 태종의 뜻이었다고 합니다. 태종 자신의 왕비 원경왕후의 경우와 같이 외척 세력만 제거하면 되는 것이었기에 굳이 며느리를 폐비까지 만들 이유는 없었던 것이지요.

● 영릉의 수복방. 영릉에는 정자각 양 옆으로 수랏간과 수복방이 모두 복원되어 있다.

소헌왕후가 세상을 떠나자 세종은 매우 슬퍼하며 그녀의 명복을 빌기 위해 부처님과 그 가족의 일대기를 기록하고 이를 한글로 번역하여 책을 내라고 수양대군에게 지시하였습니다. 이때 수양대군이 만든 책이 《석보상절》입니다. 이 책은 그 분량도 방대하지만 문헌 자체의 내용만으로도 귀중한 사료적 가치를 지니고 있습니다.

세종은 워낙 효심이 깊은 왕으로 자신이 죽으면 부모의 능 가까이 묻어줄 것을 누누이 강조하였습니다. 그래서 아버지 태종의 헌릉 서쪽에 미리 능자리를 정해놓았지요. 수릉(생전에 만들어 놓는 왕의 묏자리)을 잡은 지 1년 후 소헌왕후가 별세했을 때 광을 파고 보니 그곳에 물길이 지나고 있었습니다. 대신들은 그 자리가 흉당이라고 다른 곳을 찾을 것을 상소했지만 세종은 "다른 곳에서 복지(福地)를 얻는 것이 선영 곁에 묻히는 것만 하겠는가. 화복(禍福)의

○ 영릉의 석물들은 천장할 때 새롭게 만든 것들이다. 이전 능의 석물들은 서울 세종대왕기념관에 전시되어 있다.

설은 근심할 것이 아니다. 나도 나중에 마땅히 같이 장사하되 무덤은 같이 하고 석실은 다르게 만드는 것이 좋겠다"라며 흉당설을 무시해버렸습니다. 세종의 명으로 소헌왕후가 먼저 헌릉 옆에 묻히고 세종이 세상을 떠나자 조선 최초의 합장릉으로 한 능침에 장사 지냈습니다.

　문종과 단종 시대를 지내고 세조가 즉위하면서 조선 왕실은 첫째 아들이 일찍 죽는다는 흉흉한 소문이 돌기 시작했습니다. 문종과 그 아들 단종, 세조의 아들 의경세자도 모두 맏아들이었기 때문입니다. 이때 세조는 물길이 지나는 곳에 쓴 세종의 능 자리가 맘에 걸리기 시작했습니다. 그때는 대신들의 반대로 천장이 무산되었지만 세조는 후계자인 예종에게 영릉을 천장하라는 유언을 남겼습니다. 예종은 즉위하자마자 새 능 자리를 물색하게 했고 이곳 여주로 영릉을 옮겨오게 되었습니다.

영릉 덕분에 조선 왕조가 100년 더 연장됐다고 말하는 풍수가들이 있을 정도로 영릉은 조선 최고의 명당이라고 합니다. 산세가 모란 꽃봉오리가 둘러싼 모습이라고도 하고, 용이 돌아와서 정남향으로 영릉을 쳐다보는 형국이며, 주위의 산세가 봉황 날개를 펼치고 영릉에서 알을 품는 모습이라고도 합니다. 그러니 그 먼 길을 찾아 천장을 했겠지요.

영릉 입구에 들어서면 왼쪽에 세종대왕기념관인 세종전이 있습니다. 세종전에는 세종의 업적을 한눈에 볼 수 있게 여러 가지 전시물을 마련해놓았습니다. 세종전 앞뜰에는 측우기, 물시계, 관천대 등이 진열되어 있고 그 맞은편에는 재실이 있습니다. 거기서 다시 훈민문을 통과하여 홍살문을 들어서면 조금은 어처구니없는 느낌이 듭니다. 조선 역사상 가장 위대한 왕의 능으로 제대로 보존되었다기보다는 도심 한복판의 공원을 만들어놓은 것 같기 때문입니다. 영릉 성역화를 하면서 왕릉에 너무 많은 손질을 더한 탓입니다. 일단 홍살문과 정자각은 일자를 이루는 것이 아니라 비스듬히 꺾여 있는 것부터 예에 어긋나 보입니다. 복원하면서 자리를 잘못 잡은 듯합니다. 또 세종은 분명 왕이었는데 참도가 황제의 참도인 3단으로 만들어졌습니다. 세종대왕을 황제로 대접하고 싶어서였는지, 아니면 참도의 의미를 모르는 사람이 무조건 많이 만들면 좋을 것 같아서 그랬는지는 몰라도 확실한 고증을 통해 원형을 그대로 보존하는 것만은 못한 일이라 생각됩니다. 정자각 양 옆으로 수라간과 수복방이 모두 복원되어 있습니다.

영릉에는 병풍석을 두르지 않고 능침 안에는 석실이 아니라 회격(관을 구덩이 속에 내려놓고, 그 사이를 석회로 메워서 다짐)으로 만들었습니다. 이는 세조의 유언에 따라 세조 때부터 시행한 능제도로서 영릉에도 그대로 적용했기 때문입니다. 열두 칸의 난간석을 설치했는데, 난간석에 십이지를 문자로 새겨놓았습니다. 혼유석은 두 개를 놓아 합장릉임을 표시하였고, 각 한 쌍씩의 망주석, 문

🔼 영릉 입구에 있는 세종전 앞뜰에는 측우기, 물시계, 관천대 등 세종대왕의 업적을 나타내는 물건들이 진열되어 있다.

무석인, 마석과 양석, 호석, 팔각 장명등석이 설치되어 있습니다. 석인들의 얼굴은 타원형으로 실물과 가깝지만 이목구비가 작고 볼이나 광대뼈, 이마가 표현되지 않았습니다. 눈은 선으로만 그렸고 눈동자는 표시하지 않았고, 문석인의 수염을 다섯 갈래로 나뉘어 상체 전면을 덮은 것은 독특한 느낌을 줍니다.

여주 영릉의 석물은 천장할 때 새롭게 만든 것들이고 천장하기 전 영릉의 석물들, 안평대군이 글씨를 썼던 신도비, 처마 위 잡상 등은 땅에 묻어두었습니다. 그때 땅에 묻은 석물 중 일부는 훗날 순조의 인릉을 조성할 때 재활용하였고, 나머지는 1973년 발굴되어 지금은 서울 청량리 세종대왕기념관에 전시되어 있습니다. ❀

사적 영릉(寧陵)

제195호 영릉(英陵)

41 영릉

위치 경기도 여주군 능서면 왕대리

지정 번호 사적 제195호

조성 시기 1673년(현종14)

영릉 寧陵

효종의 영릉은 세종의 영릉에서 약 700m 떨어진 곳에 있습니다. 걸어서도 닿을 수 있는 곳에 있고 입장료를 따로 내지 않아도 되는데도 세종의 영릉에 왔던 관광버스 중에는 효종릉은 모른 척하고 그냥 지나쳐버리는 경우가 많습니다. 번잡하고 사람의 손으로 너무 많이 훼손된 세종의 영릉을 보고 온 탓도 있지만 실제로 효종의 영릉은 군더더기 없이 깔끔하고 단아해 보입니다.

영릉은 제17대 임금 효종(孝宗 : 1619~1659)과 인선왕후(仁宣王后 : 1618~1674) 장씨의 능입니다. 효종은 인조와 인열왕후의 차남으로 태어나 인조반정 후 봉림대군에 봉해졌습니다. 병자호란에 조선이 패한 후 봉림대군은 소현세자와 함께 청나라에 볼모로 잡혀가 8년간 머물렀습니다. 청나라에서 이들 왕자들은 명나라를 공격하는 군대에 징발되어 여기저기 끌려 다니는 등 온갖 고생을 하였습니다. 이때 봉림대군은 형 소현세자를 적극 보호했고 그 과정에서 청나라에 대한 원한을 마음에 깊이 새기게 되었습니다.

1645년 먼저 귀국한 소현세자가 두 달 만에 의문의 죽음을 당하자 봉림대군도 귀국하여 세자에 책봉되었습니다. 소현세자가 별세했다 하더라도 그에

397

🔼 제향 때 사용했던 축문을 예감에서 태우고 있는 집사들.

게 세 명의 아들이 있었기 때문에 봉림대군이 왕위에 오를 상황은 아니었습니다. 그러나 청나라를 대하는 입장이 소현세자와 전혀 달랐던 인조는 소현세자 주변 인물을 모두 제거하고 차남 봉림대군을 왕위에 올렸습니다.

효종은 즉위 직후부터 친청 세력을 몰아내고 척화론자를 중용하여 강력한 북벌 계획을 수립하였습니다. 군제의 개편, 군사 훈련 강화 등에 힘쓰며 북벌을 위한 군비 확충 작업을 시작했습니다. 그때 영의정에서 파직당한 후 원한을 품고 있던 김자점이 북벌 계획을 청나라에 밀고했습니다. 때문에 청나라가 북벌에 대해 경계를 하여서 조선은 적극적으로 북벌 계획을 실천할 수도 없었습니다. 그 와중에도 효종은 나름대로 군사도 증강하고 한양 외곽의 방비를 보강하고 북벌의 선봉 부대인 어영청을 대폭 개편, 강화하였습니다. 또 표류해온 네덜란드인 박연을 시켜 서양식 무기를 제조하게 하기도 하였습니다.

🔵 영릉은 왕과 왕비의 능이, 좌우가 아니라 상하로 자리잡은 동원상하봉릉이다.

그러나 당시 조선은 임진, 병자 양란을 치른 후라 국력이 모두 쇠진한 상태였습니다. 재정도 빈약하고 민생도 곤궁해진 데다 청나라의 국세가 더욱 일어나 북벌의 기회는 좀처럼 찾아오지 않았습니다. 오히려 러시아와 청나라의 충돌이 일어나자 청나라의 강요로 그들을 도와 러시아 정벌에 출정하는 등 북벌은 엉뚱한 방향으로 점점 멀어져만 갔습니다. 효종은 국방 강화와 함께 경제적 안정과 사회의 혼란을 바로 잡기 위해서도 다양한 노력을 기울였습니다. 대동법을 확대 실시하고 토지세를 조정하여 백성들의 부담을 덜어주었습니다. 그러나 효종은 북벌의 꿈을 이루지 못한 채 1659년 41세의 나이로 세상을 떠났습니다.

인선왕후는 신풍부원군 장유의 딸로 태어나 봉림대군과 가례를 올린 후 선양에서 8년간 살았습니다. 이로써 인선왕후는 조선 왕비 중 외국에 나가 본

○ 능을 지키던 수복들의 생활 공간을 들여다볼 수 있도록 한 영릉의 수복방.

유일한 왕비가 되었습니다. 선양에서 돌아와 세자빈이 되었고 1649년 효종이
즉위하자 왕비에 진봉되었습니다.

효종이 별세하자 동구릉 내 건원릉 서쪽 산줄기, 지금의 원릉 자리에 능
을 조성하였습니다. 그런데 1673년 병풍석에 틈이 생겨 광중에 빗물이 스며들
었을 우려가 있다며 능을 옮겨야 한다는 주장이 제기되었습니다. 그래서 지금
의 영릉 자리로 옮기기로 하고 열었는데, 광중에 물이 차기는커녕 흙은 보송
보송하기만 했습니다. 그러나 한번 개장한 능을 다시 덮을 수는 없었지요. 그
래서 영릉은 천장을 하고 이에 연루된 사람들은 면직을 당했습니다.

영릉은 왕릉과 왕비릉이 한 언덕에 같이 있는 쌍릉입니다. 그런데 두 봉
분이 나란히 있는 것이 아니라 왕릉은 위쪽에, 왕비릉은 아래쪽에 있습니다.
이러한 배치를 동원상하봉릉이라고 하는데, 이는 풍수지리적 이유에서 비롯

된 것입니다. 왕릉과 왕비릉을 좌우로 나란히 놓을 경우 왕성한 정혈을 비켜가야 하기 때문에 정혈이 흘러내리는 상하혈 자리에 왕릉과 왕비릉을 조성한 것입니다. 왕릉의 봉분 뒤에는 곡장이 설치되어 있지만 왕비릉에는 곡장이 없어 두 능이 한 능역에 있음을 말해줍니다. 두 능 모두 병풍석 없이 난간석만 세웠고, 난간석 기둥에 방위를 표시하는 십이지를 문자로 새겨놓았습니다. 사초지 위에는 한 쌍씩의 망주석과 문무석인, 두 쌍씩의 석양, 석호, 석마가 서 있고, 혼유석, 장명등석이 하나씩 놓여 있습니다. 곡장이 없다는 것을 빼고는 왕비릉도 왕릉과 다를 바가 없습니다.

영릉에는 특이한 점이 더 있습니다. 보통 홍살문 밖에 있는 금천교가 홍살문 안에 있다는 점입니다. 물길이 정자각과 가까이 흐르는데 그 자연물을 거스르지 않고 능을 조성했기 때문이겠지요. 또 동계도 신도와 어도로 이어진 계단 두 개만 있어야 하는데 계단이 세 개입니다. 세종의 영릉에 참도를 세 단으로 만들고 동계를 세 개로 만들 때의 영향으로 계단이 하나 더 늘어난 것으로 보입니다. 영릉은 사초지 위에까지 올라가 볼 수 있습니다. 단 그 위에 일부러 만들어놓은 '포토 라인'은 철저히 지켜야 합니다. ❀

旌閭閣

42 🏵
장릉

위치 강원도 영월군 영월읍 영흥리

지정 번호 사적 제196호

조성 시기 1581년(선조14)

장릉 莊陵

서울에서 영월로 가는 내내 '참 멀다'라는 생각을 했습니다. 자동차로 고속도로를 달려가는 지금도 이렇게 먼데, 유배지를 향한 단종은 다시는 돌아오지 못할 길을 한없이 끝없이 걸어가며 얼마나 심란했을까, 이런 생각에 영월 가는 심정이 새삼 착잡해졌습니다. 그러나 막상 도착해보니 장릉은 의외로 활기가 넘치고 있었습니다. 남녀노소 참배객들의 발걸음도 끊이지 않았고 단종의 편이 되어주었던 여러 인물의 기념 구조물들도 함께 있어 단종의 장릉은 결코 외로워 보이지 않았습니다.

장릉(莊陵)은 제6대 임금 단종(端宗 : 1441~1457)의 단릉입니다. 단종은 문종과 현덕왕후의 아들입니다. 그의 어머니 현덕왕후는 단종을 낳은 후 출산 후유증으로 3일 만에 세상을 떠났습니다. 그래서 단종은 세종의 후궁인 혜빈 양씨 손에서 자랐습니다. 단종은 10세 때 세자에 책봉되었다가 2년 3개월 만에 문종이 세상을 떠나자 12세의 어린 나이에 왕위에 올랐습니다.

20세 이하의 미성년자가 왕이 되면 전왕의 부인인 대비나 전전 왕의 부인인 대왕대비가 수렴청정을 하는 게 관례였습니다. 그러나 불행하게도 단종에게는 수렴청정을 해줄 어머니도, 할머니도 남아 있지 않았습니다. 그래서 영

🔵 엄홍도의 충성을 기리는 정려각. 그는 죽음을 무릅쓰고 단종의 시신을 수습하여 매장했다.

◎ 엄홍도가 암매장했던 그 자리에 능침을 그대로 마련했기 때문에 장릉의 능침은 높은 언덕 위에 있다.

의정 황보 인과 우의정 김종서가 단종을 보위하면서 황표 정사를 통해 조정을 이끌어나갔습니다. 이렇게 왕권은 약해지고 몇몇 대신에게 권력이 집중되자 수양대군 등 왕족들이 반발하였고, 집현전 출신 관료들도 황표 정사의 폐단을 거론하기 시작했습니다.

수양대군이 단종을 보필한다는 명목으로 조정에 자주 드나들자 김종서와 황보 인은 온건한 안평대군과 손잡고 수양대군을 견제했습니다. 그 무렵 수양대군은 자청하여 명나라로 가는 사신이 되었습니다. 자신의 정적들을 방심하게 하려는 계획이었지요. 명나라에서 돌아온 수양대군은 1453년 계유정난을 일으켜 안평대군과 김종서, 황보 인 등을 제거하고 자신은 영의정, 이조판서, 병조판서 등 여러 중요한 직책을 겸직하였습니다.

1454년 단종은 송현수의 딸(정순왕후)을 왕비로 맞아들였지만 어린 왕과

⬆ 장릉에는 추봉된 다른 능의 예에 따라 난간석과 병풍석, 무석인이 없다. 정자각과 참도는 가파른 언덕 아래쪽에 있다.

왕비를 지켜줄 세력을 얻지는 못했습니다. 이듬해에 수양대군은 자신을 못마땅히 여기는 금성대군과 혜빈 양씨 등을 죄인으로 몰아 유배 보냈습니다. 두려움에 견디지 못한 단종은 "내가 나이가 어리고 중외의 일을 알지 못하는 탓으로 간사한 무리가 은밀히 발동하고 난을 도모하는 싹이 종식하지 않으니, 이제 대임을 영의정에게 맡긴다"라는 교지를 내리고 수양대군에게 양위할 것을 통보했습니다.

1456년 상왕 자리에 있던 단종을 복위시키려는 움직임이 일어났습니다. 이 사건으로 주모자인 성삼문, 박팽년 등 사육신이라 불리는 집현전 학사들과 성승, 유응부 등 무인들까지 모두 사형당했습니다. 단종도 노산군으로 강등되어 영월 청령포로 귀양을 가게 되었습니다. 그냥 거기까지만이었어도 좋았을 텐데 1457년 유배되었던 금성대군이 단종 복위를 꾀하다가 발각되는 일

🔵 단종의 유배지 청령포는, 3면은 깊은 강이고 육지인 한 면은 높은 벼랑이 가로막고 있어 배를 타지 않고서는 드나들 수 없는 자연이 만든 감옥 같은 곳이다.

이 일어나 단종은 더욱 곤경에 처하게 되었습니다. 단종은 서인으로 강봉되고 그해 17세의 나이로 죽임을 당했습니다.

이때 금부도사 왕방연이 사약을 들고 단종이 묵고 있던 관풍헌에 도착했지만 차마 단종에게 내밀지 못하고 망설이고 있었다지요. 그때 분위기 파악 못하는 복득이라는 하인이 단종 뒤에서 활시위로 목을 졸라 단종을 죽였답니다. 그 하인은 그 건물을 벗어나지 못하고 벼락에 맞아 죽었다는데 어떤 벼락이었을지 상상이 됩니다.

세조는 단종의 시신을 수습하는 사람은 역적으로 처벌하겠다고 하며 시신을 동강에 흘어버리라 했습니다. 그런데 엄흥도라는 영월 호장이 목숨을 걸고 단종의 시신을 거뒀습니다. 그는 밤에 몰래 시신을 수습하여 동을지산 기슭에 암매장하였습니다. 그로부터 59년 후 중종 때 단종의 묘를 찾으라는 왕

명이 내려졌는데 엄흥도 가족이 자취를 감춘 뒤라 찾을 수가 없었습니다. 그때 영월 군수였던 박충원의 꿈에 단종이 나타나 묘를 찾았다고 합니다. 이때 비로소 봉분을 갖추었지만 장명등석, 망주석 등 어느 정도 상설을 갖춘 것은 선조 때인 1580년의 일입니다. 또 그로부터 100년 후인 1698년 숙종 때에 이르러서야 단종이라는 묘호와 장릉이라는 능호를 얻게 되었습니다.

　엄흥도가 암매장했던 그 자리에 능침을 그대로 마련했기 때문에 장릉은 높은 언덕 위에 있습니다. 능침 앞쪽으로 정자각 만들 공간이 없어서 가파른 언덕 아래쪽에 정자각과 참도가 있습니다. 장릉에는, 추봉된 정릉과 경릉의 예에 따라 난간석과 병풍석, 무석인이 없습니다. 혼유석, 장명등석 하나씩과 망주석, 문석인, 마석, 호석, 양석이 각각 한 쌍씩 서 있습니다. 석물들은 능제 간소화 바람이 불던 숙종 때 만들어진 것이라 왜소하면서도 간단합니다.

능역 안에 단종에게 충절을 다한 신하들을 기리는 여러 시설이 들어서 있습니다. 정조 때 공조판서로 증직된 엄홍도의 정려각, 충신들의 위패를 모시는 충신단, 충절을 다한 신하들을 배향하는 배식단이 있습니다.

영월 장릉까지 간다면 청령포도 함께 둘러보는 것이 좋습니다. 청령포는 단종의 첫 번째 유배 장소입니다. 청령포는, 3면은 깊은 강이고 육지인 한 면은 높은 벼랑이 가로막고 있어 배를 타지 않고서는 들어갈 수 없는, 자연이 만든 감옥 같은 곳입니다. 청령포 안 단종이 지내던 집의 처마 밑에 단종이 지었다는 다음과 같은 시가 걸려 있습니다.

천추의 원한을 가슴 깊이 품은 채
적막한 영월 땅 황량한 산 속에서
만고의 외로운 혼이 홀로 헤매이는데
푸른 솔은 옛 동산에 우거졌구나
고개 위의 소나무는 삼계에 늙었고
냇물은 돌에 부딪쳐 소란도 하구나
산이 깊어 맹수도 득실거리니
저물기 전에 사립문을 닫노라

이 시를 읽노라니 단종이 더 이상 힘없는 어린 소년으로 여겨지지 않았습니다. 단종이 계속 17세 소년에 머물러 있는 것이 아니었지요. 세월이 흘러 20세가 넘고 원한을 품은 채 힘을 기르면 세조에게 충분히 위협이 될 만한 인물이 되었을 것입니다. 세조는 어린 조카를 죽인 것이 아니라 미래의 강한 정적을 죽인 것이었지요.

○ 청령포 안, 단종이 유배되어 지내던 집.

청령포에서 마주 보이는 언덕에 금부도사 왕방연의 시조를 새긴 돌비가
서 있습니다.

천만 리 머나먼 길의 고운 님 여의옵고
내 마음 둘 데 없서 냇가에 앉았더니
저 물도 내 마음 같아 울어 밤길 예놋다

영월 장릉은 객사한 비운의 소년왕 단종의 능이지만 결코 외로워 보이지
는 않습니다. 영월 곳곳에 죽음을 무릅쓰고 단종을 따르던 충신들의 유적이
함께 남아 있기 때문입니다. ✽

조선 왕조 세계도^(世系圖) – 27대 519년

제1대 태조
신의왕후 한씨(원비)
   진안대군
   영안대군(제2대 정종)
   익안대군
   회안대군
   정안대군(제3대 태종)
   덕안대군
신덕왕후 강씨(계비)
   무안대군
   의안대군

제2대 정종
정안왕후 김씨

제3대 태종
원경왕후 민씨
   양녕대군
   효령대군
   충녕대군(제4대 세종)
   성령대군

제4대 세종
소헌왕후 심씨
   문종(제5대)
   수양대군(제7대 세조)
   안평대군
   임영대군
   광평대군
   금성대군
   평원대군
   영응대군

제5대 문종
현덕왕후 권씨
   단종(제6대)

제6대 단종
정순왕후 송씨

제7대 세조
정희왕후 윤씨
   의경세자(추존 덕종·제9대 성종의 아버지)
   해양대군(제8대 예종)

추존 덕종
소혜왕후 한씨
   월산대군
   자을산대군(제9대 성종)

제8대 예종
장순왕후 한씨(원비)
   인성대군
안순왕후 한씨(계비)
   제안대군

제9대 성종
공혜왕후 한씨(원비)
폐비 윤씨
   연산군(제10대)
정현왕후 윤씨(계비)
   진성대군(제11대 중종)

제10대 연산군
폐비 신씨

제11대 중종
단경왕후 신씨(원비)
장경왕후 윤씨(제1계비)
   인종(제12대)
문정왕후 윤씨(제2계비)
   경원대군(제13대 명종)
창빈 안씨
   덕흥군(제14대 선조의 아버지)

제12대 인종
인성왕후 박씨

제13대 명종
인순왕후 심씨

제14대 선조
의인왕후 박씨(원비)
인목왕후 김씨(계비)
   영창대군
공빈 김씨
   임해군
   광해군(제15대)
인빈 김씨
   의안군
   신성군
   정원군(추존 원종·제16대 인조의 아버지)

제15대 광해군
폐비 유씨

추존 원종
인헌왕후 구씨
　능양군(제16대 인조)
　능원군
　능창군

제16대 인조
인열왕후 한씨(원비)
　소현세자
　봉림대군(제17대 효종)
　인평대군
　용성대군
장렬왕후 조씨(계비)

제17대 효종
인선왕후 장씨
　현종(제18대)

제18대 현종
명성왕후 김씨
　숙종(제19대)

제19대 숙종
인경왕후 김씨(원비)
인현왕후 민씨(제1계비)
인원왕후 김씨(제2계비)
희빈 장씨
　경종(제20대)
숙빈 최씨
　연잉군(제21대 영조)

제20대 경종
단의왕후 심씨(원비)
선의왕후 어씨(계비)

제21대 영조
정성왕후 서씨(원비)
정순왕후 김씨(계비)
정빈 이씨
　효장세자(추존 진종)
영빈 이씨
　장헌세자(추존 장조)

추존 진종
효순왕후 조씨

추존 장조
헌경왕후 홍씨
　의소세손
　정조(제22대)
숙빈 임씨
　은언군(제25대 철종의 할아버지)
　은신군(제26대 고종의 증조할아버지)

제22대 정조
효의왕후 김씨
의빈 성씨
　문효세자
수빈 박씨
　순조(제23대)

제23대 순조
순원왕후 김씨
　효명세자(추존 익종·제24대 헌종의 아버지)

추존 익종
신정왕후 조씨
　헌종(제24대)

제24대 헌종
효현왕후 김씨(원비)
명헌왕후 홍씨(계비)

제25대 철종
철인왕후 김씨

제26대 고종
명성황후 민씨
　순종(제27대)
순헌황귀비 엄씨
　영친왕

제27대 순종
순명효황후 민씨(원후)
순정효황후 윤씨(계후)

411

조선 왕릉 제향일^(제향일 순)

1. 온릉(溫陵)   단경왕후 신씨(중종대왕 원비)   1월 6일
                경기도 양주시 장흥면 일영리 산19

2. 홍릉(洪陵)   고종태황제   1월 21일
                경기도 남양주시 금곡동141-1(홍유릉)

3. 선릉(宣陵)   성종대왕   12월 24일(음)
                서울 강남구 삼성동 131(선정릉)

4. 목릉(穆陵)   선조대왕·의인왕후 박씨·인목왕후 김씨   3월 16일
                경기도 구리시 인창동 산2-1(동구릉)

5. 경릉(景陵)   헌종성황제·효현성황후 김씨·효정성황후 홍씨   3월 셋째 일요일
                경기도 구리시 인창동 산2-1(동구릉)

6. 희릉(禧陵)   장경왕후 윤씨(중종대왕 계비)   3월 26일
                경기도 고양시 덕양구 원당동 산38-4(서삼릉)

7. 혜릉(惠陵)   단의왕후 심씨(경종대왕 원비)   3월 넷째 일요일
                경기도 구리시 인창동 산2-1(동구릉)

8. 사릉(思陵)   정순왕후 송씨(단종대왕비)   3월 마지막 수요일
                경기도 남양주시 진건읍 사릉리 산65-1

9. 홍릉(弘陵)   정성왕후 서씨(영조대왕 원비)   4월 3일
                경기도 고양시 덕양구 용두동 산30-1(서오릉)

10. 건릉(健陵)   정조선황제·효의선황후 김씨   4월 6일
                경기도 화성시 태안읍 안녕리1-1(융건릉)

11. 영릉(英陵)   세종대왕   4월 8일
                경기도 여주군 능서면 왕대리 산83-1(영녕릉)

12. 융릉(隆陵)   장조의황제·헌경의황후 홍씨   4월 13일
                경기도 화성시 태안읍 안녕리1-1(융건릉)

13. 창릉(昌陵)   예종대왕·안순왕후 한씨   4월 16일
                경기도 고양시 덕양구 용두동 산30-1(서오릉)

14. 수릉(綏陵)   문조익황제·신정익황후 조씨   4월 셋째 일요일
                경기도 구리시 인창동 산2-1(동구릉)

15. **원릉(元陵)** 영조대왕·정순왕후 김씨   4월 22일
                경기도 구리시 인창동 산2-1(동구릉)

16.	유릉(裕陵)	순종효황제·순명효황후 민씨·순정효황후 윤씨	4월 25일
		경기도 남양주시 금곡동141-1(홍유릉)	
17.	강릉(康陵)	명종대왕·인순왕후 심씨	4월 넷째 일요일
		서울 노원구 공릉동313-19	
18.	영릉(英陵)	소헌왕후 심씨(세종대왕비)	4월 28일
		경기도 여주군 능서면 왕대리 산83-1(영녕릉)	
19.	종묘대제(宗廟大祭)	열성조(列聖朝)	5월 첫째 일요일
		서울 종로구 훈정동1-2(종묘)	
20.	순릉(順陵)	공혜왕후 한씨(성종대왕 원비)	5월 9일
		경기도 파주시 조리읍 봉일천리 산4-1(파주삼릉)	
21.	명릉(明陵)	숙종대왕·인현왕후 민씨·인원왕후 김씨	5월 13일
		경기도 고양시 덕양구 용두동 산30-1(서오릉	
22.	태릉(泰陵)	문정왕후 윤씨(중종대왕 계비)	5월 16일
		서울 노원구 공릉동313-19	
23.	현릉(顯陵)	문종대왕·현덕왕후 권씨	6월 첫째 일요일
		경기도 구리시 인창동 산2-1(동구릉)	
24.	헌릉(獻陵)	태종대왕	6월 8일
		서울 서초구 내곡동 산13-1(헌인릉)	
25.	장릉(長陵)	인조대왕·인열왕후 한씨	6월 17일
		경기도 파주시 탄현면 갈현리 산25-1	
26.	영릉(寧陵)	효종대왕·인선왕후 장씨	6월 23일
		경기도 여주군 능서면 왕대리 산83-1(영녕릉)	
27.	건원릉(健元陵)	태조고황제	6월 27일
		경기도 구리시 인창동 산2-1(동구릉)	
28.	헌릉(獻陵)	원경왕후 민씨(태종대왕비)	8월 27일
		서울 서초구 내곡동 산13-1(헌인릉)	
29.	영릉(永陵)	진종소황제·효순소황후 조씨	9월 19일
		경기도 파주시 조리면 봉일천리 산4-1(파주삼릉)	
30.	정릉(貞陵)	신덕고황후 강씨(태조고황제 계후)	9월 23일
		서울 성북구 정릉동 산87-16	

31.	경릉(敬陵)	덕종대왕·소혜왕후 한씨	9월 29일
		경기도 고양시 덕양구 용두동 산30-1(서오릉)	
32.	숭릉(崇陵)	현종대왕·명성왕후 김씨	8월 18일(음)
		경기도 구리시 인창동 산2-1(동구릉)	
33.	효릉(孝陵)	인종대왕·인성왕후 박씨	9월 넷째 수요일
		경기도 고양시 덕양구 원당동 산38-4(서삼릉)	
34.	선릉(宣陵)	정현왕후 윤씨(성종대왕 계비)	8월 22일(음)
		서울 강남구 삼성동 산87-16(선정릉)	
35.	의릉(懿陵)	경종대왕·선의왕후 어씨	8월 25일(음)
		서울 성북구 석관동 1-5	
36.	휘릉(徽陵)	장렬왕후 조씨(인조대왕 계비)	8월 26일(음)
		경기도 구리시 인창동 산2-1(동구릉)	
37.	장릉(莊陵)	단종대왕	10월 3일
		강원도 영월군 영월읍 영흥리 산133-1	
38.	장릉(章陵)	원종대왕·인헌왕후 구씨	10월 5일
		경기도 김포시 김포읍 풍무동 산141-1	
39.	예릉(睿陵)	철종장황제·철인장황후 김씨	10월 첫째 일요일
		경기도 고양시 덕양구 원당동 산38-4(서삼릉)	
40.	홍릉(洪陵)	명성태황후 민씨(고종태황제후)	10월 8일
		경기도 남양주시 금곡동141-1(홍유릉)	
41.	광릉(光陵)	세조대왕·정희왕후 윤씨	9월 8일(음)
		경기도 남양주시 진접읍 부평리 산99-2	
42.	공릉(恭陵)	장순왕후 한씨(예종대왕 원비)	10월 셋째 일요일
		경기도 파주시 조리면 봉일천리 산4-1(파주삼릉)	
43.	인릉(仁陵)	순조숙황제·순원숙황후 김씨	10월 20일
		서울 서초구 내곡동 산13-1(헌인릉)	
44.	익릉(翼陵)	인경왕후 김씨(숙종대왕 원비)	11월 1일
		경기도 고양시 덕양구 용두동 산30-1(서오릉)	
45.	정릉(靖陵)	중종대왕	12월 9일
		서울 강남구 삼성동 131(선정릉)	

참고문헌

강준식, 《다시 읽는 하멜 표류기》, 웅진닷컴, 2004

김동욱, 《수원 화성》, 돌베개, 2002

김동욱, 《종묘와 사직》, 대원사, 2005

김상협, 〈조선 왕릉 석실 및 능상 구조의 변천에 관한 연구〉, 명지대 박사학위논문, 2008

문화재청, 《조선 왕릉 답사 수첩》, 미술문화, 1994

문화재청, 《세계문화유산 조선 왕릉》, 문화재청, 2009

박영규, 《한권으로 읽는 조선왕조실록》, 들녘, 2004

박은봉, 《한국사 100장면》, 실천문학사, 1999

박은봉, 《한국사 뒷이야기》, 실천문학사, 1997

신병주·노대환, 《고전 소설 속 역사 여행》, 돌베개, 2006

윤정란, 《조선 왕비 오백년사》, 이가출판사, 2009

이덕일, 《사도세자의 고백》, 휴머니스트, 2004

이병유, 《왕에게 가다》, 지오마케팅, 2008

이상각, 《조선왕조실록》, 들녘, 2009

이우상, 《조선 왕릉, 잠들지 못하는 역사 1·2》, 다할미디어, 2009

이정근, 《신들의 정원, 조선 왕릉》, 책보세, 2010

이호일, 《조선의 왕릉》, 가람기획, 2007

임중웅, 《조선 왕비 열전》, 선영사, 2009

작자 미상, 김광순 역, 《산성일기》, 서해문집, 2007

작자 미상, 전규태 주해, 《계축일기》, 범우사, 2005

작자 미상, 전규태 주해, 《인현왕후전》, 범우사, 2006

장영훈, 《왕릉이야말로 조선의 산 역사다》, 담디, 2007

전나나, 〈조선 왕릉 석인상 연구〉, 동국대 석사학위 논문, 2009

정은임, 《혜경궁 홍씨와 왕실 사람들》, 채륜, 2010

지두환 편역, 《조선과거실록》, 동연, 1997

혜경궁 홍씨, 《한중록》, 신원문화사, 2003

KI신서 2920

역사가 보이는 조선 왕릉 기행

1판 1쇄 발행 2010년 10월 25일
1판 4쇄 발행 2015년 4월 30일

지은이 황인희 · 윤상구
펴낸이 김영곤 **펴낸곳** (주)북이십일 21세기북스
부사장 이유남
편집 · 기획 임후성 서유미
디자인 김정환
영업본부장 안형태 **영업** 권장규 정병철 오하나
마케팅본부장 이희정 **마케팅** 민안기 김한성 김홍선 강서영 최소라 백세희
출판등록 2000년 5월 6일 제10-1965호
주소 (우413-120) 경기도 파주시 회동길 201(문발동)
대표전화 031-955-2100 **팩스** 031-955-2151 **이메일** book21@book21.co.kr
홈페이지 www.book21.com **트위터** @21cbook **블로그** b.book21.com
특수가공 이지앤비_특허 제 10-1081185호

ISBN 978-89-509-2673-1 03910
책값은 뒤표지에 있습니다.